工程建设理论与实践丛书

公路桥梁
检测与养护维修加固

GONGLU QIAOLIANG
JIANCE YU YANGHU WEIXIU JIAGU

刘文浩 白玉宁 何 涛 王育涛 主编

华中科技大学出版社
http://press.hust.edu.cn
中国·武汉

图书在版编目(CIP)数据

公路桥梁检测与养护维修加固/刘文浩等主编.—武汉:华中科技大学出版社,2023.12
ISBN 978-7-5680-9860-1

Ⅰ.①公… Ⅱ.①刘… Ⅲ.①公路桥-桥梁工程 Ⅳ.①U448.14

中国国家版本馆 CIP 数据核字(2023)第 178361 号

公路桥梁检测与养护维修加固
Gonglu Qiaoliang Jiance yu Yanghu Weixiu Jiagu

刘文浩　白玉宁　何　涛　王育涛　主编

策划编辑：周永华	
责任编辑：梁　任	
封面设计：杨小勤	
责任监印：朱　玢	
出版发行：华中科技大学出版社(中国·武汉)	电话：(027)81321913
武汉市东湖新技术开发区华工科技园	邮编：430223
录　　排：华中科技大学惠友文印中心	
印　　刷：武汉科源印刷设计有限公司	
开　　本：710mm×1000mm　1/16	
印　　张：17	
字　　数：305 千字	
版　　次：2023 年 12 月第 1 版第 1 次印刷	
定　　价：98.00 元	

本书若有印装质量问题，请向出版社营销中心调换
全国免费服务热线：400-6679-118　竭诚为您服务
版权所有　侵权必究

编委会

主　编　刘文浩（广东水电二局股份有限公司）
　　　　　　白玉宁（宁夏交投高速公路管理有限公司）
　　　　　　何　涛（深圳高速工程检测有限公司）
　　　　　　王育涛（新疆交通投资（集团）有限责任公司）

副主编　周阿伟（江西省交通运输科学研究院有限公司）
　　　　　　杨　玲（新疆交投吐哈高速公路有限责任公司）

编　委　韦川平（中冶建工集团有限公司勘察设计研究
　　　　　　　　　　总院）
　　　　　　李晓哲（保利长大工程有限公司）
　　　　　　钟丽萍（广州帛铎工程技术咨询有限公司）
　　　　　　张宇欢（广州帛铎工程技术咨询有限公司）

前　言

在经济和社会持续、快速发展的大背景下,公路桥梁建设工程越来越多,人们对公路桥梁的承载力与通行能力的要求也越来越高。公路桥梁在长期使用过程中,受外界自然环境及荷载等因素的影响,其性能会逐步下降。对此,落实公路桥梁的检测、养护、维修及加固工作是当前基础设施建设过程中的重点。如果没有及时做好公路桥梁的检测、养护、维修及加固工作,必然会威胁人们的生命财产安全。

2020年12月25日,中华人民共和国交通运输部发布《公路危旧桥梁改造行动方案》。由此可见,交通运输部正在持续推动公路桥梁养护高质量发展,强化公路桥梁养护"基层、基础、基本功"建设。为了贯彻落实该行动方案,给相关工程人员提供理论与技术上的借鉴,本书围绕公路桥梁检测、养护、维修与加固等内容进行编写。本书主要分为绪论、桥梁试验与检测、桥梁技术状况和承载力评定方法、桥梁养护维修技术、桥梁加固技术5章。

本书引用了大量文献和资料,在此对相关作者表示感谢。由于编者的理论水平和实践经验有限,书中难免存在不足之处,恳请广大读者批评指正。

目 录

第1章 绪论 …………………………………………………………………… (1)
　1.1 中国桥梁发展历程 …………………………………………………… (1)
　1.2 桥梁的组成与分类 …………………………………………………… (5)
　1.3 桥梁的检测 …………………………………………………………… (8)
　1.4 桥梁的养护及维修 …………………………………………………… (11)
　1.5 桥梁的加固 …………………………………………………………… (13)

第2章 桥梁试验与检测 ………………………………………………………… (17)
　2.1 桥梁试验简述 ………………………………………………………… (17)
　2.2 桥梁荷载试验 ………………………………………………………… (19)
　2.3 桥梁检测简述 ………………………………………………………… (50)
　2.4 桥梁结构质量检测 …………………………………………………… (65)

第3章 桥梁技术状况和承载力评定方法 ……………………………………… (84)
　3.1 研究现状 ……………………………………………………………… (84)
　3.2 桥梁技术状况评定方法 ……………………………………………… (89)
　3.3 桥梁承载力评定方法 ………………………………………………… (105)

第4章 桥梁养护维修技术 ……………………………………………………… (119)
　4.1 桥梁常见病害 ………………………………………………………… (119)
　4.2 桥面系养护维修技术 ………………………………………………… (136)
　4.3 上部结构养护维修技术 ……………………………………………… (144)
　4.4 下部结构养护维修技术 ……………………………………………… (157)
　4.5 桥梁支座养护维修技术 ……………………………………………… (164)
　4.6 桥梁其他附属设施养护维修技术 …………………………………… (170)
　4.7 桥梁养护维修施工案例 ……………………………………………… (177)

第5章 桥梁加固技术 …………………………………………………………… (187)
　5.1 桥梁加固概述 ………………………………………………………… (187)

5.2 常见桥梁加固技术 …………………………………………（193）
5.3 桥梁上部结构加固技术 ……………………………………（235）
5.4 桥梁下部结构加固技术 ……………………………………（241）
参考文献 ……………………………………………………………（260）
后记 …………………………………………………………………（263）

第1章 绪　　论

1.1　中国桥梁发展历程

1.1.1　中国古代桥梁发展历程（1840年之前）

我国古代桥梁建造技术一直领先世界，其历史可以追溯到公元前13世纪。据文献记载，最早的桥梁为木桥。无论是历史还是遗迹，我国木桥均处于世界先进水平。我国古代建造最成熟的桥梁当属石桥。我国古代的石桥不仅建造技术遥遥领先，建造规模亦是世所罕见。我国古代比较具有代表性的石桥是赵州桥。赵州桥建于595—605年，距今已有1400多年的历史，是中国现存最早、保存最好的巨大石拱桥，也是当今世界上保存最完整的古代单孔敞肩石拱桥。我国古代还有一种值得称颂的桥梁就是索桥，国外不少桥梁专家认为索桥是我国首创。

清朝时期，当政者施行闭关锁国政策，中国桥梁建造技术裹足不前。尤其是在西方工业革命之后，中国的桥梁建造技术更是远远落后于西方。具体来看，中国古代桥梁的发展主要经历了下列阶段：以西周、春秋时期为主的古代桥梁萌芽阶段；以秦汉时期为主的古代桥梁初步发展阶段；以唐宋时期为主的古代桥梁发展辉煌阶段；以元、明、清时期为主的古代桥梁发展饱和阶段。

1.1.2　中国近代桥梁发展历程（1840—1949年）

鸦片战争后，中国桥梁发展受到严重制约，为数不多的桥梁主要由西方国家的工程师进行设计与施工。

1873年建成开启桥——上海苏州河外白渡木桥，后由于该桥不能满足交通需要，于1906年拆除并由英国公司新建了外白渡钢桥（至今仍在使用）。1887—1926年，天津在海河上相继建成6座钢结构开启桥，尤以万国桥最具特色。

1905—1909年，中国工程师詹天佑主持设计建造的京张铁路及怀来桥等获得成功，震惊西方工程界。中国代表性铁路桥梁有1894年建成的京山县滦河铁桥(钢桁梁,主跨61 m)、1911年建成的陇海线伊洛河桥(双悬臂钢桁梁,主跨90 m)、1934年建成的松花江桥(我国首座公铁两用桥)、1936年建成的粤汉线系列拱桥(钢筋混凝土拱桥,中国工程师设计建造)。1937年9月由茅以升主持建成的钱塘江大桥为中国自行设计建造的桥梁。

我国近代公路桥梁发展十分缓慢,其发展主要体现在以下方面:建设了一批具有中国特色的石拱桥,如1922年建造的12孔跨径6.1 m的山西文峪河桥,为当时最大规模的石拱桥;各地建造、改造了一批木桥,并形成了各自的特色;各地开始修建钢筋混凝土桥梁,1925年安徽建成首座跨径16 m的钢筋混凝土连续梁桥;1940年四川建成首座近代新型钢筋混凝土双悬臂梁公路大桥——通川桥(全长301 m,主跨20 m)。

总体而言,我国近代桥梁发展处于停滞阶段。

1.1.3 中国现代桥梁发展历程(1949年至今)

1949年中华人民共和国成立,中国共产党带领各族人民开始了社会主义国家建设新征程。国家建设发展的基础是交通,而陆路交通发展的重点在于桥梁。70多年来,中国桥梁经历了修复借鉴与基础奠定、就地取材与创新发展、学习追赶与桥梁崛起、跟踪提高与桥梁大国、技术突破与桥梁强国5个时期。

1949—1960年,中国桥梁处于修复借鉴与基础奠定时期。在中华人民共和国成立初期,国家百废待兴,桥梁建设也在其中。当时,一方面要对既有的桥梁进行修复,另一方面要在桥梁人才、技术等均缺乏的情况下,虚心学习外国经验。1955年和1956年,铁路与公路部门相继引进预应力技术,并设计建成陇海铁路新沂河桥(23.9 m预应力混凝土简支T形梁)和京周公路哑巴河桥(20 m预应力混凝土简支T形梁)。目前,预应力混凝土简支T形梁已成为20~50 m桥的主要桥型。从1956年开始,石拱桥得到快速发展,1959年建成的湖南黄虎港大桥跨径达到60 m,为该时期中国跨径最大的石拱桥,同期建成的主跨63 m的河南唐河大桥(片石混凝土拱桥),使中国圬工拱桥跨径首次突破60 m。20世纪50年代中国修建了一批悬索桥,1956年建成的岗托金沙江大桥跨径达92 m,为中国第一座斜缆式吊桥。1957年,在苏联专家的协助下,我国建成长江第一桥——武汉长江大桥(主跨128 m,钢桁梁桥,公铁两用)。武汉长江大桥为20世纪60年代中国桥梁的一座里程碑,极大地增强了中国建设桥梁的信心,为我国桥梁的建设与发展奠定了基础。

1961—1980年,中国桥梁处于就地取材与创新发展时期。该时期中国桥梁人面对缺乏资金及建材的难题,仍然坚持建设和发展桥梁。此时,能就地取材的圬工拱桥成为公路桥梁主要选用的桥型。1961年建成的跨径112.5 m的云南南盘江长虹桥使中国石拱桥跨径首次突破100 m。同时,中国桥梁人积极创新桥梁技术,以适应桥梁建设与发展的需要,20世纪60年代无锡建桥者发明了用料省、施工快的双曲拱桥,同时还创造出了桁架拱桥和刚架拱桥。1965年建成的主跨50 m的河南五陵卫河桥为中国第一座预应力T形刚构桥。1975年建成了中国第一座试验性斜拉桥——主跨75.84 m的重庆云阳云安桥(后因三峡水库蓄水而拆除),为中国成为当今世界斜拉桥强国奠定了基础。1968年建成的南京长江大桥,不仅对我国的经济建设起到了极大的推动作用,同时也向世人证明了中国的实力,维护了中华民族的尊严,显示了中国人民大无畏的英雄气概。

1981—1990年,中国经济迅猛发展,桥梁发展也进入了学习追赶与桥梁崛起时期。该时期斜拉桥得到广泛推广,1982年建成的济南黄河公路斜拉桥,主跨220 m,成为中国早期斜拉桥建设的里程碑。预应力混凝土连续梁桥建设进入高潮,1980年建成的主跨174 m的预应力T形刚构桥——重庆长江大桥成为中国预应力混凝土梁式桥发展的里程碑,至今仍为世界同类最大跨径桥梁。跨径180 m的预应力混凝土连续刚构桥——番禺洛溪大桥1988年建成,为后续混凝土桥的发展打下了基础。1988年,中国自主建设了上海南浦大桥,实现了我国斜拉桥具有里程碑意义的突破。中国桥梁开始崛起,这增强了中国桥梁界的信心,掀起了20世纪90年代在全国范围内自主建设大跨度桥梁的高潮。

1991—2000年,中国桥梁进入跟踪提高与桥梁大国时期。由于国家改革开放持续深化,经济迅猛发展,国家实力进一步增强,桥梁建设得到更多重视和支持。桥梁建设全面起步,黄石长江大桥(梁桥)、铜陵长江大桥(斜拉桥)、万州长江大桥(拱桥)、南京长江二桥(斜拉桥)、江阴长江大桥(悬索桥)、上海南浦大桥、上海杨浦大桥(斜拉桥)等大型跨江桥梁建造技术障碍被攻克。其中,主跨400 m的斜拉桥——上海南浦大桥于1991年建成,成为中国自主建设大跨径桥梁的开始。1993年建成的上海杨浦大桥,主跨602 m,在双塔空间、双索面钢-混凝土结合梁斜拉桥中居当时世界第一。1999年竣工的江阴长江大桥,以1385 m的跨径居当时中国第一、世界第四,更重要的是该桥是中国人自己设计、建设的第一座跨径超千米的大桥。1997年,主跨420 m的重庆万州长江大桥建成,保持世界最大跨度的混凝土拱桥纪录20年,获得国家科学技术进步奖一等奖。该时期中国桥梁在数量上迈入世界桥梁大国行列,不同类型桥梁的建设为新世纪更大规模的跨江海公路桥梁建设奠定了坚实基础,世界级桥梁的建成奠定了中国在国际桥梁界的地位。

2001年至今,进入新世纪的中国,经济发展突飞猛进,成为世界第二大经济体。国家对交通建设更加重视,对桥梁建设发展提出了更高要求。伴随着西部大开发、中部崛起等重大战略举措的实施,高速公路、高速铁路向山区和海洋克难延伸,在地形、地貌、水文条件复杂的中西部地区的桥梁建设日新月异,跨海桥梁建设如火如荼。中国桥梁进入技术突破与桥梁强国时期。2001年建成南京长江二桥,主跨628 m,为钢箱梁斜拉桥,其跨径在当年同类桥型中居国内第一、世界第三。2003年,主跨550 m的钢结构拱桥——上海卢浦大桥通车,该桥建成时居世界同类桥型跨径第一,同时也是世界上首座完全采用焊接工艺连接的大型钢拱桥。2004年建成的主跨460 m的重庆巫山长江大桥为当时世界上最大跨径的钢管混凝土拱桥。2005年,主跨1490 m的润扬长江公路大桥建成通车,跨径居当时世界第三。2006年,最具创新性的主跨330 m的重庆长江大桥复线桥建成,将世界连续刚构桥最大跨径从301 m提高到330 m,成为世界同类桥梁跨径新纪录。2008年,世界第一座超千米的斜拉桥——主跨1088 m的苏通长江公路大桥建成,成为世界斜拉桥建设新的里程碑。2009年,主跨552 m的钢桁拱桥——重庆朝天门长江大桥建成,为当今世界最大跨径拱桥,该桥被称为技术与艺术的完美结合;同年,武汉天兴洲长江大桥通车,成为世界上主跨最大的公铁两用斜拉桥;西堠门大桥主跨1650 m,成为悬索桥中跨径中国第一、世界第二的大桥。2012年,湖南矮寨大桥主跨达1176 m,多项技术创世界第一;同年,江苏泰州大桥为世界上首座三塔两跨千米级悬索桥。2013年,主跨530 m的四川合江长江一桥建成,该桥为世界上跨径最大的钢管混凝土拱桥。2016年,主跨720 m的斜拉桥——贵州北盘江特大桥高达565.4 m,为新的世界最高桥梁。2018年,港珠澳大桥通车,全长55 km,是世界上里程最长、沉管隧道最长、施工难度最大、技术含量最高、科学专利和投资金额最多的跨海大桥。港珠澳大桥成为中国由世界桥梁大国迈入世界桥梁强国的里程碑。2019年9月建成的主跨1700 m的武汉杨泗港长江大桥是世界上工程规模最大的双层悬索桥,其悬索桥跨度在国内排名第一、世界排名第二。

截至2021年末,中国公路桥梁有96.11万座、7380.21万延米,比上年末分别增加4.84万座、751.66万延米,其中特大桥梁7417座、1347.87万延米,大桥13.45万座、3715.89万延米。中国桥梁不但数量多,桥梁设计理论、建造技术也已处于世界领先水平。同时,中国桥梁标准、技术开始走向世界,由中国设计、制造、施工或提供咨询的桥梁遍布美洲、欧洲、亚洲、非洲。

1.2 桥梁的组成与分类

1.2.1 桥梁的组成

桥梁由上部结构、下部结构、支座和附属设施组成。桥梁组成示意如图 1.1 所示。

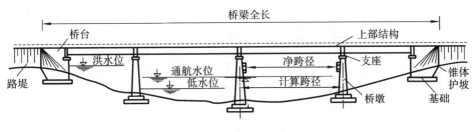

图 1.1 桥梁组成示意

1. 上部结构

桥梁上部结构是跨越河流、海峡、山谷等障碍的结构物。跨越幅度越大，上部结构的构造就越复杂，施工难度也相应增加。

2. 下部结构

桥梁的下部结构包括以下部分。

①桥墩：设于河中或岸边，用于支撑上部结构。

②桥台：设于桥梁两端，用于支撑上部结构，并起挡土墙的作用。

③基础：设于桥墩、桥台底部，将经桥墩、桥台传递的荷载传至地基。

3. 支座

支座设于上部结构与桥墩、桥台之间，将上部结构荷载传至桥墩、桥台，同时保证上部结构在各种因素作用下自由变位。

4. 附属设施

附属设施包括桥面系、伸缩缝、桥梁与路堤衔接处的桥头搭板和锥形护坡。

其中,桥面系包括以下部分。

①行车道铺装(也称桥面铺装):设置于行车道上,用于防止桥梁主结构受磨损,同时起到分散车轮荷载的作用。

②人行道:设置在桥面两侧,供行人使用。

③栏杆(或防撞栏杆):设于桥面或人行道边缘,用于保护行车、行人安全。

④排水、防水系统:排水系统用于迅速排除桥面积水;防水系统用于防止桥梁主结构受水侵蚀。

⑤照明设施:设置于桥梁上,用于桥梁夜间照明。

1.2.2 桥梁的分类

桥梁分类的方式很多,通常按受力特点、用途、长度和跨径等分类。

1. 按受力特点分类

结构工程上的受力构件离不开拉、压、弯三种基本受力方式。桥梁按受力特点可分为梁式桥、拱式桥、斜拉桥、悬索桥、刚构桥和组合体系桥。

(1) 梁式桥。

梁式桥是一种在竖向荷载作用下无水平反力的结构。梁式桥主要承受竖向荷载作用,故以受弯为主。梁式桥包括简支梁桥、连续梁桥等,需要采用抗弯能力强的材料(如钢筋混凝土、预应力混凝土、钢材等)来建造。按行车道位置的不同,梁式桥可分为上承式桥和下承式桥。

(2) 拱式桥。

拱式桥的主要承重结构是拱圈。在竖向荷载作用下,拱的两端支承处(拱脚处)除了有竖向反力和弯矩(无铰拱),还有水平推力,正是该水平推力的存在,相对同跨径梁桥,拱圈受到的弯矩显著降低,拱圈以受压为主。拱圈通常采用抗压能力强的材料(如砖、石、混凝土、钢筋混凝土、钢材及其组合材料)建造。按照行车道位置的不同,拱桥可分为上承式拱桥、中承式拱桥和下承式拱桥。

(3) 斜拉桥。

斜拉桥又称斜张桥,由斜索、桥塔和主梁组成。斜拉桥利用高强钢丝制成的多根斜拉索将主梁托起,主梁的恒载和其他作用通过斜拉索传至索塔,再通过索塔基础传至地基,由此,主梁犹如一根多点弹性支承的连续梁一样工作,而且斜拉索索力的水平分量又构成主梁"免费"的预压应力,从而使主梁尺寸大大减小,结构自重显著减轻,既节省了结构材料,又大幅度增大了桥梁的跨越能力。索塔采用混凝土结构或钢结构,主梁常用混凝土结构、钢结构或其组合结构。

(4) 悬索桥。

悬索桥又称吊桥,是比较古老的桥梁形式,结构简洁,受力明确,适用于特大跨径桥梁建设。悬索桥通常由索塔、锚碇、主缆、吊杆及加劲梁组成。主缆是悬索桥的"生命线",而主缆的锚固构造(包括地锚式悬索桥锚碇、自锚式悬索桥缆梁结合构造)则是悬索桥的"心脏"。主缆采用高强度钢丝制成,索塔采用混凝土结构或钢结构,加劲梁主要采用钢结构。

(5) 刚构桥。

刚构桥是梁(或板)和立柱(或竖墙)固结形成的一种刚架结构。由于两者是刚性连接,在竖向荷载作用下,在柱脚具有水平反力,梁部除弯矩外还有轴力,其受力状态介于梁桥与拱桥之间。因此,同样的跨径,在相同荷载作用下,刚构桥的正弯矩要比一般梁桥的小。刚构桥的建筑高度可以做得低些,适用于需要较大桥下净空和建筑高度受到限制的情况。

(6) 组合体系桥。

组合体系桥是指由不同结构体系组合而成的桥梁,包括梁拱组合桥、斜拉与刚构组合桥、斜拉与悬索组合桥、斜拉与拱组合桥等。

2. 按用途分类

桥梁按用途可划分为公路桥、铁路桥、公铁两用桥、农用桥、人行桥、运水桥(渡槽)及其他专用桥梁。

3. 按长度和跨径分类

桥梁按长度和跨径可分为特大桥、大桥、中桥、小桥和涵洞,如表1.1所示。

表1.1 桥梁按长度和跨径分类

桥梁分类	多孔跨径总长度 L/m	单孔跨径 L_k/m
特大桥	$L>1000$	$L_k>150$
大桥	$100 \leqslant L \leqslant 1000$	$40 \leqslant L_k \leqslant 150$
中桥	$30<L<100$	$20 \leqslant L_k<40$
小桥	$8 \leqslant L \leqslant 30$	$5 \leqslant L_k<20$
涵洞	$L<8$	$L_k<5$

1.3 桥梁的检测

1.3.1 桥梁检测的要求

（1）保证检测资料的完整性。

实践证明，资料的可靠性和实用性受其完整性的影响。桥梁检测是一项非常复杂的工作，要想保证检测资料的完整性，必须在检测工作开展前做好准备工作（具体包括桥梁技术资料的收集、检测方案的制订、仪器设备的准备和检测人员的安排等），以确保检测工作顺利进行。

（2）检测工作要依据相关标准、规范或规程进行，保证检测结果的真实性。

不同项目要根据不同的标准、规范或规程进行检测，在检测过程中要及时记录检测结果，并且检测结果的原始记录不允许随意更改和删减，以保证检测结果的真实性。检测结果的原始记录应做成一定格式的记录表，原始记录一般不得用铅笔填写，内容应填写清楚、完整，并由检测人员和校核人员签名。

（3）检测中要保证检测人员、仪器设备和交通的安全。

检测工作实施过程中，搭设脚手架和检测支架是必不可少的。脚手架和检测支架应分开搭设，互不影响，并且脚手架和检测支架应具有足够的强度、刚度和稳定性。脚手架要保证检测人员的安全和操作方便。检测支架要满足仪表安装的需要，不因自身变形影响检测的精度，同时应保证检测时不受车辆和行人的干扰。脚手架和检测支架的设置要因地制宜，就地取材，便于搭设和拆卸。

根据检测结果分析病害产生的原因时，一定要全面、客观、依据充分，一定要找准和分析透彻病害的根源，准确评定桥梁的技术状况，从而确保维修、加固措施能够收到实效。

1.3.2 桥梁检测的内容

（1）记录桥梁当前的状况。

桥梁因使用多年，主要部位出现缺陷（如裂缝、露筋、错位、沉降等），可通过检测来确定桥梁各部位损坏的程度及实际承载力。

（2）了解车辆及其交通量的改变给使用带来的影响。

交通量的不断增加和车辆载重量的不断加大，对桥梁通过能力和承载力的要求越来越高,通过检测评估,可确定按旧标准设计建造的桥梁是否需要通过加固来提高其荷载等级。近年来,随着我国现代化工业的发展,特大型工业设备、集装箱运输逐渐频繁,超重车辆必须过桥梁的情况时有发生,可通过检测确定超重车辆能否安全通过,并为临时加固提供技术资料。

(3) 跟踪检测结构与材料的使用性能变化。

跟踪检测结构与材料的使用性能,有助于了解桥梁实际受力状态和材料老化程度,判断结构的安全承载力和使用条件。

(4) 给桥梁状态评估提供相关信息。

对于一些重要的大桥或特大桥,在建成之后,对桥梁进行检测,可评定其设计与施工质量,确定工程的可靠度,给桥梁状态评估提供相关信息。

(5) 记录桥梁结构性能数据。

对桥梁进行检测,可建立和积累技术资料,为加强科学管理和提高桥梁技术水平提供必要条件;可系统地收集桥梁技术数据,建立桥梁数据库,给设计与建设部门提供反馈信息,以更好地养护、管理桥梁,并能指导今后的桥梁养护、加固与维修工作。

1.3.3　桥梁检测的手段

桥梁检测的目的在于随时掌握桥梁的安全状况。桥梁检测可对桥梁的损伤情况进行诊断,对桥梁的可靠性、耐久性和承载力进行评估,为桥梁的养护、维修与管理提供依据。桥梁检测是桥梁正常使用的保障,也是进行维修、加固的重要依据。常见的桥梁检测手段如下。

(1) 混凝土强度检测。

在工程实践中,我们在很多情况下(如对施工质量有怀疑,对施工过程或构件强度增长情况进行必要的监控,无法收集完整既有桥梁的资料)需要利用无损检测方法来推定构件混凝土的强度值。因此,混凝土强度的无损检测成为桥梁检测的重要手段。

当前,混凝土强度的无损检测方法主要有回弹法、超声法(应用较少)、超声回弹综合法、射线吸收与散射法等。其他方法,如探针法、拉拔法、拉脱法、钻芯法等,均属于半破损法或破损法。

(2) 钢筋锈蚀检测。

正常情况下,混凝土材料呈弱碱性并在钢筋表面形成钝化膜来保护钢筋。但是,在复杂的交变荷载和温度应力等的作用下,碱性环境容易消失,因此在评估桥梁安全性时,需要进行钢筋锈蚀检测。目前,常用的钢筋锈蚀检测方法分为直接评定法(如线性极化电流测量、半电池电位测量等)和间接评定法(如氯离子含量测量、保护层测量、透气性测量、电阻率测量等)。其中,半电池电位测量和电阻率测量为较常见的无损检测方法。

(3)桥梁荷载试验。

桥梁荷载试验可分为桥梁静载试验和桥梁动载试验。桥梁静载试验是将静止的荷载作用在桥梁上的指定位置,测试结构的静力位移、静力应变、裂缝等参量的试验项目,从而推断桥梁在静载作用下的工作性能及使用能力。桥梁动载试验是利用某种激振方法激起桥梁结构的振动,测定桥梁结构的固有频率、阻尼比、振型、动力冲击系数、行车响应等参量的试验项目,从而判断桥梁结构的整体刚度、行车性能。桥梁静载试验与桥梁动载试验虽然在试验目的、测试内容等方面不同,是两种性质的试验,但对于全面分析掌握桥梁结构的工作性能是同等重要的。

总之,结合具体的检测目的及要求,可选用一种或几种检测方法。在选择时应考虑检测成本,一般能用模型代替的,就不用原型来做试验,通过无损检测可以达到试验目的的,就不做破损检测。

1.3.4 桥梁检测的工具和设备

检测时应携带必要的工具及设备,并于检测前作必要的调整。为避免遗漏,应制定工具和设备检视表,供检测前逐项检视。

(1)检测工具。

检测工具可分为以下 6 类。

①清洁工具:长柄扫帚、钢刷、刮刀、平头起子、铲子等。

②检测工具:混凝土强度测试锤、铅锤等。

③协助目视检测工具:红外线望远镜、手电筒、放大镜、染色剂等。

④测量工具:钢卷尺、光标尺、裂缝观测镜、裂缝量测尺、量角器、温度计、位移计等。

⑤记录工具:检测报告表、记事本、照相机、粉笔或标示笔等。

⑥其他设备:润滑油、防昆虫雨衣、医药箱、附工具袋的皮带(装检测工具)等。

(2)特殊检测设备。

桥梁检测一般不需要特殊的检测设备,只有某些特殊的桥梁或进行特殊检测时,会用到特殊检测设备。特殊检测设备如下。

①测量仪器。特殊情况下,需要使用经纬仪、水准仪等测量仪器。

②非破坏性检测仪器。为了了解构件内部破坏情形、对构件破坏情况进行评估,可能会用到非破坏性检测仪器,如回弹仪、超声检测仪、钢筋锈蚀仪等。

③水中检测设备。检测过水桥时,为检测桥梁水面之下的构件或河道的状况,则需要使用水中检测设备。若河道狭浅,使用简单的探测工具即可,如钢筋、标杆等。若河道宽深,则需要潜水员携带必要的设备(如水中照相机、探测水深设备、无线通话机等)协助进行水中检测。

1.4 桥梁的养护及维修

桥梁病害按其对结构性能的影响程度可分为以下四类:第一类病害不影响结构的承载力和正常使用,但有可能对混凝土的耐久性产生影响,一般出现在结构的表层和附属设施上,通过一般的小修保养即可修复;第二类病害是指现存病害对结构的耐久性造成影响,不影响结构的承载力,但轻微地影响结构正常使用,需要良好的小修保养、中修,主要包括严重的附属设施病害与表层病害,以及轻微的钢筋锈蚀、裂缝、构件变形等;第三类病害指影响结构的正常使用和耐久性,结构的承载力弱化,包括中等的钢筋锈蚀、裂缝、构件变形、结构整体变形等,此时结构需要大修或加固补强;第四类病害指已经严重影响到结构的正常使用和耐久性,承载力大大降低,已不能满足正常的使用功能,包括严重的钢筋锈蚀、裂缝、构件变形、结构整体变形或桥梁已经不能满足交通量需求,此时结构需要加固补强,若病害达到一定程度,应直接改建甚至废弃。

1.4.1 桥梁养护维修工程的分类

按工程性质、工程规模、技术难易程度,桥梁养护维修工程可划分为小修保养工程、中修工程、大修工程和抢修工程四类。各类养护维修工程分别包括下列内容。

(1) 小修保养工程:指由基层管理机构在年度小修保养定额经费内,按月(旬)安排计划,对公路桥梁及其工程设施进行预防性保养和修补轻微损坏部分,使其经常保持完好状态的工程项目。

(2) 中修工程:指由基层管理机构按年(季)安排计划,对公路桥梁及其工程设施的一般性磨损和局部损坏进行定期的维修与加固,使其恢复原状的小型工程项目。

(3)大修工程:指对桥梁及其工程设施的较大损坏进行周期性综合修理,以全面恢复到原设计标准,或在原技术等级范围内进行局部改善和个别增建,以逐步提高通行能力的工程项目。

(4)抢修工程:指对桥梁因水灾等自然灾害,或超载、意外事故等人为灾害造成的严重影响通行的破坏采取的迅速恢复交通的工程措施项目。

小修保养工程、中修工程主要是对危害桥梁正常运营的部分进行修缮。例如,桥面照明系统、桥面铺装层、桥面伸缩缝装置、桥面防水设施、桥梁主体结构(如钢筋混凝土桥梁的裂缝等)、桥梁支座、桥梁墩台身及基础、桥梁防护构造等的缺陷,都会影响桥梁的正常运营及使用年限,严重的甚至会导致桥梁承载力降低。因此,在桥梁使用过程中对其进行日常的养护维修是一项非常重要的工作,这项工作具有普遍性,涵盖了几乎所有技术状况较好及较差的桥梁。大修工程主要针对病害较重、技术状况较差的桥梁,所以部分大修工程可归类为加固工程。桥梁加固工程往往是针对桥梁的承重结构,但同时也必须对上述影响桥梁正常使用的部分进行养护维修。

1.4.2 桥梁养护维修的内容

桥梁日常养护维修的内容如下。

(1)对桥梁进行各种检查及检验,了解桥梁的技术状况,掌握病害情况及其发展情况,针对具体的桥梁提出具体的养护维修措施,各种小修保养工程、中修工程甚至大修工程应建立在对桥梁进行的各种详尽的检查、检验的基础上;取缔桥梁不正当使用及非法占用,严格管理超载车、特种车过桥,必须通过时应采取防护、加固措施,以免桥梁损坏;对可能发生台风、暴雨、暴雪、地震、火灾、洪水危害的桥,应做好各种应急处理措施及防范措施;特大桥应设置护桥机构。

(2)对需要限载、限速或限制通行的桥梁,应及时办理审批手续并进行交通管制;对桥梁各部分经常进行养护,对检查发现的缺陷、损坏应及时进行维修;对不能维持原设计载重等级的桥梁,应有计划地进行维修加固。

(3)建立完善的桥梁档案,以及时了解桥梁病害的发展趋势、发展速度,为及时养护、维修桥梁提供有效依据。

1.5 桥梁的加固

1.5.1 桥梁加固的基本原则

(1) 桥梁经过技术状况评定及承载力鉴定,确认经过加固能满足结构安全或正常使用要求后,方可进行加固。加固设计的内容及范围应根据评估结论和委托方提出的使用要求确定,可以是整座桥梁,亦可以是指定的区段或特定的构件。

(2) 加固后的桥梁结构整体寿命应恢复到原设计寿命。

(3) 加固设计应与施工方法紧密结合,并采取有效措施,保证新老结构连接可靠、协同工作。

(4) 对于大桥、特大桥,其主要承重构件需要加固补强时,加固设计方案应不少于2个,并进行方案比选和经济评价,完成加固方案可行性研究报告,且应遵循以下原则:①加固方案涉及的结构验算分析应清晰明了,构造措施应合理并有成熟的设计经验;②加固施工过程中粉尘、噪声、废弃物等对环境的影响小;③加固的施工难度小、工艺成熟、质量和工期易于控制;④加固施工过程中对人身安全、行车安全和结构安全影响小;⑤工程费用应经济、合理;⑥加固后的结构耐久性好,后期养护费用低。

(5) 加固设计及施工尽量不损伤原结构,并保留具有利用价值的构件,避免不必要的拆除或更换,防止加固过程中造成新的结构损伤或病害。

(6) 加固设计应按下列原则进行承载力验算:①结构应根据加固后的实际应力情况和实际边界条件进行计算;②对于结构的计算截面面积,保留的构件采用基于检测结果的计算截面面积,新增构件采用实际有效截面面积,并考虑结构在加固后的实际受力程度、加固部分的应变滞后特点,以及加固部分与原结构协同工作的程度;③加固后使结构恒载增大时,应对被加固的相关结构及基础进行验算。

(7) 在加固施工过程中,若发现原结构或相关工程隐蔽部位的构造有严重缺陷,应立即停止施工,会同加固设计方研究,采取有效措施进行处理后,方能继续施工。

(8) 加固施工过程中,应采取安全监测措施,确保人员及结构安全。

(9) 加固完成后,应视具体情况进行荷载试验,以检验加固效果,确定加固后桥梁的实际承载力,为桥梁的运营管理提供科学依据。

1.5.2　桥梁加固的基本要求

桥梁加固应满足技术、经济、交通及环境方面的基本要求。

(1) 技术要求。

与新建桥梁不同,加固桥梁对加固方案及施工组织等提出了更高的要求,即要求二者的设计使施工便捷、快速,以降低对现有交通的影响。

应尽量减少对原有桥梁结构的损伤,充分利用原有结构构件,做到加固工程的安全、可靠、耐久,满足使用要求,不留后患。在新旧结构的处理上,设计计算应该充分考虑结构强度的折减。

桥梁经技术改造后,其结构性能、承载力与耐久性等都应满足使用要求。

(2) 经济要求。

桥梁加固后应具有较明显的经济效益和社会效益。桥梁改造可以采用两种不同的方式:一种是废弃原有桥梁进行重建,这相当于建造一座符合新的使用要求的新桥,但还要拆除原桥;另一种是充分利用原桥,进行加固补强,若需加宽则再行拓宽。桥梁加固改造的经济效益反映在其成本明显低于新建,否则就无法体现其优越性。一般情况下,加固改造旧桥比新建同规模桥梁成本低50%左右,当然,还应考虑相关社会效益及其影响。

(3) 交通要求。

在允许的范围内,应最大限度地降低桥梁加固对交通的影响。

(4) 环境要求。

桥梁加固方案的设计应把对环境的影响考虑进去,对新旧部分应做到外观协调,以满足一定的景观要求。

1.5.3　桥梁加固的主要内容

桥梁加固是对桥梁的主要承重构件进行补强,恢复和提高桥梁结构的安全性,提高其承载力、通过能力,以延长桥梁的使用寿命,使整个桥梁结构可满足规定的承载力要求,并满足规定的使用功能需求。

桥梁加固的主要内容如下:①对旧桥上部构件进行加固;②对旧桥下部构件进行加固;③拓宽桥梁的车行道或人行道;④提升桥梁上部构造的高度;⑤更换

桥梁车行道路面或引桥路面的结构；⑥部分或全部更换桥梁损坏或破旧的结构物。

桥梁加固应充分利用原有的部分，如能加固则不改造，如能部分改造则不全部改造。

1.5.4 桥梁加固的技术途径

桥梁加固是通过较大规模的加固施工，使承载力已出现较大幅度降低的桥梁恢复甚至超过原有承载力，或者满足已经增长的交通需求（如加宽）。加固在性质上类似于修复，但比修复更加深入、复杂，规模也更大。加固需求通常根据桥梁检测和评定及交通需求评价来确定。加固一般属于较大规模的工程项目，应由对旧桥加固有经验并具有施工资质的专业队伍承担。

桥梁加固的根本目的就是恢复和提高其承载力，改善其使用性能，消除其安全隐患，提高其通行能力。桥梁加固的技术途径大致分为以下几种。

(1) 加固补强薄弱构件。

对于有严重缺陷或要通行重型车辆而不能满足承载力要求的部位（如梁桥的跨中部位，支座部位，承受负弯矩的部位，拱桥的拱顶、拱脚、1/4拱跨部位，以及其他变截面处），应采取加固措施，进行补强。特别要注意的是，桥梁的薄弱处一般在受拉区范围内。可以采取使用新的材料（钢筋、钢板、混凝土、复合材料等）、增大构件截面尺寸、增设外部预应力钢筋或用化学粘贴剂粘贴补强材料等措施进行加固，这些方法实际上是通过增加刚度或增加受力材料数量来提高原构件的承载力。

(2) 增加辅助构件。

在桥梁承载力不足或某种原因致使桥梁遭受破损时，可以在原有结构上增加新的受力构件，如在多梁式梁桥中，为增强横向联系而增设端横梁、中横梁，或在简支梁之间加设辅助构件，使其成为连续梁；又如在桩基承载力不足时，增设扁担桩、扩大承台等。应特别注意的是，在更换原有结构上有严重缺陷又不能修复的构件时，必须设置足够的临时支撑，或采取可靠的措施，以保证整个结构施工中的安全。

(3) 改变结构体系。

不同结构体系的受力性能不同，可通过转换结构体系来改变原有结构的受力状况，人为地改善原结构整体受力性能，以达到提高桥梁承载力的目的。例如，将有推力体系的拱桥改变成无推力体系的拱桥，以改善拱圈、拱脚及拱顶的受力状态;又如,将原有的多孔简支梁桥通过一定的构造措施改变为连续梁桥,利用连续梁体系来改善原有简支梁跨中部分的受弯情况等。这些手段可改善结构薄弱处的受力状态,提高桥梁的整体承载力。

(4)减轻恒载。

减轻桥梁上部结构的恒载,可改善原桥梁的受力状态,提高桥梁的活载承载力。特别是在桥梁基础承载力受到限制,不能通过加固上部结构来提高活载承载力时,减轻桥梁恒载是一种经济、有效的措施,如将实腹式拱桥改建为空腹式拱桥、将拱上填料更换为轻质材料。

(5)加固墩(台)与基础。

如果墩(台)与基础的承载力不足,或者上部结构缺陷、承载力降低等是由墩(台)与基础的位移或缺陷等引起的,则应对原桥墩(台)与基础进行必要的加固。常用的方法较多,如基础灌浆,加钢筋混凝土桩,扩大承台,基础及台后打粉喷桩,基础周围抛置片石、块石(常置于钢筋笼内,主要用于防冲刷)等。在桥梁结构中,还有相当一部分缺陷是墩(台)与基础病害引起的,因此需要对墩(台)与基础进行加固。对于墩(台),常用钢筋混凝土套箍并施加外部预应力进行加固;对于基础,常采用补桩法和扩大基础法进行加固。

(6)其他加固方法。

有些加固方法在实际工程中应用不多,如改善桥梁的平面线形、调节桥梁的高度等。

第 2 章 桥梁试验与检测

2.1 桥梁试验简述

2.1.1 桥梁试验的目的

在科学技术的发展过程中,科学试验起着非常重要的作用。从土木工程设计计算理论的演变历史来看,理论体系的建立和发展一般离不开大量的科学试验和生产实践。试验研究对于推动和发展结构设计计算理论、解决生产实践中出现的疑难问题往往起到了重要的作用。

在桥梁工程的发展过程中,桥梁试验也起到了同样重要的作用。大量的试验研究成为促进桥梁结构设计计算理论、设计方法不断发展的重要因素。桥梁试验是指对桥梁原型结构或桥梁模型结构所进行的直接的科学试验工作,包括试验准备、理论计算、现场试验、分析整理等一系列工作。桥梁原型试验也称为桥梁检测,其目的是通过试验,掌握桥梁结构在试验荷载作用下的实际工作状态,判定桥梁结构的承载力和使用条件,检验设计质量与施工质量;桥梁模型试验的目的是研究结构的受力行为,探索结构应力、应变的内在规律,为设计施工服务。

2.1.2 桥梁试验的任务

随着交通事业的蓬勃发展,新结构、新材料、新工艺的不断涌现,桥梁工程的试验技术日益受到人们的重视,并不断得到发展和提高。桥梁试验的任务主要包括以下几个方面。

(1)确定新建桥梁结构的承载力和使用条件。

对于重要的桥梁,在其建成竣工后,桥梁试验可考察该桥的施工质量与结构性能,帮助我们判定桥梁结构的实际承载力,为竣工验收、投入运营提供科学的依据。对于新型或复杂的桥梁结构,桥梁试验可以帮助我们掌握结构在荷载作用下的实际受力状态,探索结构受力行为的一般规律,为充实和发展桥梁结构的设计计算理论积累科学资料。

(2) 评估既有桥梁的使用性能与承载力。

对于既有桥梁,在运营期间,因受洪水、地震等自然灾害而损伤,因设计施工不当而产生严重缺陷,或因使用荷载大幅度增长而严重超过设计荷载等级,通常通过桥梁试验来评估既有桥梁的使用性能与承载力,为既有桥梁采取养护、维修、加固、改建或限载对策提供科学的依据。这对缺乏完整技术资料的既有桥梁更为必要。

(3) 研究结构(构件)的受力行为,总结结构受力行为的一般规律。

随着桥梁工程的不断发展,新结构、新材料、新工艺的推广应用,原有的规范、规程往往不能适应工程实践的要求。为了修改、完善既有的规范、规程,指导设计与施工工作,就需要进行大量的研究性试验。

2.1.3 桥梁试验的分类

1. 按试验目的与要求分类

在实际工作中,桥梁试验的种类很多,按照试验目的与要求可分为科学研究性试验和生产鉴定性试验。

(1) 科学研究性试验。

科学研究性试验的目的是验证结构设计计算理论、建立经验公式,以及验证某一结构理论体系中科学假设或判断的可靠性。科学研究性试验一般把对结构或构件的主要影响因素作为试验参数,试验结构的设计与数量均应按照具体研究目的确定。

根据实际情况,试验可在原型结构上进行,也可在模型结构上进行。科学研究性试验多采用模型结构,在专门的试验室内进行,利用特定的加载装置,以消除或减少外界因素的干扰,同时突出所要研究的主要因素。通过系统的模型试验,对测试资料和数据加以分析论证,从而揭示出具有普遍意义的规律。

(2) 生产鉴定性试验。

生产鉴定性试验具有直接服务于生产实践的意义,一般以原型结构作为试验对象,在现场进行试验,根据一定的规范、标准要求,按照有关设计文件,通过试验来确定结构的实际承载力、使用性能和使用条件,检验设计施工质量,提出桥梁养护、维修、加固、改建、限载对策,有效地保证桥梁结构的安全使用。生产鉴定性试验也称为桥梁检测,包括静载试验、动载试验、无损检测与长期监测四个方面。

原型试验存在费用高、期限长、测试环境多变等不利的影响因素,因此,结合原型桥梁进行模型试验往往成为科技工作者的一种有效手段,可以更方便、全面地研究主要影响因素之间的关系,探索结构行为的普遍规律,推动新结构、新材料、新工艺的发展与应用。

2. 按试验荷载作用的性质分类

根据试验荷载作用的性质,桥梁试验可分为静载试验和动载试验。二者在第1.3.3节已简要介绍,此处不再赘述。

3. 按试验对结构产生的后果分类

就试验对结构产生的后果来说,桥梁试验可分为破坏性试验和非破坏性试验。一般情况下,生产鉴定性试验多为非破坏性试验。但在某些情况下,为了达到预定的试验目的,往往需要进行破坏性试验,以掌握试验结构由弹性阶段进入塑性阶段甚至破坏阶段时的结构行为、破坏形态等。实际上,原型结构的破坏性试验,不论是在费用上还是在方法上都存在一些具体的问题,特别是在结构进入破坏阶段后再进行试验是比较困难的。因此,破坏性试验一般以模型结构为对象,在试验室内进行,以便加载、控制、量测、分析,从而总结出具有普遍意义的规律,并推广应用于原型结构。

4. 按试验持续的时间分类

按试验持续的时间,桥梁试验可分为长期试验和短期试验。生产鉴定性试验与一般的科学研究性试验多采用短期试验方法,只有那些必须进行长期观测的现象,如混凝土结构的收缩和徐变性能、桥梁基础的沉降等,才采用长期试验的方法。此外,大型桥梁结构或新型桥梁结构常进行长期观测或组织定期检测,以积累关于这些结构长期使用性能的资料。

2.2 桥梁荷载试验

2.2.1 荷载试验的目的

桥梁荷载试验的目的如下。

①当通过检算分析无法明确桥梁的承载力时,可通过加载试验测定桥梁结构在试验荷载作用下的结构响应,并据此确定检算系数,重新检算桥梁的承载力或直接判定桥梁承载力是否满足要求,为桥梁结构技术状况及承载力评定和日后养护、维修、加固决策提供科学依据。

②新建桥梁和进行加固或改建后的桥梁,可通过荷载试验来检验桥梁结构的正常使用状态和承载力是否符合设计要求。

在对桥梁进行外观病害检查和结构材料检测之后,可根据检测结果对破损严重、材料状况差的桥梁进行荷载试验。

2.2.2 荷载试验的主要内容

桥梁荷载试验是在桥梁结构主要控制截面安装各种传感器,在规定荷载作用下,通过仪器记录桥梁受力和变形数据。整个试验过程应遵循科学、客观、严谨、安全的原则。

桥梁荷载试验分 4 个阶段:方案设计阶段、试验准备阶段、现场试验阶段和分析报告阶段。荷载试验各阶段的主要内容如下。

(1) 方案设计阶段。

方案设计阶段主要收集和研究有关的原始设计资料、设计计算书,以及施工、监理及养护等方面的技术资料,需对桥梁结构进行实地考察,以检查结构物的设计质量和施工质量,并应详细了解结构物的使用情况、当前技术状况或主要存在的问题,在经过必要的检算后方可拟订试验大纲或方案。

(2) 试验准备阶段。

试验准备阶段工作是否充分直接影响到试验能否顺利进行。特别是在生产鉴定性试验中,试验准备工作很复杂,工作条件也很差,即使极小的疏忽也会使试验不能取得预期的结果或使试验结果不够理想,因此切勿低估试验准备阶段工作的复杂性和重要性,应细致、认真地做好每一项准备工作。试验准备阶段的工作应包括以下内容。

①资料准备。资料准备工作一般指通过走访建设单位、管理单位及设计单位等,收集与桥梁荷载试验相关的技术资料。试验过程应收集的资料如下。a. 设计资料:设计图纸、设计变更图纸和作为设计依据的其他原始资料。b. 施工和监理资料:材料性能试验报告、各分项或分部工程验收报告等。c. 施工监控资料:施工监控报告、成桥线形、内力(应力)、索力(杆力)等。d. 竣工资料:竣工图纸、工程验收报告等。

②现场调查。现场调查主要是调查桥梁结构的总体尺寸、主要构件截面尺寸、主要部位的高程、桥面平整度、支座工作状况、材料的物理力学性能,以及结构物的裂缝、缺陷、损伤和钢筋锈蚀状况等。

③测试孔选择。对拟试验桥联(座)进行现场踏勘和外观检查,选择代表性桥孔作为测试孔,同时宜考虑便于支架搭设或检测车操作,加载方便,仪器设备连接容易实现等。

④方案编制。根据试验控制荷载作用下的结构内力、变位及结构基频等的理论计算结果,结合测试内容,按等效原则拟订试验荷载大小、试验工况、加载位置及方法,制订试验加载方案、测点布设方案及测试方案等。

(3) 现场试验阶段。

现场试验阶段是整个试验工作的中心环节,应按照预定的试验计划进行各项具体的试验内容,运用各种配备得当的测试仪器和设备,观测结构受载后的工作状况,并记录观测数据和资料。重要的量测数据应在加载试验中随时整理、分析,并与事先估算的数值做比较,若发现异常情况,应及时查明原因,待问题弄清后才能继续试验。

现场试验阶段的工作应包括以下内容。①现场准备:试验测点放样和布置、荷载组织、现场交通组织及试验测试系统安装调试等。②预加载试验:进行正式加载试验前,应先进行预加载试验,检验整个试验测试系统的工作状况,并进行调试。③正式加载试验:按照制订的试验方案进行加载试验,并记录各测点测值和相关信息。④过程监控:监测主要控制截面最大效应实测值,并与相应的理论计算值进行对比分析,关注结构薄弱部位的力学指标变化情况、既有病害的发展变化情况,判断桥梁结构受力是否正常、再加载是否安全,确定可否进行下一级加载。

(4) 分析报告阶段。

分析报告阶段需要对原始资料进行整理及归档,并对数据进行处理。通过对试验测试结果进行分析研究,应对试验得出的规律和一些重要现象做出解释,将试验结果与理论值进行比较,分析产生差异的原因,写出试验总结报告,并提出试验中发现的新问题及进一步的研究计划。

分析报告阶段工作应包括以下内容。①理论计算:按照实际施加荷载情况对桥梁结构内力、应力和变形进行理论计算,必要时尚应对裂缝宽度、动力响应等进行分析。②数据分析:对原始测试记录进行分析处理,提取有价值的信息。③报告编制:对理论计算和测试数据进行对比分析,对试验结果做出判断与评价,形成荷载试验报告。

2.2.3 荷载试验的试验环境

桥梁的荷载试验应安排在开放交通前进行,整个荷载试验期间必须封闭交通,禁止行人、车辆通行。

桥梁荷载试验期间,高温、强光、强风、大浪、高湿度等极端天气,或冲击、振动、磁场等强干扰因素均会对试验产生一定的影响。因此,荷载试验不宜在强风下进行,特别是悬索桥、斜拉桥、大跨径桁架拱桥及特高墩桥梁等的荷载试验,宜在风力为3级及3级以下的风环境条件下实施。而处于风力较大地区的特大跨径桥梁,在进行荷载试验时宜检测风环境,不能满足试验要求时应暂停试验。

为了减少温度变化对试验结果造成的影响,荷载试验应在气温平稳的时段进行。当气温低于5 ℃或高于35 ℃时,不宜进行荷载试验。当气温较低或较高时,应根据仪器设备正常工作的温度范围,确定是否进行荷载试验。同时,大雨、中雨及大雾天气也不宜进行荷载试验,小雨天气进行桥梁荷载试验时,应做好仪器设备及传输线路的防雨措施。

2.2.4 试验设备

桥梁荷载试验参数主要包括静力参数和动力参数,二者分别由桥梁静载试验和动载试验测试得到。桥梁荷载试验是通过各类传感器记录荷载作用下桥梁的受力变形情况,因此,桥梁荷载试验设备的选用和技术要求至关重要。试验设备应具备足够的量程和动态要求,同时也要满足精度的要求,对所有被选用的设备进行系统检查,从整机到通道,一一调试,逐个检查各类表具,保证现场所用的设备质量完好,工作正常。

1. 静力参数测试设备

荷载试验测试的桥梁静力参数主要包括应变(应力)、变位、裂缝、倾角和索力(杆力),同时还需要观察试验过程中结构的反应,综合评判桥梁静载试验下的结构响应,为桥梁承载力评价提供依据。

(1) 应变(应力)测试。

桥梁结构应变(应力)主要包括拉应变(应力)、压应变(应力)和主应力。应变(应力)测试设备有千分表、杠杆式引伸仪、手持式应变仪、电阻式应变仪、振弦式应变仪、光纤光栅式应变仪等,如表 2.1 所示。

表 2.1 应变(应力)测试设备

量测内容	仪表名称	最小分划值/$\mu\varepsilon$	常用量测范围/$\mu\varepsilon$	备注
应变	千分表	2	±(5~2000)	配附件
	杠杆式引伸仪	2	±(50~200)	配附件
	手持式应变仪	5	100~20000	配表脚
	电阻式应变仪	1	±20000	贴电阻片
	振弦式应变仪	1	±3000	表面粘贴
	光纤光栅式应变仪	2	±6000	表面粘贴、埋设

注:当测量钢构件或混凝土内钢筋的应变时,宜采用标距不大于 6 mm 的小标距应变仪;当测量混凝土结构表面的应变时,宜选用标距不小于 80 mm 的大标距应变仪。

(2)变位测试。

桥梁结构变位主要包括竖向变位(挠度)和水平变位,水平变位又包括纵向变位和横向变位。变位测试设备可采用机械式或基于电(声、光)原理的测试仪器。机械式测试仪器是指各种非电量测试的仪表、器具或设备。这类设备需人工读取测值,主要包括千分表、百分表、连通管。电(声、光)测试仪器可自动读取测值,其精度高、更新快、量程大,主要包括水准仪、经纬仪、全站仪。目前,也可利用卫星定位系统进行变位测试,可以极大地提高测试效率。变位测试设备如表 2.2 所示。

表 2.2 变位测试设备

量测内容	仪表名称	最小分划值及精度	常用量测范围	备注
变位	千分表	—	0~10 mm	配附件
	百分表	—	1~50 mm	配附件
	连通管	—	<300 mm	配备测读仪器
	水准仪	—	—	配附件
	经纬仪	mm	—	配附件
	全站仪	测角:精度为 0.5″ 测距:标准测量精度 1.0 mm+$10^{-6}L$	—	监测使用时的大气环境,必要时进行修正

续表

量测内容	仪表名称	最小分划值及精度	常用量测范围	备注
变位	卫星定位系统	坐标测量： 水平为 5 mm+$10^{-6}L$； 垂直为 10 mm+$2\times 10^{-6}L$	—	满足大跨径桥梁变位测量需要

注：L 为观测距离，km。

（3）裂缝测试。

桥梁荷载试验裂缝主要包括荷载试验前结构上的既有裂缝和试验中出现的新裂缝。裂缝的特征量包括长度、宽度、深度、走向和分布范围等。由于裂缝的表现形式复杂，一般通过现场描绘结构表面的裂缝图表示。

荷载试验前，应对既有裂缝的长度、宽度、深度、走向及分布范围进行观测和记录，并将其标注在结构上；应针对结构承受拉力较大部位及原有裂缝较长、较宽部位进行荷载试验，随时观测新裂缝的长度、宽度及既有裂缝的发展状况，并描绘出结构表面的裂缝走向及分布范围。通常情况下，裂缝长度、走向和分布范围可直接观测得到。对于肉眼难以清晰观测到的裂缝宽度，可以采用刻度放大镜、裂缝计及千分表测量。裂缝深度可采用钻芯法或其他无损方法量测。裂缝测试设备如表 2.3 所示。

表 2.3　裂缝测试设备

量测内容	仪表名称	最小分划值	常用量测范围	备注
裂缝	刻度放大镜	0.01 mm	—	—
	裂缝计	0.01 mm	<200 mm	配附件
	千分表	0.001 mm	0~10 mm	

（4）倾角测试。

静载试验测试的倾角主要包括水平倾角和竖向倾角。倾角测试设备主要包括水准式倾角仪、光纤光栅式倾角计、数显倾角仪、双轴倾角仪等，如表 2.4 所示。

表 2.4　倾角测试设备

量测内容	仪表名称	最小分划值	常用量测范围	备注
倾角	水准式倾角仪	2.5′	20′~1°	固定支架
	光纤光栅式倾角计	5′	±10°	配附件

续表

量测内容	仪表名称	最小分划值	常用量测范围	备注
倾角	数显倾角仪	$1'$	$\pm(1°\sim18°)$	铁质安装界面
	双轴倾角仪	$1'$	$\pm30°$	配附件

(5) 索力（杆力）测试。

桥梁索力（杆力）应包括斜拉桥的斜拉索索力、中下承式拱桥吊索索力（吊杆杆力）、系杆力、悬索桥主缆力及吊索索力。

测试桥梁索力（杆力）时，可先估算不同拉索的振动频率，选择频响特性合适的拾振器，将其绑扎在拉索上，采用环境随机激振法或人工激振法使拉索振动，测出拉索的横向振动频率，经分析得出索力。减振器安装后会使得拉索的自由长度减小，分析时应对拉索的长度进行修正。为了与合龙索力进行比较，宜选择与合龙时温度一致的时段进行量测，其温差宜控制在±5 ℃范围内。

测量系统一般由传感器、放大器、信号采集与分析仪器组成。传感器、放大器及信号采集与分析仪器应有足够的灵敏度，可测量索在自然环境激励或人工激振下的横向振动频率。测量系统的频响范围应能满足不同索的自振频率测量要求，其带宽应充足。信号采集与分析仪器应有抗混叠滤波和频率分析功能，频率分辨率应至少达到 0.01 Hz。

测试过程中的注意要点如下。①可采用环境随机激振法采集索在环境激励下的振动信号。当测试系统灵敏度不够时，可采用人工激振法。②测量时应临时解除索的外置阻尼器。③传感器应采用专用夹具或绑带固定在索股上，安装位置宜远离索股锚固端，测量索的面外横向振动。④采样频率应大于或等于索股第 5 阶自振频率的 5 倍，宜不低于 100 Hz。记录时间宜大于 5 min。现场采集数据时应注意观察信号质量。⑤一般采用自谱分析方法，获取索的多阶自振频率，宜获取前 5～10 阶自振频率。应按随机信号处理的规定，合理选取分析数据长度、分析带宽、谱线数、重叠率、窗函数及谱平均次数等参数，以减少分析误差，并具有不大于 0.01 Hz 的频率分辨率。⑥应判断实测自振频率的阶次及漏频情况，可根据实测的多阶自振频率中相邻阶的频率差值来判断。当各相邻阶的频率差值近似相等，且与测得的第 1 阶频率接近时，不存在漏频现象；否则，存在漏频现象。

2. 动力参数测试设备

桥梁荷载试验测试的动力参数主要包括结构自振特性参数和结构动力响应参数。

(1)结构自振特性参数测试。

结构自振特性参数也称动力特性参数或振动模态参数,主要包括结构的自振频率(自振周期)、阻尼比和振型。结构自振特性参数的测试设备包括测振传感器(拾振器)、放大器及记录仪等。测量桥梁振型时,须事先分析理论振型,测点要足以连接成曲线并尽可能分布在控制断面上。因为每次试验用的拾振器数量是有限的,所以要在桥上选择合适的参考点,可将一个拾振器放在参考点上始终不动,分批搬动其他拾振器得到所有测点,用放大特性相同的多路放大器和记录特性相同的多路记录仪,同时测记各测点的振动响应信号。因为振型是根据同一时刻波形的幅值和相位差得到的,所以测量前要把测振仪器系统放在参考点上标定,要注意标定以后的仪器系统(拾振器、导线、记录通道)的变更。利用各通道的系统灵敏度,换算得到实测的幅值关系并归一化后,得到最大坐标值为1时的振型曲线。结构自振特性参数测试设备如表2.5所示。

表2.5 结构自振特性参数测试设备

测量内容	测量系统		数据采集分析系统		备注
	仪器名称	适用范围	仪器名称	适用范围	
结构自振特性参数	磁电式拾振器及放大器	测量范围:位移±20 mm,加速度±0.5g 频率响应:0.3~20 Hz 可用于行车试验、脉动试验	由计算机与相应软件构成的采集系统	输入电压范围:±5(10)V 频率响应:0~5 kHz 采样频率不低于1 kHz	
	应变式加速度计及动态应变仪	测量范围:±5g 频率响应:0~100 Hz 可用于行车试验			
	压电式加速度计及电荷放大器	测量范围:±100g 频率响应:0.5~1 kHz 可用于行车试验、索力测量,高灵敏度的也可用于脉动试验			
	伺服式加速度计及放大器	测量范围:±5g 频率响应:0~100 Hz 可用于行车试验、脉动试验			
	电容式加速度计及放大器	测量范围:±5g 频率响应:0~100 Hz 可用于行车试验、脉动试验			

(2) 结构动力响应参数测试。

结构动力响应参数主要包括结构动位移、动应变、动力放大系数和冲击系数。动位移可采用位移传感器和测量放大器等进行测试;动应变可采用电阻式应变仪、动态应变仪或光纤光栅式应变仪和调制解调器等进行测试;动力放大系数和冲击系数则可经分析计算得出。进行结构动力响应参数测试时,测点应布置在结构变位和应变较大的部位。结构动力响应参数测试设备如表2.6所示。

表2.6 结构动力响应参数测试设备

测量内容	测量系统		数据采集分析系统		备注
	仪器名称	适用范围	仪器名称	适用范围	
应变	电阻式应变仪(片)及动态应变仪	测量范围:±15000 $\mu\varepsilon$ 频率响应:0～10 kHz 可用于行车试验	由计算机与相应软件构成的采集系统	桥压范围:±5(10)V 频率响应:0～5 kHz 采样频率不低于1 kHz	可预埋或后装
	光纤光栅式应变仪及调制解调器	测量范围:±6000 $\mu\varepsilon$ 分辨率:1 $\mu\varepsilon$ 可用于行车试验	光纤光栅式解调仪	采样频率:不低于100 Hz	
位移	电阻应变式位移计及动态应变仪	测量范围:±15000 $\mu\varepsilon$ 频率响应:0～20 Hz 可用于低速行车试验	由计算机与相应软件构成的采集系统	桥压范围:±5(10)V 频率响应:0～5 kHz 采样频率不低于1 kHz	接触式测量,需要表架
	光电位移测量装置	测量距离:500 m 测量范围:±2.5 m(当最大测距时) 频率响应:20 Hz 可用于行车试验			非接触式测量
	光电动挠度仪	测量距离:5～500 m 测量精度:±(0.02～0.03),与测量距离有关	—	—	非接触式测量

2.2.5　静载试验

桥梁结构在进行静载试验前,应在桥梁调查、检算的基础上制订桥梁静载试验方案。整个试验应在保证桥梁结构整体及局部受力安全的情况下进行,并针对结构的内力、应力和位移的最不利控制截面进行。

1. 试验方案

(1) 静载试验测试内容。

静载试验测试内容应反映桥梁结构内力、应力及变位等在最不利控制截面的力学特征。应变(应力)观测主要是针对测试截面的受拉区和受压区。可沿截面高度或横向位置布置测点,以测试结构的应力分布特征。变形测试包括主梁控制截面的挠度、水平变形、横向变形、主塔三维坐标等测试,反映了桥梁结构整体或局部的刚度特性。倾角既可以用来计算难以直接测试的变形,也可反映桥塔等结构的竖直度。试验荷载下的索力(杆力)增量及其分布反映了结构的受力特点。观测结构的裂缝变化、异常振动及响声等试验现象,可以了解结构或构件在试验过程中的表观状况。除此之外,还应对试验所处的环境进行观测,如环境温度等。为全面反映桥梁的受力特性,根据结构形式可增加以下观测内容:桥跨结构挠度沿桥长或沿控制截面桥宽的分布,结构控制截面应变分布,行车道板或结构上翼缘板控制截面挠度或应变,组合构件控制截面的结合面上、下缘应变,支点附近构件斜截面的主应力。

(2) 试验工况及测试截面选择。

为满足鉴定桥梁承载力的要求,静载试验应按照桥梁结构的最不利受力原则和代表性原则确定试验工况及测试截面。选择测试截面时,应根据桥梁结构的内力包络图和应力分布,按照最不利受力原则选定截面,然后拟订相应的试验工况。简单结构宜选1~3个测试截面,复杂结构应适当增加测试截面。进行各荷载工况布置时,可参照截面内力(或变形)影响线、桥梁结构体系的具体情况进行,一般设两三个主要荷载工况及若干个附加荷载工况。常见桥梁静载试验工况及测试截面可按表2.7确定。其中,主要工况应为必做工况,附加工况可视具体情况由试验检测者确定是否进行。在测试最大正弯矩产生的应变时,宜同时测试该截面的位移。

表 2.7　常见桥梁静载试验工况及测试截面

桥型	试验工况		测试截面
简支梁桥	主要工况	跨中截面主梁最大正弯矩工况	跨中截面
	附加工况	①$L/4$截面主梁最大正弯矩工况； ②支点附近主梁最大剪力工况	①$L/4$截面； ②梁底距支点$h/2$截面内侧向上45°斜线与截面形心线相交位置
连续梁桥	主要工况	①主跨支点位置最大负弯矩工况； ②主跨跨中截面最大正弯矩工况； ③边跨主梁最大正弯矩工况	①主跨(中)支点截面； ②主跨最大弯矩截面； ③边跨最大弯矩截面
	附加工况	主跨(中)支点附近主梁最大剪力工况	计算确定具体截面位置
悬臂梁桥	主要工况	①墩顶支点截面最大负弯矩工况； ②锚固孔跨中最大正弯矩工况	①墩顶支点截面； ②锚固孔最大正弯矩截面
	附加工况	①墩顶支点截面最大剪力工况； ②挂孔跨中最大正弯矩工况； ③挂孔支点截面最大剪力工况； ④悬臂端最大挠度工况	①计算确定具体截面位置； ②挂孔跨中截面； ③挂孔梁底距支点$h/2$截面向上45°斜线与挂孔截面形心线相交位置； ④悬臂端截面
连续刚构桥	主要工况	①主跨墩顶截面主梁最大负弯矩工况； ②主跨跨中截面主梁最大正弯矩及挠度工况； ③边跨主梁最大正弯矩及挠度工况	①主跨墩顶截面； ②主跨最大正弯矩截面； ③边跨最大正弯矩截面
	附加工况	①墩顶截面最大剪力工况； ②墩顶纵桥向最大水平位移工况	①计算确定具体截面位置； ②墩顶截面

续表

桥型	试验工况		测试截面
斜拉桥	主要工况	①主梁中孔跨中最大正弯矩及挠度工况；②主梁墩顶最大负弯矩工况；③主塔塔顶纵桥向最大水平位移与塔脚截面最大弯矩工况	①中跨最大正弯矩截面；②墩顶截面；③塔顶截面（位移）及塔脚最大弯矩截面
斜拉桥	附加工况	①中孔跨中附近拉索最大拉力工况；②主梁最大纵向飘移工况	①典型拉索；②加劲梁两端（水平位移）
悬索桥	主要工况	①加劲梁跨中最大正弯矩及挠度工况；②加劲梁 $3L/8$ 截面最大正弯矩工况；③主塔塔顶纵桥向最大水平位移与塔脚截面最大弯矩工况	①中跨最大弯矩截面；②中跨 $3L/8$ 截面；③塔顶截面（位移）及塔脚最大弯矩截面
悬索桥	附加工况	①主缆锚跨索股最大张力工况；②加劲梁梁端最大纵向漂移工况；③吊杆（索）活荷载张力最大增量工况；④吊杆（索）张力最不利工况	①主缆锚固区典型索股；②加劲梁两端（水平位移）；③典型吊杆（索）；④最不利吊杆（索）

注：L 为桥梁计算跨度，h 为主梁梁高。

(3) 试验荷载的确定。

①控制荷载的确定。

为了保证荷载试验的效果，必须先确定试验的控制荷载，静载试验应根据试验目的确定试验控制荷载。交（竣）工验收荷载试验应以设计荷载作为控制荷载；否则，应以目标荷载作为控制荷载。目标荷载是指事先设定的期望桥梁能够承受的荷载。

荷载试验应尽量采用与控制荷载相同的荷载。当受客观条件限制，采用的试验荷载与控制荷载有差别时，为保证试验效果，在选择试验荷载的大小和加载位置时，应采用静载试验效率 η_q 进行控制。

②静载试验效率。

静载试验效率按式(2.1)计算。

$$\eta_q = \frac{S_s}{S(1+\mu)} \tag{2.1}$$

式中：S_s 为静载作用下，某一加载试验项目对应的加载控制截面内力或位移的最大计算效应值；S 为控制荷载产生的同一加载控制截面内力或位移的最不利效应计算值；μ 为按规范选取的冲击系数，对于平板挂车、履带车、重型车辆，取 $\mu=0$。

对于交(竣)工验收荷载试验，η_q 宜为 0.85～1.05；否则，η_q 宜为 0.95～1.05。

荷载试验宜在温度稳定的情况下进行。当温度变化对桥梁结构内力影响较大时，应选择温度内力较不利的季节进行荷载试验，否则应适当增大静载试验效率 η_q 来弥补温度对结构控制截面产生的不利内力。

③加载设备的选择。

静载试验加载设备可根据加载要求及具体条件选用，一般有车辆加载和重物直接加载两种加载方式。

采用车辆加载时，一般选用可装载重物的汽车或平板车，也可就近利用施工机械车辆。选择装载重物时，要考虑车厢能否容纳得下、装载是否方便等。装载的重物应放置稳定，以免车辆行驶时因摇晃而改变其位置。采用车辆加载优点很多，如便于调运和加载布置、加卸载迅速等。车辆加载既能做静载试验，又能做动载试验，这是较常采用的一种方法。

采用重物直接加载时，一般可按控制荷载的着地轮迹先搭设承载架，再在承载架上堆放重物或设置水箱进行加载。如加载仅为满足控制面内力要求，也可采取直接在桥面堆放重物或设置水箱的方法加载。承载架的设置和加载物的堆放应安全、合理，能按要求分布和加载重量，且不使加载设备与桥梁结构共同承载而形成"卸载"现象。采用重物直接加载准备工作量大，加卸载所需周期一般较长，交通中断时间亦较长，且试验时，温度变化对测点的影响较大，因此宜安排在夜间进行试验。

此外，也可根据加载要求因地制宜地采用其他加载方式。

④加载重物的称量。

可根据不同的加载方法和具体条件选用以下方法对所加载的重物进行称量。

a. 称重法。当采用重物直接在桥上加载时，可将重物化整为零称重后，按逐级加载要求分堆置放,以便加载时取用。当采用车辆加载时,可将车辆逐辆开上称重台进行称重。如没有现成可供利用的称重台,可自制专用称重台进行称重。

b. 体积法。如采用水箱加载,可通过测量水体积来计算水的重力。

c. 综合计算法。先根据车辆出厂规格确定空车轴重(注意考虑车辆零配件的更换和添减,以及汽油、水、乘员重力的变化),再根据装载重物的重力及其重心位置将其重力分配至各轴。装载重物最好采用外形规则、码放整齐的物体或松散均匀、在车厢内摊铺平整的材料,以便准确确定其重心位置。

无论采用何种确定加载重物重力的方法,均应做到准确、可靠,其称量误差不得超过5%,最好能采用两种称重方法互相校核。

(4)测点布置。

①主要测点的布设。

测点的布设不宜过多,但要保证观测质量。有条件时,同一测点可用不同的测试方法进行校对。一般情况下,对主要测点的布设,应能控制结构的最大应力(应变)和最大挠度(或位移)。

几种常用桥梁体系的主要测点布设如下。a. 简支梁桥:跨中挠度、支点沉降、跨中截面应变。b. 连续梁桥:跨中挠度、支点沉降、跨中和支点截面应变。c. 悬臂梁桥:悬臂端部挠度、支点沉降、支点截面应变。d. 拱桥:跨中挠度、$0.25L$ 处挠度、$0.25L$ 处和拱脚截面应变(L 为跨径)。

挠度测点一般布置在桥中轴线位置。截面抗弯应变测点应设置在截面横桥向应力可能较大的部位,沿截面上、下缘布设,横桥向测点一般不少于 3 处,以控制最大应力的分布。

当采用测量混凝土表面应变的方法来确定钢筋混凝土结构中钢筋承受的拉力时,考虑到混凝土表面已经产生和可能产生的裂缝对观测的影响,应合理选择测点的位置。如果凿开混凝土保护层直接在钢筋上设置拉应力测点,则在试验完成后必须修复混凝土保护层。

②其他测点的布设。

根据桥梁调查和检算工作的深度,综合考虑结构特点和桥梁目前状况等,可适当加设以下测点:a. 沿桥长或沿控制截面桥宽方向分布的挠度;b. 沿控制截面桥宽方向分布的应变;c. 沿截面高度分布的应变;d. 组合构件结合面的上、下缘应变;e. 墩台的沉降、水平位移与转角,连拱桥多个墩台的水平位移。

2. 试验过程控制及记录

(1) 分级加载与控制原则。

①试验荷载应分级施加。

②加载级数应根据荷载量和最小荷载增量而定。试验荷载应按控制截面最大内力或位移分成4~5级施加。受条件限制时,至少应分成3级施加。

③当桥梁的技术资料不全或技术状况较差时,应增加分级。

④加载过程中,应确保非控制截面内力或变形不超过控制荷载作用下的最不利值。

⑤当重点测试桥梁在荷载作用下的响应规律时,可适当增加加载级数。

⑥当试验条件限制时,附加控制截面可只进行最不利加载。

⑦加载时间间隔必须满足结构反应稳定的时间要求。在前一加载阶段内结构反应相对稳定,进行了有效测试及记录后方可进行下一加载阶段。当进行主要控制截面最大内力(变形)加载试验时,分级加载的稳定时间不应少于5 min;对尚未投入运营的新桥,首个工况的分级加载稳定时间不宜少于15 min。

⑧加载过程中,须有专门人员严格按照试验方案中拟订的加载程序指挥实施加载,并做好停止加载或卸载的准备。

⑨应根据各工况的加载分级,对各加载过程结构控制点的应变(或变形)、薄弱部位的破损情况等进行观测与分析,与理论计算值进行对比,提出控制加载的依据。

(2) 加载程序。

加载应在指挥人员的指挥下严格按计划程序进行。采用重物加载时按荷载分级逐级施加,每级荷载堆放位置准确、整齐、稳定。荷载施加完毕后,逐级卸载。采用车辆加载时,先由零加至第一级荷载,卸载至零;再由零加至第二级荷载,卸载至零,依此类推,直至所有荷载施加完毕(有时为了确保试验结果准确无误,每一级荷载重复施加1~2次)。每一级荷载施加次序为纵向先施加重车,后施加两侧标准车;横向先施加桥中心的车辆,后施加外侧的车辆。

(3) 加载稳定时间控制。

为控制加卸载稳定时间,同一级荷载内,结构最大变形测点在最后5 min内的变形增量小于第一个5 min变形增量的15%,或小于测量仪器的最小分辨值时,即认为结构基本稳定,可进行各测点读数。某些桥梁(如拱桥),有时当拱上建筑或桥面系参与主要承重构件的受力,因连接较弱或变形缓慢,造成测点测值稳定时间较长,如结构的实测变位(或应变)值远小于计算值,可将加载稳定时间定为 20～30 min。

(4) 加载过程的观察。

加载过程中,应对结构控制点位移(或应变)、结构整体行为和薄弱部位破损情况实行监控,并将结果随时汇报给指挥人员,作为控制加载的依据。随时将控制点位移与计算结果进行比较,如果实测值超过计算值较多,则应暂停加载,待查明原因后再决定是否继续加载。试验人员如果发现其他测点的测值有较大的反常变化,也应查找原因,并及时向试验指挥人员报告。加载过程中,应指定人员随时观察结构各部位可能产生的新裂缝,注意观察构件薄弱部位是否有开裂、破损,组合构件的结合面是否有开裂、错位,支座附近混凝土是否开裂,横隔板的接头是否拉裂,结构是否产生不正常的响声,墩台是否发生摇晃现象等。如发生这些情况,应报告试验指挥人员,以便采取相应的措施。

(5) 终止加载控制条件。

当试验过程中发生下列情况之一时,应停止加载,查清原因,采取措施后再确定是否进行试验:①控制测点实测应力、变位已达到或超过计算的控制值;②结构裂缝的长度或宽度急剧增加,或新裂缝大量出现,或宽度超过允许值的裂缝大量增多;③拱桥沿跨长方向的实测挠度曲线分布规律与计算结果相差过大;④发生了其他影响桥梁承载力或正常使用的损坏。

3. 试验数据整理、分析和试验结果评定

(1) 试验数据整理。

①试验资料的修正。

a. 测值的修正。根据各类仪表的标定结构修正测试数据,如考虑机械式仪表校正系数,电测仪表率定系数、灵敏系数等。当这类因素对测值的影响小于 1% 时,可不予修正。

b. 温度影响的修正。温度对测试的影响比较复杂。结构构件各部位的温度变化、结构的受力特性、测试仪表或元件的温度变化、电测元件的温度敏感性等均会对测试精度造成一定的影响,逐项分析这些影响是困难的。一般可采用综合分析的方法来进行温度影响修正,即利用加载试验前得到的观测数据,建立温度变化(测点处构件表面温度或空气温度)和测点测值(应变和挠度)变化之间的线性关系,然后按式(2.2)和式(2.3)进行温度修正。

$$S = S' - \Delta t \cdot K_t \qquad (2.2)$$

$$K_t = \frac{\Delta S}{\Delta t_1} \tag{2.3}$$

式中：S 为温度修正后的测点加载测值；S' 为温度修正前的测点加载测值；Δt 为相应于 S' 观测时间段内的温度变化，℃；K_t 为空载时温度上升1℃，测点测值变化量；ΔS 为空载时某一时间段内测点测值变化量；Δt_1 为相应于 ΔS 同一时间段内温度变化量。

温度变化量的观测，对应变宜采用构件表面温度，对挠度宜采用气温。温度修正系数 K_t 应采用多次观测的平均值，如果测值变化与温度变化关系不明显，则不能采用。

由于修正温度的影响比较困难，一般不进行这项工作，而采取缩短加载时间、选择温度稳定性较好的时间进行试验等办法尽量降低温度对测试精度的影响。

c. 支点沉降影响的修正。当支点沉降量较大时，应修正其对挠度值的影响，修正量 C 可按式(2.4)计算。

$$C = \frac{l-x}{l} \cdot a + \frac{x}{l} \cdot b \tag{2.4}$$

式中：C 为测点的支点沉降影响修正量；l 为 A 支点到 B 支点的距离；x 为挠度测点到 A 支点的距离；a 为 A 支点沉降量；b 为 B 支点沉降量。

②应变的计算。

总应变按式(2.5)计算。

$$S_t = S_1 - S_i \tag{2.5}$$

式中：S_t 为总应变；S_1 为加载达到稳定时的测值；S_i 为加载前的测值。

弹性应变按式(2.6)计算。

$$S_e = S_1 - S_u \tag{2.6}$$

式中：S_e 为弹性应变；S_1 为加载达到稳定时的测值；S_u 为卸载后达到稳定时的测值。

残余应变按式(2.7)计算。

$$S_p = S_t - S_e = S_u - S_i \tag{2.7}$$

式中：S_p 为残余应变；其他符号意义同式(2.5)和式(2.6)。

引入相对残余应变的概念来描述结构整体或局部进入塑性工作状态的程度。相对残余应变按式(2.8)计算。

$$S'_p = \frac{S_p}{S_t} \times 100\% \tag{2.8}$$

式中：S'_p 为相对残余应变；其他符号意义同式(2.5)和式(2.7)。

采用实测位移（或应变）最大值 S_{emax} 与横向各测点实测位移（或应变）平均值 $\overline{S_e}$ 可计算实测横向增大系数 ξ，见式(2.9)。

$$\xi = \frac{S_{emax}}{\overline{S_e}} \tag{2.9}$$

③应力的计算。

当结构处于线弹性工作状态时，可以根据测量到的测点应变和应力-应变关系计算测点的应力。

a. 单向应力状态，应力可根据式(2.10)计算。

$$\sigma = E\varepsilon \tag{2.10}$$

式中：σ 为应力；E 为材料弹性模量；ε 为应变。

b. 平面应力状态：当主应力方向已知时，应力可根据式(2.11)和式(2.12)计算。

$$\sigma_1 = \frac{E}{1-v^2}(\varepsilon_1 + v\varepsilon_2) \tag{2.11}$$

$$\sigma_2 = \frac{E}{1-v^2}(\varepsilon_2 + v\varepsilon_1) \tag{2.12}$$

式中：σ_1、σ_2 为方向相互垂直的主应力；E 为材料弹性模量；v 为材料泊松比；ε_1、ε_2 为方向相互垂直的主应变。

当主应力方向未知时，需要用应变花测量其应变并计算主应力。应变花的常见形式为直角形、直角交叉形和等边形，如图 2.1(a)、(b)、(c)所示，由 3 个应变片组成；也可以增加校核片，布置为扇形和伞形，如图 2.1(d)、(e)所示。当采用图 2.1 中的 5 种应变花时，测点主应力可以表示为式(2.13)和式(2.14)。

$$\sigma_1 = \left(\frac{E}{1-v}\right)A + \left(\frac{E}{1+v}\right)\sqrt{B^2 + C^2} \tag{2.13}$$

$$\sigma_2 = \left(\frac{E}{1-v}\right)A - \left(\frac{E}{1+v}\right)\sqrt{B^2 + C^2} \tag{2.14}$$

式中：A、B、C 为参数，由应变花的形式而定；其余符号意义同式(2.11)和式(2.12)。

④试验曲线的绘制。

试验曲线的绘制应包括下列主要内容：各加载工况下主要测点实测位移（或应变）与相应的理论计算值的对照表，并绘制出其关系曲线；各加载工况下主要控制点的位移（或应变等）与荷载或荷载效率的关系曲线；各加载工况下控制截

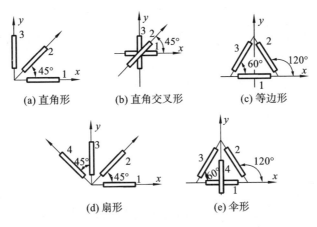

图 2.1 应变花的常见形式

面位移(或应变)分布图、沿纵(横)桥向挠度图、截面应变沿高度(宽度)分布图等。

试验曲线能直观地反映试验结果。试验曲线一般包括实测应变值和理论计算值对比曲线、主要控制点的变形(应变)与荷载的历程曲线、挠度及应变分布曲线,这些曲线能够用于评价试验结果,判断异常点、结构工作状态、应变(变形)分布是否符合一般规律等。

(2) 试验数据分析。

① 校验系数 η。

校验系数包括应变(或应力)校验系数及挠度校验系数,其值按式(2.15)计算。

$$\eta = \frac{S_e}{S_s} \qquad (2.15)$$

式中:S_e 为试验荷载作用下测量的弹性应变值;S_s 为试验荷载作用下的理论应变值。

S_e 与 S_s 的比较可用实测的横截面弹性应变平均值与理论计算值进行比较,也可以考虑荷载横向不均匀分布而选用实测弹性应变最大值与考虑横向增大系数的理论计算值进行比较。横向增大系数最好采用实测值,如无实测值,也可采用理论计算值。

常见桥梁结构试验的应变(或应力)校验系数、挠度校验系数应符合表 2.8 的要求。

表 2.8　常见桥梁结构试验的应变(或应力)校验系数、挠度校验系数

桥梁类型	应变(或应力)校验系数	挠度校验系数
钢筋混凝土板桥	0.20~0.40	0.20~0.50
钢筋混凝土梁桥	0.40~0.80	0.50~0.90
预应力混凝土桥	0.60~0.90	0.70~1.00
圬工拱桥	0.70~1.00	0.80~1.00
钢筋混凝土拱桥	0.50~0.90	0.50~1.00
钢桥	0.75~1.00	0.75~1.00

对于同类型桥,校验系数越小,结构的安全储备越大。校验系数过大或过小应从多方面分析原因。过大可能是因为材料的强度或弹性模量较低,结构各部分连接性能较差,刚度较低等;过小可能是因为材料的强度或弹性模量较高,桥面铺装及人行道等与主梁(肋)共同受力,拱上建筑与拱圈共同作用等。试验时加载重物的称量误差、仪表的观测误差等也对校验系数有一定影响。一般来说,新建桥梁的校验系数较小,旧桥的校验系数较大。校验系数超出要求范围时,通常结合动载试验成果进行综合分析判断。

②相对残余应变 S'_p。

主要控制测点的相对残余应变 S'_p 越小,说明结构越接近弹性工作状况。S'_p 宜不大于 20%。当 S'_p 大于 20% 时,表明桥梁结构的弹性状态不佳,应分析原因,必要时再次进行荷载试验加以确定。

③裂缝。

试验荷载作用下新桥裂缝宽度不应超过《公路钢筋混凝土及预应力混凝土桥涵设计规范》(JTG 3362—2018)规定的容许值,卸载后其扩展宽度应闭合到容许值的 1/3;在用桥梁的裂缝宽度不宜超过《公路桥梁承载能力检测评定规程》(JTG/T J21—2011)的规定。超过规定时,应结合校验系数的计算结果,分析原因,采取措施。

④测点位移。

处于线弹性工作状况的结构,测点实测位移(或应变)与其理论值应成线性关系。

⑤应变分布。

对于常规结构,实测的结构或构件主要控制截面应变沿高度分布应符合平截面假定。

(3) 试验结果评定。

当出现下列情况之一时,应判定桥梁承载力不满足要求:①主要测点静载试验校验系数大于1;②主要测点相对残余应变超过20%;③试验荷载作用下裂缝扩展宽度超过《公路桥梁承载能力检测评定规程》(JTG/T J21—2011)规定的限值,且卸载后裂缝闭合宽度小于扩展宽度的2/3;④在试验荷载作用下,桥梁基础发生不稳定沉降变位。

主要测点静载试验结构校验系数大于1,表明桥梁实际工作状况要差于理论状况;主要测点发生较大的相对残余应变,以及结构裂缝超限且闭合状况不良,表明结构在试验荷载作用下有较大的不可恢复变位(或应变)。这都表明结构实际状况与理想状况相比偏于不安全,因此可直接依据试验结果判定承载力不能满足要求。另外,对在用桥梁而言,由于地基在长期荷载作用下已趋于稳定,如在试验荷载作用下,发生基础不稳定沉降变位,可直接判定其承载力不满足要求。

在其他情况下,应取主要测点应变校验系数的较大值,确定检算系数。当检算的荷载效应与抗力效应的比值小于1.05时,应判定桥梁承载力满足要求,否则应判定桥梁承载力不满足要求。

4. 静载试验报告编写

在整理与分析全部试验资料的基础上,编写桥梁结构静载试验报告,其内容应该包括下列各项。

(1) 试验概况。简要介绍桥梁的结构形式、构造特点、施工概况。对于生产鉴定性试验,还要说明在施工设计中存在的技术问题及其对使用的影响等。对于科学研究性试验,还要说明设计中需要解决的问题。报告中要附上必要的简图。

(2) 试验目的。根据试验对象的特点,要有针对性地说明结构静载试验所要达到的目的和要求。

(3) 试验方案设计。这一部分要说明根据试验目的确定的测试项目和测试方法、仪器配备、测点布置情况,并附以简图。同时要说明试验荷载的情况,如试验荷载的形式(是标准列车或汽车荷载,还是模拟的等代荷载)及加载的程序。

(4) 试验日期及试验的过程。这一部分要说明组织桥梁静载试验的起讫日期、试验准备阶段的情况、整个试验阶段特殊的问题及其解决办法。

(5) 各项试验达到的精度。将本次试验中使用的仪器、仪表的类型和精度

(最小读数)列表说明,同时还要说明试验中可能使用的夹具对试验精度的影响程度。

(6)试验成果与分析。根据桥梁结构试验项目,将理论值、实测值及有关的参考限值进行对比,说明理论与实践的符合程度,从中得出试验结构所具有的实际承载力、抗裂性和安全度,以及从试验中发现的新问题。根据现场检查的综合情况,可看出试验结构的施工质量。对于一些科学研究性试验,还要从综合分析中说明设计计算理论的正确性和实用性,以及尚未解决的问题。如果材料丰富,很有可能从综合分析中得到简化计算公式等。

(7)试验记录摘录。将试验中所得的实测的控制数据,以列表或曲线的形式表达出来。

(8)技术结论。根据综合分析的结果,得出最后的技术结论,对试验结构做出科学的评价,同时根据存在的问题,提出改进设计或者加强维修和养护的建议。

(9)经验教训。从结构试验的角度,总结本次试验的计划、程序、测试方法等方面存在的不足之处,并提出改进意见。

(10)有关图表、照片。

2.2.6 动载试验

桥梁的动力特性是评价桥梁承载力状态的重要参数,因此,桥梁动载试验应测试桥跨结构的自振频率和冲击系数。当存在以下情形之一时,桥梁动载试验还应测试桥跨结构的振型和阻尼比;必要时,还应测试桥梁结构的动挠度和动应变,并掌握车辆振源特性:①单跨跨径超过 80 m 的梁桥、T 形刚构桥、连续刚构桥,以及单跨跨径超过 60 m 的拱桥、斜拉桥、悬索桥和其他组合结构桥梁;②存在异常振动的桥梁;③仅依据静载试验不能系统评价结构性能的桥梁。

1. 试验工况、测试载面和测点位置的确定

(1)试验工况的确定。

桥梁动载试验工况应根据具体的测试参数和采用的激振方法确定。激振方法可根据结构特点、测试的精度要求、方便性及现场实际情况确定,宜采用环境随机激振法、行车激振法和跳车激振法,也可采用起振机激振法或其他激振方法。

①环境随机激振法。

环境随机激振法也称脉动法,是指在桥面无任何交通荷载及桥址附近无规则振源的情况下，通过测定桥梁由风荷载、地脉动、水流等随机激励引起的微幅振动来识别结构自振特性参数的方法。对大跨度悬吊结构，如悬索桥、斜拉桥及具有分离式拱肋的大跨度下承式或中承式拱桥，可利用结构由外界各种因素所引起的微小而不规则的振动来确定结构动力特性，该振动由附近的车辆、机器等振动或附近地壳的微小破裂和远处的地震传来的脉动所产生。该方法需对采集的长样本信号进行能量平均，以便消除随机因素的影响。对悬索桥、斜拉桥等自振频率较低的桥型，为保证频率分辨率和提高信噪比，采集时间一般不少于30 min。对于小跨径桥梁，采集时间可以酌情减少。环境随机激振法更适合大跨径柔性桥梁。

②行车激振法。

行车激振法是利用车辆驶离桥面后引起的桥梁结构余振信号来识别结构自振特性参数，对小阻尼桥梁效果较好。为提高信噪比，获取尽可能大的余振信号，可采用不同的车速进行多次试验，或在桥跨特征截面设置弓形障碍物进行激振（有障碍行车激振）。通常结合行车动力响应试验统筹考虑获取余振信号。

③跳车激振法。

跳车激振法是通过让单辆载重汽车的后轮在指定位置从三角形垫块上突然下落对桥梁产生冲击作用，激起桥梁的振动。该方法更适用于其他方法不易激振、刚度较大的桥梁，如石拱桥、小跨径梁式桥等。

梁式桥采用跳车激振法时，一般进行车辆自重附加质量影响的修正。研究表明，对跨径小于 20 m 的简支梁桥，车辆自重的影响是不可忽略的。

④起振机激振法。

起振机激振法是指利用起振机采用可控的定点正弦激励或正弦扫描激励使结构产生稳态振动。该方法测试精度高，但需要较为庞大的起振机设备，运输不方便。同时，安装起振机对桥面将产生一定的损伤。在需要高精度识别桥梁结构动力特性时，可以采用此方法。

动力响应试验工况应包括下列主要内容。a. 无障碍行车试验：宜在 5～80 km/h 范围内取多个大致均匀分布的车速进行行车试验。车速在桥联（孔）上宜保持恒定，每个车速工况应进行 2～3 次试验。b. 有障碍行车试验：可设置弓形障碍物模拟桥面坑洼进行行车试验，车速宜取 5～20 km/h，障碍物宜布置在结构冲击效应显著部位。c. 制动试验：车速宜取 30～50 km/h，制动部位应为动态效应较大的位置。漂浮体系桥梁应测试主梁纵向位移等项目。

由于桥面无障碍行车试验的车速根据设计车速、路幅宽度、桥面线形、路况等因素综合考虑,采用测速仪或由实测时程信号在特征部位的起讫时间确定实际车速。在保证安全的情况下,通常取较大的车速。冲击系数是与桥面平整度、车-桥耦合振动等相关的随机变量,单次试验的随机性较大,影响评价的客观性,因此每个车速工况通常进行2~3次试验。

（2）测试截面和测点位置的确定。

测试截面及测点位置应符合下列规定。

①桥梁动载试验的测试截面应根据桥梁结构振型特征和行车动力响应最大的原则确定,一般可根据桥梁结构规模按跨径8等分或16等分简化布置。桥塔或高墩宜按高度分3~4个节段分段布置。

②对于常见的简支梁桥及连续梁桥,根据具体情况可参照表2.9~表2.11选择测试截面。

表2.9　简支梁桥前5阶模态的传感器布置方案

模态阶数	至少需要的传感器个数	测点布设位置
1	1	$L/2$
2	2	$L/4$、$3L/4$
3	3	$L/6$、$L/2$、$5L/6$
4	4	$L/8$、$3L/8$、$5L/8$、$7L/8$
5	5	$L/10$、$3L/10$、$L/2$、$7L/10$、$9L/10$

注:L为简支梁桥的计算跨径。

表2.10　两等跨连续梁桥前4阶模态的传感器布置方案

模态阶数	至少需要的传感器个数	测点布设位置
1	2	$L/4$、$3L/4$
2	4	$L/8$、$3L/8$、$5L/8$、$7L/8$
3	6	$L/12$、$L/4$、$5L/12$、$7L/12$、$3L/4$、$11L/12$
4	8	$L/16$、$3L/16$、$5L/16$、$7L/16$、$9L/16$、$11L/16$、$13L/16$、$15L/16$

注:L为桥梁跨径总长。

表2.11　三等跨连续梁桥前3阶模态的传感器布置方案

模态阶数	至少需要的传感器个数	测点布设位置
1	3	$L/6$、$L/2$、$5L/6$

续表

模态阶数	至少需要的传感器个数	测点布设位置
2	6	$L/12$、$L/4$、$5L/12$、$7L/12$、$3L/4$、$11L/12$
3	9	$L/18$、$L/6$、$5L/18$、$7L/18$、$L/2$、$11L/18$、$13L/18$、$5L/6$、$17L/18$

注：L 为桥梁跨径总长。

③大型桥梁振型测试可将结构分成几个单元分别测试，整个试验布置一个固定参考点（应避开振型节点），每次测试都应包含固定参考点。将几个单元的测试数据通过参考点关联，拟合得到全桥结构振型图。

④测试桥梁结构行车响应时，应选择桥梁结构振动响应幅值最大部位为测试截面。简单结构宜选择跨中1个测试截面，复杂结构应增加测试截面。

⑤用于冲击效应分析的动挠度测点，每个截面应至少布置1个。采用动应变评价冲击效应时，每个截面在结构最大活载效应部位的测点数不宜少于2个。

2. 动载试验测定内容

（1）桥梁自振特性。

桥梁自振特性试验应包括竖平面内弯曲自振特性、横向弯曲自振特性及扭转自振特性的测试，应根据试验目的和需要，确定是否测试纵桥向竖平面内弯曲自振特性。按照桥型来说，简支梁桥的测试阶次应不少于1阶，非简支梁桥、拱桥应不少于3阶，斜拉桥、悬索桥应不少于9阶。

桥梁结构的动力响应测试应包括动挠度、动应变、振动加速度、速度及冲击系数。

（2）结构自振频率。

结构自振频率可采用波形分析法、频谱分析法得到。自振频率宜采用多次试验、不同分析方法的结果相互验证。单次试验的实测值与均值的偏差不应超过3%。

波形分析法适用于单一频率自振信号。取若干周期自振波形，通过时间坐标计算自振频率均值。当测试信号为多阶自振信号叠加时，通常利用带通滤波进行信号分离，得到单一频率的自振信号，再进行频率计算。

频谱分析法通常用于确定自振信号的各阶频率。用于分析的数据块中不包含强迫振动成分。

采用跳车激振法激励时，对跨径小于20 m的桥梁，通常需要对实测结构的自振频率进行修正。

采用行车激振法激励时,通常要确定车辆驶离桥梁的准确时刻,以免将强迫振动当作自由振动进行处理,导致自振频率误判。一般根据同时采集的动挠度、动应变实测信号中静态分量的起始位置判定余振起点,再利用分析仪中的数据截断功能将强迫振动响应舍弃。截断后的数据块长度通常要满足频率分辨率的要求。

(3) 桥梁结构阻尼。

桥梁结构阻尼可采用波形分析法、半功率带宽法得到。结构阻尼参数宜采用多次试验所得结果的均值,单次试验的实测结果与均值的偏差不应超过20%。

应用波形分析法时,多阶自振信号叠加的波形通常先分离为单一频率的自振信号,再计算阻尼参数。

半功率带宽法是在自振频谱图上对每一阶自振频率采用半功率点求取阻尼参数的方法。采用此方法时,频率分辨率 Δf 一般不大于1%的自振频率值,以保证插值计算的精度。振型参数宜采用环境随机激振法等进行识别。宜采用专用软件进行分析,可同时得到振型、固有频率及阻尼比等参数。

3. 试验荷载的确定

动载试验无障碍行车可采用与静载试验的加载车辆相同的载重车辆,车辆轴重产生的局部效应不应超过车辆荷载效应,避免对横系梁、桥面板等局部构件造成损伤。

为保证试验效果,在选择试验荷载大小和加载位置时采用动载试验效率 η_d 加以控制。

η_d 值一般取1。动载试验效率不仅取决于试验车型及车重,而且取决于实际跑车时的车间距。因此,在动载试验跑车时应注意保持试验车辆之间的间距,并采用实际测定跑车时的车间距作为修正动载试验效率 η_d 的计算依据。

对于大型桥梁,单辆车的荷载效率可能偏低,通常采用多辆车横向并列一排同步行驶进行行车试验,在行驶过程中宜保持车辆的横向间距不变。为保证试验的安全性,在纵桥向一般不安排车队。在实际操作中,为保证试验安全,荷载效率可酌情降低。

在桥梁结构的正常运营条件下,经常作用于结构上的动力荷载是各类车辆荷载。在进行桥梁的动载试验时,首先应考虑采用车辆荷载作为试验荷载,以便确定桥梁在使用荷载作用下的动力特性及响应。对需要考虑风荷载或地震荷载的桥梁,应结合桥梁的结构形式做进一步的研究。

4. 试验过程控制和记录

试验过程控制和记录应包括下列内容。

(1) 正式试验前应进行预加载试验,对测试系统进行稳定性检查。桥梁空载状态下,动应变、动挠度信号在预定采集时间内的零点漂移宜不超过预计最大值的5%。

(2) 宜根据预加载试验具体情况对试验方案或测试设备参数做调整。按照调整确定的试验方案与试验程序进行加载试验,观测并记录各测试参数,并采取措施避免电磁场及对讲机、手机等对测试结果的影响。

(3) 正式试验过程中,应根据观测和测试结果,实时判断结构状态是否正常、测试数据是否异常、是否需要终止试验,确保试验安全。各工况试验完成后,应对测试数据进行检查和确认。如发现幅值异常或突变、零点严重偏离、异常电磁干扰、噪声过大等现象,应在排除故障后重新进行试验。

(4) 应保证记录的试验荷载参数,如传感器规格、灵敏度、编号、连接通道号,适配器,采集器采样频率、滤波频率、换算系数等信息的完整性。

(5) 全部试验完成后,应在现场对主要的测试数据进行检查和初步分析,确保测试数据的准确性和完整性。

动载试验测试系统的性能应满足试验对量程、精度、分辨率、稳定性、幅频特性、相频特性的要求。传感器安装应与主体结构保持良好接触,无相对振动。用于冲击系数计算分析的动挠度、动应变信号的幅值分辨率应不大于最大实测幅值的1%。进行数据采集和频谱分析时,应合理设置采样、分析参数,频率分辨率宜不大于实测自振频率的1%。采样频率宜取10倍以上的最高有用信号频率。信号采集时间宜保证频谱分析时的平均次数不少于20次。在行车激振或跳车激振等强迫振动下,宜直接测试桥梁结构振动的加速度、速度和变形。

5. 试验数据整理与分析

桥梁结构的动力特性(如结构的固有频率、阻尼系数和振型等)只与结构本身的固有性质有关(如结构的组成形式、刚度、质量分布和材料的性质等),而与荷载等其他条件无关。结构的动力特性是结构振动系统的基本特性,是进行结构动力分析所必需的参数。

对于比较简单的结构,动力分析一般只需要考虑结构的一阶频率;对于较复杂的结构,动力分析还应考虑第二、第三甚至更高阶的固有频率及相应的振型。系统的阻尼特性只能通过试验的方法确定。

(1)结构固有频率。

采用前面叙述的激振方法使桥梁产生自由振动,通过测试系统实测记录结构的衰减振动波形,如图 2.2 所示。在记录的振动波形曲线上,可根据时标符号直接计算出结构的固有频率 f_0。计算公式见式(2.16)。

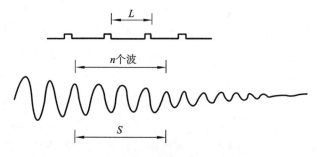

图 2.2 由衰减振动曲线求固有频率

$$f_0 = \frac{Ln}{t_1 S} \tag{2.16}$$

式中:L 为两个时标符号间的距离,mm;n 为波数;S 为 n 个波长的距离,mm;t_1 为时标的间隔(常用 1 s、0.1 s、0.01 s 这 3 种标定值)。

在计算频率时,为消除冲击荷载的影响,开始的两个波形应舍弃,从第三个波形开始计算分析。

当使用激振器时,结构产生连续的周期性强迫振动,在激振器振动频率与结构的固有频率一致时,结构出现共振现象,振幅达到最大值,共振波峰处的频率即为结构的固有频率,如图 2.3 所示。

(2)结构阻尼。

桥梁结构的阻尼特性,一般用对数衰减率 δ 或阻尼比 D 来表示。对数衰减率见式(2.17)。

$$\delta = \ln \frac{A_i}{A_{i+1}} \tag{2.17}$$

式中:A_i、A_{i+1} 为相邻两个波的振幅值,可直接从衰减曲线上量取。

实践中,常从衰减曲线上量取 m 个波形,求得平均对数衰减率 δ_a,见式(2.18)。

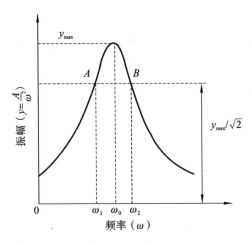

图 2.3 共振曲线

注：y_{max}—振幅最大值。

$$\delta_a = \frac{1}{m}\ln\frac{A_i}{A_{i+m}} \tag{2.18}$$

式中：A_{i+m} 为第 $i+m$ 个波的振幅值。

对数衰减率 δ 与阻尼比 D 的关系见式(2.19)。

$$\delta = \frac{2\pi D}{\sqrt{1-D^2}} \tag{2.19}$$

一般材料的阻尼比都很小，因此 D 的计算见式(2.20)。

$$D \approx \frac{\delta}{2\pi} \tag{2.20}$$

在实测的共振曲线上也可推算阻尼比，如图 2.3 所示。具体做法是取 $y_{max}/\sqrt{2}$ 的值作一条水平线，同共振曲线相交于 A、B 两点，其对应的横坐标为 ω_1、ω_2。

阻尼系数计算公式见式(2.21)。

$$n = \frac{1}{2}(\omega_2 - \omega_1) \tag{2.21}$$

阻尼比计算公式见式(2.22)。

$$D = \frac{n}{\omega_0} = \frac{\omega_2 - \omega_1}{2\omega_0} \tag{2.22}$$

式中：ω_0 为结构的固有频率。

（3）振型。

结构的振型是结构相应于各阶固有频率的振动形式，一个振动系统振型的数目与其自由度数目相等。桥梁结构是一个具有连续分布质量的体系。也就是说,桥梁是一个无限多自由度体系,因此,其固有频率及相应的振型也有无限多个。但是,对于一般的桥梁结构而言,第一固有频率(即基频)对结构的动力分析是最重要的。对于较复杂的动力分析问题,也仅需分析前面几个固有频率。也就是说,通常情况下,低阶振型比较重要。

采用共振法测定振型时,将若干传感器安装在结构各有关部位。当激振装置激发结构共振时,同时记录结构各部位的振幅和相位,比较各测点的振幅及相位便可绘制出振型曲线。

传感器的测点布置视结构形式而定,一般要根据理论分析,估计振型的大致形状,然后在变位较大的部位布点,以便较好地连接出振型曲线。

振型的测定一般采用两种方法:一种方法是在结构上同时安装多个传感器,这时必须保证预先精确标定所有传感器的灵敏度,在用多路放大器时,还要求放大器的特性相同;另一种方法是只用一个传感器,测试时不断改变它的位置,以便测出各点的振幅。这种方法需要对传感器进行多次拆卸和安装,并且还需要有一个作为参考点不能移动的传感器,各次测定值均应同参考点的值进行比较。

(4) 结构动力响应。

在动力荷载作用下,桥梁结构某些部位的振动参数(如振幅、频率、位移、应力等),可根据试验的具体要求和结构的形式布置测点,采用适当的仪表进行测试。动力荷载作用于结构上产生的动挠度,一般比同样的静载作用于结构上产生的静挠度要大。动挠度与静挠度的比值称为活载冲击系数。挠度反映了桥跨结构的整体变形,是衡量结构刚度的主要指标,因此,活载冲击系数综合反映了荷载对桥梁的动力作用。活载冲击系数与结构的形式、车辆运行速度和桥面的平整度等有关。

为了测定活载冲击系数 μ,应使车辆以不同的速度驶过桥梁,并逐次记录跨中挠度的时程曲线,如图 2.4 所示。活载冲击系数可根据式(2.23)计算。

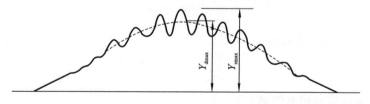

图 2.4 动载作用下结构变形曲线

$$\mu = \frac{Y_{\text{dmax}}}{Y_{\text{smax}}} - 1 \qquad (2.23)$$

式中:Y_{dmax}为最大动挠度值;Y_{smax}为最大静挠度值。

若对所有局部"波谷"动响应值与相应静载作用下该点响应值之比计算得到的活载冲击系数进行加权处理,可得到如下活载冲击系数计算式,见式(2.24)。

$$\begin{cases} \mu_i = \dfrac{Y_{\max i}}{Y_{\text{mean}i}} - 1 \\ Y_{\text{mean}i} = \dfrac{1}{2}(Y_{\max i} + Y_{\min i}) \\ \alpha_i = \dfrac{Y_{\max i}}{\sum\limits_{i=1}^{n} Y_{\max i}} \\ \mu = \sum\limits_{i=1}^{n}(\mu_i \alpha_i) \end{cases} \quad (2.24)$$

式中:μ_i为"波谷"处所对应的局部冲击系数;$Y_{\max i}$为车辆荷载过桥时动挠度或动应变时程曲线上的一个"波谷"值;$Y_{\text{mean}i}$为相应的静载作用下该点的响应值;$Y_{\min i}$为与$Y_{\max i}$相应的"波峰"动响应值;α_i为权重。

该方法虽然计算较为复杂,但可真实反映车辆的全程冲击作用。

(5) 资料整理与判定。

动载试验应计算的数据和整理的资料如下:①动载试验荷载效率;②各试验工况下动挠度、动应变、加速度等的时域统计特性,包括最大值、最小值、均值和方差等;③典型工况下主要测点的实测时程曲线;④典型的自振频谱图;⑤实测自振频率与计算频率列表比较;⑥冲击系数-车速相关曲线图或列表;⑦其他必要的图表、曲线、照片等数据或资料。

桥梁结构性能分析通过下列方法进行:①比较实测自振频率与计算频率,若实测自振频率大于计算频率,则认为结构实际刚度大于理论刚度,反之则实际刚度偏小;②将自振频率、振型及阻尼比的实测值与计算数据或历史数据进行比较,可根据其变化规律初步判断桥梁技术状况是否发生变化;③比较实测活载冲击系数与设计所用的活载冲击系数,实测值大于设计值时应分析原因。

自振频率与结构刚度有着明确的关系。自振频率容易精确测量,利用自振频率评价桥梁的刚度也具有较高的可靠性。当结构部件出现缺损时,一般自振频率会降低,振型会出现变异。一般来讲,变异区段即缺损所在区段。阻尼比参数可以通过与同一座桥的历史数据对比,或者与同类桥梁的历史数据进行对比,粗略判断桥梁结构的技术状况是否出现劣化,如果阻尼比明显偏大,则桥梁结构可能存在缺损或出现劣化。

2.3 桥梁检测简述

2.3.1 桥梁检测的目的

桥梁检测是进行桥梁评定、养护、维修、加固的前期工作。为了客观地评价桥梁的技术状况,全面了解桥梁的使用情况,必须对桥梁结构进行技术资料调查和外观检查,并利用仪器对桥梁结构的技术状况及缺陷进行全面、细致的现场检测,及时进行养护和维修,使其经常处于完好的技术状态,延长桥梁的使用年限。桥梁检测的目的在于对运营中的桥梁进行分类管理,通过对桥梁的技术状况进行检测,建立健全桥梁技术档案;对有缺陷和损伤的桥梁进行全面、深入的现场检测,查明缺陷或潜在缺陷,以及缺陷的性质、部位、严重程度及发展趋势,弄清出现缺陷和损伤的主要原因,分析和评价既有缺陷对桥梁技术状况和承载力的影响,并为桥梁养护、维修和加固提供可靠的技术参数。

2.3.2 桥梁检测的分类

桥梁检测按照检测的范围、深度、方式和检查结果的用途等可分为经常检查、定期检查和特殊检查3大类。

1. 经常检查

经常检查是对桥梁构筑物及其附属设施进行日常的巡视检查,一般采用目测方法,也可配以简单的工具进行测量。经常检查应由专职桥梁养护管理人员或有一定经验的工程技术人员负责。

经常检查周期按桥梁类别、技术状态等级分别确定。一般结构的桥梁,其经常检查周期为一个月,最长为一个季度。遇恶劣天气、汛期、冰冻等特殊情况时,经常检查周期宜缩短,并当场填写桥梁经常检查记录表。

经常检查一般包括下列内容。

(1) 外观是否整洁,有无杂物堆积、杂草蔓生。构件表面的涂装层是否完好,有无损坏、老化、变色、开裂、起皮、剥落、锈迹。

(2) 桥面铺装层是否平整,有无裂缝、局部坑槽、积水、沉陷、波浪、碎边。混凝土桥面是否有剥离现象,钢筋是否露筋、锈蚀,缝料是否老化、损坏,桥头有无跳车。

(3) 排水设施是否良好,桥面泄水管是否堵塞和破损。

(4) 伸缩缝是否堵塞卡死,连接部件有无松动、脱落、局部破损。

(5) 人行道、路缘石、栏杆、扶手、防撞护栏和引道护栏(柱)有无撞坏、断裂、松动、错位、缺件、剥落、锈蚀等。

(6) 桥梁结构有无异常变形,以及异常的竖向振动、横向摆动等情况。若有,则检查各部件的技术状况,查找异常原因。

(7) 支座是否有明显缺陷,活动支座是否灵活,位移量是否正常。支座的经常检查一般可以每季度进行一次。

(8) 桥位区段河床冲淤变化情况。

(9) 基础是否受到冲刷损坏、外露、悬空、下沉,墩台及基础是否受到生物腐蚀。

(10) 墩台是否受到船只或漂浮物撞击而受损。

(11) 翼墙(侧墙、耳墙)有无开裂、倾斜、滑移、沉降、风化剥落或异常变形。

(12) 锥坡、护坡有无塌陷,铺砌面有无缺损、勾缝脱落、灌木杂草丛生。

(13) 交通信号、标志、标线、照明设施及其他附属设施是否完好。

(14) 其他显而易见的损坏或病害。

2. 定期检查

定期检查是按规定的周期,对桥梁主体结构及其附属构造物跟踪的全面检查。定期检查要求具有丰富的实践经验、受过专门的桥梁检查培训,并熟悉桥梁设计、施工等方面知识的工程师来负责。桥梁定期检查采集的数据作为桥梁养护管理系统中结构技术状况动态参数,为评定桥梁使用性能提供基本数据,并据此来确定结构维修、加固或更换的次序。

定期检查以目测为主,辅以必要的测量仪器、探查工具、望远镜、照相机等。对结构物及其材料进行彻底的、系统的检查,建立和完善桥梁管理与养护档案。

(1) 定期检查的时间要求。

定期检查的时间应符合下列规定。①新建桥梁交付使用1年后,进行一次全面检查。②桥梁定期检查周期一般为3年,桥梁检查工程师可视被检查桥梁的技术状况,适当调整定期检查周期。③非永久性桥梁1年检查一次。④根据养护工程师的报告,对于在经常性检查中发现重要部位(构件)有严重病害的桥梁,应立即安排一次定期检查。

(2) 定期检查的工作内容。

由于经常检查和定期检查均是以目测为主的桥梁外观检查,检查结果的评定大多基于经验,所以这两类检查主要由桥梁管理与养护部门进行。

定期检查的工作内容如下。①现场校核桥梁基本数据。②当场填写桥梁定期检查记录表,记录各部件缺损状况并作出技术状况评分。③实地判断缺损原因,确定维修范围及方式。④对难以判断损坏原因和程度的部件,提出特殊检查的要求。⑤对损坏严重、危及安全运营的危桥,提出限制交通或改建的建议。⑥根据桥梁的技术状况,确定下次检查的时间。

(3) 定期检查的具体内容。

定期检查的具体内容如下。

①桥面系检查。

桥面系的外观调查,可以按桥面系组成部分,即桥面铺装,伸缩缝,桥面排水设施,栏杆、扶手及人行道依次检查。

a. 桥面铺装的检查。

桥面铺装是较容易产生损坏的部位。桥面铺装产生缺陷或损伤后易导致行车打滑、车辆对桥梁的冲击效应增大、桥面行车道板等的耐久性降低。桥面铺装与伸缩缝之间的高差容易引起伸缩缝装置的破坏等。

桥面铺装的检查应先调查桥面铺装的类型,再检查铺装层存在的主要缺陷。沥青桥面铺装主要缺陷与损伤有轻微裂缝(条状)、严重裂缝(龟裂,纵、横裂缝)、坑槽、车辙、拥包、磨光和起皮等。混凝土桥面铺装的主要缺陷及损伤有裂缝、剥落、坑洞、磨光等。

b. 伸缩缝的检查。

各种伸缩缝装置的缺陷往往表现在伸缩缝本身的破坏损伤、锚固件损坏、接头周围部位后铺筑料的剥落等,这些缺陷导致伸缩缝漏水,加速主梁、支座和盖梁的恶化。对伸缩缝的检查主要采用目测,必要时可采用测量仪器测量破坏范围。

c. 桥面排水设施的检查。

桥面排水设施损坏,以及尘土、淤泥等堵塞泄水孔,往往导致桥面积水,影响桥梁主要承重构件的耐久性能,降雨时引起车辆滑移,导致交通事故。桥面排水是否顺畅、排水设施有无缺陷,在降雨和化雪时表现得很明显。桥面排水设施的检查最好在降雨或化雪后进行。

d. 栏杆、扶手及人行道的检查。

栏杆、扶手及人行道的检查,主要是检查部件本身的破坏情况,以及相互连接处是否脱落。对于人行道,还要检查路缘石是否有破碎,人行道与桥面板连接的牢固程度等。

②支座的检查。

桥梁支座是桥梁上、下部结构的连接点,其作用是将上部结构的荷载顺适、安全地传递到桥梁墩(台)上,同时保证上部结构在荷载、温度、混凝土收缩等因素作用下的自由变形。支座存在的缺陷往往会造成桥梁上部结构和墩(台)工作不良,并易造成梁端和墩(台)帽的损伤。支座的检查主要是检查其功能是否完好,组件是否完整、清洁,有无断裂、错位和脱空现象。

各种支座的检查内容如下。a.简易支座的油毡是否老化、破裂或失效。b.钢板滑动支座和弧形支座是否干涩、锈蚀。c.摆柱支座各组件相对位置是否正确,受力是否均匀。d.四氟板支座是否脏污、老化。e.橡胶支座是否老化、变形。f.盆式橡胶支座的固定螺栓是否剪断,螺母是否松动。g.辊轴支座的辊轴是否出现不允许的错位。h.摇轴支座是否倾斜。i.活动支座是否灵活,实际位移量是否正常。j.支座上、下钢垫块是否有锈蚀,支座垫块是有否破碎、腐蚀。

③桥梁上部结构的检查。

上部结构是桥梁的主要承重构件,由梁、板、拱等基本构件组成,故对桥梁上部结构的检查,就是对这些基本构件工作状况的检查。应先观察桥梁结构有无异常变形、振动或摆动,如上部结构线形是否平顺,拱轴线是否变形,桥跨有无异常的竖向振动或横向摆动等状况;再检查各部件的技术状况,查找发生异常的原因。桥梁上部结构主要针对以下4个方面进行检查。

a.裂缝检查。对于混凝土梁,不论是钢筋混凝土还是预应力混凝土,都是普遍存在裂缝的。如果这些裂缝的宽度和深度都在有关规定允许的范围内,而且裂缝处于相对稳定的状态,这样的裂缝对桥梁的影响不大;如果裂缝的宽度和深度都超出了有关规定允许的范围,而且有进一步发展的趋势,这就会影响到桥梁的耐久性,甚至影响到承载力。因此,在桥梁检查中必须对裂缝的宽度、深度及其发展趋势进行细致的检查。

b.混凝土状况检查。对混凝土状况的检查主要是观察表层混凝土有无裂缝、剥落、渗水、蜂窝、麻面、风化、碳化、碱-骨料反应等病害,测量各种病害的范围,并当场填写桥梁定期检查记录表,对混凝土的状况进行评定。

c.钢筋锈蚀检查。检查梁体有无露筋锈蚀,对重点部位可在特殊检查中利用钢筋锈蚀检测仪进行检测。

d.通风排水状况检查。检查箱梁内通风是否良好,排水设施是否正常,梁体内有无积水现象。

各类桥型上部结构的重点检查部位如图2.5所示。

(a) 简支梁桥

注：①—跨中；②—1/4跨处；③—支座处。

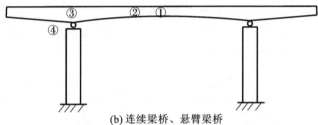

(b) 连续梁桥、悬臂梁桥

注：①—跨中；②—反弯点（约1/3跨处）；③—最大负弯矩处；④—支座处。

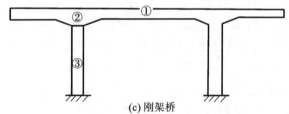

(c) 刚架桥

注：①—跨中；②—角隅处；③—立柱或墙身。

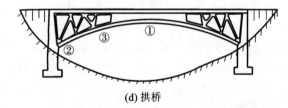

(d) 拱桥

注：①—拱圈顶部下缘；②—拱脚；③—1/4跨处。

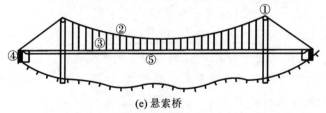

(e) 悬索桥

注：①—索塔；②—主缆；③—吊杆；④—锚碇；⑤—主梁。

图 2.5　各类桥型上部结构的重点检查部位

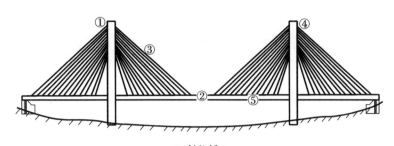

(f) 斜拉桥

注：①—塔柱；②—主梁；③—斜拉索；④—上锚头；⑤—下锚头。

续图 2.5

④墩（台）与基础的检查。

墩（台）与基础的检查内容主要包括以下 8 个方面。a. 墩（台）与基础是否有滑动、倾斜、下沉或冻拔。b. 台背填土有无沉降、裂缝或挤压隆起。c. 混凝土墩（台）及盖梁有无冻胀、风化、腐蚀、开裂、剥落、露筋等，空心墩的水下通水孔是否堵塞。d. 石砌墩（台）有无砌块断裂、通缝脱开、变形，砌体泄水孔是否堵塞，防水层是否破坏。e. 墩（台）顶面是否清洁，有无积水、泥土、杂物堆积、滋生草木，伸缩缝处是否漏水。f. 基础下是否发生不许可的冲刷或掏空现象。扩大基础的地基有无侵蚀；桩柱在水位涨落、干湿交替变化处有无磨损、缩径、露筋，有无破裂和水的腐蚀现象。g. 墩（台）防震设施是否有效。h. 横系梁连接处是否开裂、破损。

桥墩重点检查部位如图 2.6 所示。

（4）不同类型桥梁的定期检查内容。

①钢筋混凝土桥和预应力混凝土桥的定期检查内容。

a. 梁端头、底面是否损坏，箱形梁内是否有积水，通风是否良好。b. 混凝土表面有无裂缝、渗水、龟裂、碳化、风化、剥落，钢筋有无露筋和锈蚀。c. 预应力钢束锚固区段混凝土有无开裂，混凝土表面有无纵向裂缝。d. 梁（板）式结构的跨中、支点及变截面处，悬臂端牛腿或中间铰部位，固结处和桁架节点部位，混凝土是否开裂、缺损或出现钢筋锈蚀。e. 装配式梁桥应注意检查连接部位的缺损状况，包括两方面：一是组合梁的桥面板与梁的结合部位及预制桥面板之间的接头处，混凝土有无开裂、渗水；二是横向连接构件是否开裂，连接钢板的焊缝有无锈蚀、断裂，边梁有无横移或向外倾斜。

②拱桥的定期检查内容。

a. 主拱圈的拱板或拱肋是否开裂。钢筋混凝土拱有无露筋、钢筋锈蚀。圬

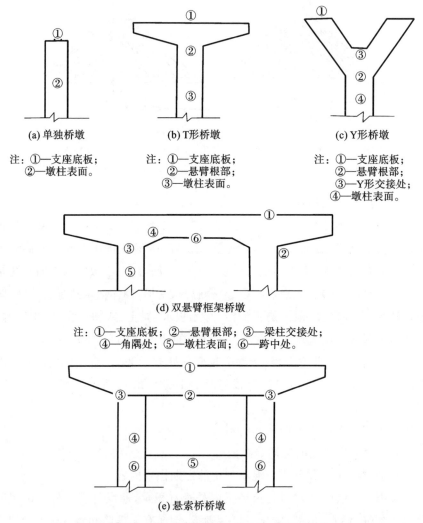

图 2.6 桥墩重点检查部位

工拱桥砌块有无压碎、局部掉块,砌缝有无脱离或脱落、渗水,表面有无苔藓、草木滋生,拱铰工作是否正常。空腹拱的小拱有无较大的变形、开裂、错位,立墙或立柱有无倾斜、开裂。b.拱上立柱(或立墙)上下端、盖梁和横系梁的混凝土有无开裂、剥落、露筋和钢筋锈蚀。中、下承式拱桥的吊杆上下锚固区的混凝土有无开裂、渗水,吊杆锚头附近有无锈蚀现象,外罩是否有裂纹,锚头夹片、楔块是否

发生滑移,吊杆钢索有无断丝。采用型钢或钢管混凝土芯的劲性骨架拱桥,混凝土是否沿骨架出现纵向或横向裂缝。c.拱的侧墙与主拱圈间有无脱落,侧墙有无鼓突变形、开裂。实腹拱拱上填料有无沉陷,肋拱桥的肋间横向连接是否开裂、表面剥落、钢筋外露或锈蚀等。d.双曲拱桥拱肋间横向连接拉杆是否松动或断裂,拱波与拱肋结合处是否开裂、脱开,拱波之间砂浆有无松散脱落,拱波顶是否开裂、渗水等。e.薄壳拱桥壳体纵向、横向及斜向是否出现裂缝及系杆是否开裂。f.系杆拱的系杆是否开裂,无混凝土包裹的系杆是否有锈蚀。g.钢管混凝土拱桥裸露部分的钢管及构件检查参见钢桥的定期检查内容,同时还应检查钢管内混凝土是否填充密实。

③钢桥的定期检查内容。

a.构件(特别是受压构件)是否扭曲变形,是否有局部损伤。b.铆钉和螺栓有无松动、脱落或断裂,节点是否滑动、错裂。c.焊缝边缘(热影响区)有无裂纹或脱开。d.油漆层有无裂纹、起皮、脱落,构件有无锈蚀。e.钢箱梁封闭环境中的湿度是否符合要求,除湿设施是否工作正常。

④通道、跨线桥与高架桥的定期检查内容。

通道、跨线桥与高架桥的结构检查同其他一般公路桥梁。对于通道,还应检查通道内有无积水,机械排水的泵站是否完好,排水系统是否畅通。对于跨线桥、高架桥,还应检查防抛网、隔声墙是否完好。除此之外,还应检查通道、跨线桥与高架桥下的道面是否完好,有无非法占用情况等。

⑤悬索桥和斜拉桥的定期检查内容。

a.检查索塔高程、塔柱倾斜度、桥面高程及梁体纵向位移,注意是否有异常变位。b.检测索体振动频率、索力有无异常变化,索体振动频率观测应在多种典型气候下进行,观测周期不超过6年。c.主梁或加劲梁的检查,按预应力混凝土及钢结构的相应要求进行。d.悬索桥的锚碇及锚杆有无异常的拔动,锚头、散索鞍有无锈蚀破损,锚室(锚洞)有无开裂、变形、积水,温度和湿度是否符合要求。e.主缆、吊杆及斜拉索的表面防护是否完好,有无破损、老化。f.悬索桥的索鞍是否有异常的错位、卡死、辊轴歪斜,构件是否锈蚀、破损,主缆索跨过索鞍部分是否有挤扁现象。g.悬索桥吊杆上端与主缆索的索夹是否松动、移位或破损,下端与梁连接的螺栓有无松动。h.逐束检测索体是否开裂、鼓胀及变形,必要时可剥开护套检查索内干湿情况和钢索的锈蚀情况。检查后应做好保护套剥开处的防护处理。i.逐个检查锚具及周围混凝土的情况,锚具是否渗水、锈蚀,是否有锈水流出的痕迹,周围混凝土是否开裂。必要时可打开锚具后盖抽查锚杯内是否积水、潮湿,防锈油是否结块、乳化失效,锚杯是否锈蚀。j.逐个检查索端出索处钢护筒、钢管与索套管连接处的外观情况。检查钢护筒是否松动、脱落、锈蚀、渗水,抽查连接处钢护筒内防水垫圈是否老化失效,筒内是否潮湿积水。k.索塔的爬梯、检查门、工作电梯是否可靠安全,塔内的照明系统是否完好。

3. 特殊检查

桥梁特殊检查是在桥梁经常检查的基础上,为进一步查清桥梁的病害原因、破损程度、承载力、抗灾能力,准确确定桥梁技术状况,由专业技术人员使用专门的检测仪器设备所进行的检测。

桥梁特殊检查根据检查目的可分为应急检查和专门检查。

(1) 应急检查。

应急检查是指桥梁遭受地震、洪水、风灾、车辆撞击或超重车辆通过等紧急情况或发生突发性严重病害时,为及时得到构筑物状态的信息而进行的检查。应首先进行现场勘察,查看桥梁是否破损,必要时可采用专门的仪器设备或进行试验等,查明桥梁病害原因、破损程度和承载力,以便采取相应的加固措施。

(2) 专门检查。

专门检查是对桥梁结构及部件的材料质量和工作性能所存在的缺损状况进行详细检测、试验、判断和评价的过程。

桥梁遇到下列情况时,应进行专门检查:①定期检查中难以判明桥梁损坏程度和原因时;②在进行复杂和昂贵的维修之前,不能确定承载力或要求提高载重等级时;③需要评定桥梁的实际工作状况时;④在桥梁遭受地震、洪水、流冰、漂浮物和车辆撞击事故或重车过桥等特别事件之后;⑤新建桥梁出现质量问题时。

特殊检查应根据桥梁的破损状况和性质进行现场测试、荷载试验及其他辅助试验,针对桥梁现状进行验算分析,形成鉴定结论。

特殊检查鉴定结论主要有以下3个方面。①桥梁结构材料缺损状况:对材料物理、化学性能退化程度及原因的测试鉴定,结构或构件开裂状态的检测及评定。通常可根据鉴定要求和缺损类型、位置,采用表面测量、无损检测和局部取样等有效方法。②桥梁结构承载力:对结构强度、刚度和稳定性的检算、试验和鉴定。桥梁结构理论验算和荷载试验应按国家及行业标准和技术规范进行。③桥梁防灾能力:桥梁抵抗洪水、流冰、风、地震及其他地质灾害等能力的检测,常采用现场测试与验算的方法,特别重要的桥梁可进行模拟试验。

2.3.3 桥梁检测的工作内容

一般情况下,桥梁检测可分为三个阶段,即准备规划阶段、加载与观测阶段、分析总结阶段。

1. 准备规划阶段

准备规划阶段是桥梁检测顺利进行的必要条件。该阶段工作内容如下:搜集桥梁设计文件、施工记录、监理记录、原试验资料、桥梁养护与维修记录等桥梁技术资料,检查桥梁表观情况(如桥面系、承重结构构件、支座、基础等部位),计算设计内力,制定加载方案,制定测量方案,选用仪器仪表,同时还包括搭设工作脚手架、设置测量仪表支架、测点放样及表面处理、测试元件布置、测量仪器仪表安装调试等现场准备工作。

2. 加载与观测阶段

加载与观测阶段是整个检测工作的中心环节。这一阶段的工作是在各项准备工作就绪的基础上,按照预定的试验方案与试验程序,利用适宜的加载设备进行加载,运用各种测试仪器,观测试验结构受力后的各项性能指标(如挠度、应变、裂缝宽度、加速度等),并采用人工记录或仪器自动记录手段记录各种观测数据和资料。有时,为了使某一加载、观测方案更完善,可先进行试探性试验,以便更完满地达到原定的试验目的。需要强调的是,对于静载试验,应根据当前所测得的各种技术数据与理论计算结果进行现场分析比较,以判断受力后结构行为是否正常,是否可以进行下一级加载,以确保试验结构、仪器设备及试验人员的安全。

3. 分析总结阶段

分析总结阶段是对原始测试资料进行综合分析的过程。原始测试资料包括大量的观测数据、文字记载和图片等材料,受各种因素的影响,一般显得缺乏条理性与规律性,未必能深刻揭示试验结构的内在行为规律。因此,应对原始测试资料进行科学的分析处理,去伪存真,去粗取精,综合分析比较,从中提取有价值的资料。对于一些数据或信号,有时还需要按照数理统计的方法进行分析,或依靠专门的分析仪器和分析软件进行分析处理,或按照有关规程的方法进行计算。这一阶段的工作直接反映整个检测工作的质量。测试数据经分析、处理后,按照相关规范、规程及检测目的,对检测对象做出科学的判断与评价。全部检测工作体现在最后提交的试验研究报告中。

2.3.4 桥梁定期检测案例

随着每年高速公路运输量的不断增加,高速公路桥梁作为高速公路的重要组成部分之一,也面临着巨大的运营压力。每天大量的车流量、过快的车速及一些重载车辆的行驶,都会对桥梁产生巨大的撞击力,使得桥梁出现各种各样的病害,从而无法满足正常运营需求。为了确保高速公路桥梁安全运营,需对桥梁进行定期检测,以便及时发现桥梁病害。

1. 工程概况

北三环高速公路是广东省广州市的一条高速公路,更是国家高速公路网珠三角环线高速公路的重要组成部分。其位于广东省广州市东北部,起点桩号K85+900,终点桩号K130+000,路线总长44.1 km,主线整体式路基宽33.5 m,分离式路基宽16.75 m,双向六车道;全程采用120 km/h的设计速度,路面结构为沥青混凝土路面;于2009年开始筹建,于2018年投入使用。

北三环高速公路设有特大桥2座、大桥20座、互通式立交6处、管理中心1处、服务区1处、养护工区1处、匝道收费站6处等。而流溪河特大桥便是其中2座特大桥之一。流溪河特大桥位于广州市花都区内,桥梁全长1199 m,共设墩台85个,跨越多条既有的规划道路。本次主要对北三环高速公路上的流溪河特大桥进行定期检测。

桥梁定期检测目的是评定桥梁使用功能,为制订管理养护计划提供基本数据。桥梁定期检测是对桥梁主体结构及其附属构造物的技术状况进行的全面检查,并为桥梁管理系统收集桥梁技术状况的动态数据。为此,采用科学的方法对流溪河特大桥进行现场检查,能够有效查出桥梁所存在的缺陷、病害及病害产生的原因,并根据检查结果评定桥梁的技术状况等级,为高速公路管理部门制订相应的养护、维修、加固措施提供强而有力的依据。

2. 桥梁定期检测内容

根据公路桥梁养护相关标准的要求,本次对流溪河特大桥定期检测主要采用目测观察并结合仪器观测进行。对桥梁中各相关构件进行仔细检查,对各缺损的部位、病害(类型、性质、范围、数量和程度)进行有效描述,梳理归纳,并标记清楚;对检查发现的裂缝,测量和描述其具体位置,标出裂缝大致走向,绘制成图。

根据流溪河特大桥现状,本次主要对桥面系、支座、墩台与基础等进行检测,具体如下。

(1)桥面系。

桥面系包括桥面铺装、防撞墙、人行道、伸缩缝、排水设施等。桥面系的病害往往是桥梁主结构发生病变的反映,同时桥面系病害又会对下部结构和上部结构造成不利影响,从而降低桥梁结构的耐久性和承载力。

桥面系详细检测内容如下。①检查桥面铺装层纵、横坡是否顺适,有无严重的裂缝(龟裂、纵横裂缝)、坑槽、波浪、拥包、不平、车辙、桥头跳车、防水层漏水等病害。②桥面纵、横坡是否平顺,桥头是否平顺、有无跳车现象,密切注意桥面铺装病害与上部结构的病害是否相关联。③检查伸缩缝固定角钢间距是否正常,是否存在高差、异常变形、破损、堵塞、脱落、漏水等现象,是否造成明显的跳车问题。④对人行道中的栏杆、护栏进行检查,以确定是否存在撞坏、断裂、错位、缺件、剥落、锈蚀等问题。⑤检查桥面排水是否顺畅,泄水管是否完好、畅通,桥头排水沟功能是否完好,锥坡有无冲蚀、塌陷等病害。⑥由于桥梁上交通信号、标志、标线、照明等设施,常年暴露于自然环境下,经受着风吹、日晒、雨淋,交通信号、照明等设施容易出现锈蚀、变形、老化、损坏等问题;标志、标线易出现模糊不清、欠缺等现象,从而影响到行车安全,因此应对它们进行检查。

(2)支座。

支座作为桥梁的重要组成部分,是上部结构和下部结构连接的重要构件,其使用状况关系到桥梁的安全运行。为此,需要对其进行定期检测与维护。

支座的具体检测内容如下。①检查支座组件是否完好、清洁,有无断裂、错位、脱空。②查看支承垫石是否存在裂缝。③对橡胶支座进行检查,以确定其是否存在老化、开裂病害,有无过大的剪切变形或压缩变形问题,各夹层钢板之间的橡胶层外凸是否均匀。④检查盆式橡胶支座的固定螺栓是否被剪断,螺母是否松动,钢盆外露部分是否锈蚀,防尘罩是否完好。

(3)墩台与基础。

桥梁的墩台与基础承受来自各方面的荷载,受到外界各种因素的影响,容易产生各种病害,需加强对其进行日常检测。

墩台与基础检测内容如下。①检查墩台及基础是否存在滑动、倾斜、下沉或冻拔现象。②检查台背填土有无沉降或挤压隆起。③对混凝土墩台及帽梁进行检测,查看是否存在冻胀、风化、开裂、剥落、露筋等病害。④检查墩台顶面是否清洁,伸缩缝处是否漏水。⑤检查基础下是否发生不许可的冲刷或掏空现象,扩大基础的地基有无侵蚀。⑥桩基顶段在水位涨落、干湿交替变化处有无冲刷磨损、缩径、露筋,有无环状冻裂,是否受到污水或生物的腐蚀。

3. 桥梁定期检测结果分析

（1）桥面系。

本次桥面系经检测,沥青混凝土桥面铺装未发现明显病害;但桥梁伸缩缝、排水设施、防撞护栏均存在不同程度的病害,具体如下。

经对流溪河特大桥桥面系常规检测发现,桥梁左、右幅伸缩缝均存在不同程度的病害,如止水带破损、锚固区开裂破损、塞有泥沙等。桥梁左、右幅伸缩缝详细病害汇总见表2.12,典型病害照片见图2.7。

表2.12 桥梁左、右幅伸缩缝详细病害汇总

序号	伸缩缝编号	伸缩缝位置	型钢间距/cm	伸缩缝状况描述
1	L2	L5号墩顶	3.4、4.2	塞有泥沙,锚固区2条横向裂缝
2	L3	L9号墩顶	4.3	塞有泥沙
3	L4	L13号墩顶	4	塞有泥沙
4	L5	L17号墩顶	3.1、3.3	塞有泥沙,锚固区1条横向裂缝
5	L6	L21号墩顶	3.4、4.2	塞有泥沙
6	L7	L25号墩顶	2.8	塞有泥沙
7	L8	L28号墩顶	3	塞有泥沙
8	R1	R0号墩顶	2.2、2.3	塞有泥沙,止水带破损
9	R3	R10号墩顶	4.3	塞有泥沙,锚固区破损面积 $S=0.30\ m\times0.25\ m$
10	R6	R22号墩顶	4.2、4.0	塞有泥沙
11	R7	R26号墩顶	3	塞有泥沙
12	R8	R29号墩顶	5	塞有泥沙

本次检测发现防撞墙及护栏结构完好、无松动,个别桥梁防撞墙混凝土局部(如墩顶)存在破损、开裂等表观缺陷。具体见图2.8。

(a) 锚固区破损　　　　(b) 锚固区横向裂缝　　　　(c) 塞有泥沙

图 2.7　典型病害照片

图 2.8　R32 号防撞墙墩顶附近开裂

在对防排水设施检查时发现部分桥下泄水管设置过短、破损，导致水流侵蚀梁体混凝土。而这些病害的存在，将会造成桥梁其他构件遭水侵蚀，从而影响桥梁结构的耐久性。为此需要加强重视，及时清理、疏通维修，以确保桥梁排水顺畅。

（2）支座。

流溪河特大桥的变截面连续梁及等截面连续梁均采用盆式橡胶支座，小箱梁均采用板式橡胶支座，因此，本次检测发现大部分支座状况良好，只是个别支座存在组件损坏、局部脱空现象。

（3）墩台与基础。

流溪河特大桥变截面连续箱梁（左右幅 1～5 号孔）桥墩采用薄壁空心墩，其他均为双柱式墩，桥墩盖梁均为悬臂式钢筋混凝土盖梁，桩基础为钻孔灌注桩。在检测时，发现墩台个别墩身存在麻面、锈胀、露筋现象，未见其他明显结构性病害；而在检测墩盖梁时发现，除原有的裂缝缺陷之外，L20 号、L23 号、L26 号、

R23号、R24号、R25号这6个盖梁大、小里程面新增1~6条竖向裂缝,部分由底部向上延伸呈现L形,且裂缝均分布于盖梁顶部,长度0.08~0.5 m,宽度为0.06~0.12 mm。

在对桥台、墩身外观进行检查时,未发现墩台有明显的滑移沉降差异,墩台基础状况良好,未见明显病害。

4. 桥梁病害产生的原因与处理措施

根据上述检测结果可以看出,流溪河特大桥总体技术状况较好,但仍有部分构件存在裂缝及混凝土表观缺陷。为此,需了解病害产生的原因,并提出相应的处理措施,具体情况如下。

桥梁伸缩缝的锚固区产生开裂破损的原因是,伸缩缝长期在来往车辆荷载的作用下,容易出现破损或开裂现象,因此,需尽快对破损或开裂部位进行修复。而伸缩缝塞有泥沙有可能是因为在更换伸缩缝时,封路时间过短、混凝土养护不到位,导致伸缩缝中的混凝土未黏结牢固,从而出现泥沙病害,因此,需做好伸缩缝的日常养护管理工作,并定期清理伸缩缝内的泥沙和垃圾,以保证伸缩缝功能的正常使用。

防撞墙和护栏个别部位的外观会产生破损、裂缝病害,是因为防撞墙受到外界重力的破坏,护栏混凝土浇筑完成的时候受到风干或者高温的影响,其表面的水分蒸发进而产生裂缝。因此,建议先凿除破损松散的混凝土层,并对裸露钢筋进行除锈、阻锈处理,再用水泥砂浆或聚合物砂浆进行表面修复。

支座之所以出现局部脱空问题,主要是因为施工过程中支座安装不正,使得上部结构出现变形,从而造成支座脱空。支座组件破损则有可能是因为行驶车辆超过设计荷载,导致支座组件出现变形、损坏。为此,应及时对脱空部分进行调整,对破损组件进行更换。

个别墩身之所以存在麻面、锈胀、露筋现象,主要是因为振捣时漏振或过振、模板接缝漏浆等,使得墩身产生蜂窝麻面;而桥面雨水经由湿接头处的施工缝下渗侵蚀梁体,引起钢筋锈胀,造成混凝土保护层脱落,钢筋外露。针对这些现象,建议对存在麻面或露筋的部位采用水泥砂浆抹压平整,并做好日常养护工作。而墩盖梁大、小里程面所产生的竖向裂缝,是盖梁大体积混凝土在养护过程中产生的干缩裂缝,建议封闭盖梁裂缝,防止雨水侵入影响结构钢筋的耐久性,同时对盖梁竖向裂缝部位加强关注,根据病害发展情况做进一步处理。

2.4 桥梁结构质量检测

2.4.1 混凝土强度的检测

混凝土强度的检测方法可分为无损检测、半破损检测和破损检测,混凝土结构的无损检测技术是桥梁检测技术中一项重要的内容。混凝土无损检测技术是在不破坏混凝土内部结构和使用性能的情况下,利用声、光、热、电、磁和射线等方法,测定有关混凝土性能的物理量,推定混凝土的强度、缺陷等的测试技术。混凝土无损检测技术与破坏试验方法相比,具有不破坏结构构件、不影响其使用性能、可以探测结构内部缺陷及可以连续测试和重复测试等特点。混凝土强度的无损检测方法主要有回弹法和超声回弹综合法。混凝土强度的半破损检测方法主要有钻芯法。下面分别介绍这三种混凝土强度检测方法。

1. 回弹法

(1) 基本原理。

回弹法是采用回弹仪的弹簧驱动弹击锤,通过弹击杆弹击混凝土表面,并以弹击锤回弹的距离(称回弹值,指反弹距离与弹簧初始长度之比)作为强度相关指标来推算混凝土强度的一种方法。图2.9为回弹法的原理示意图。

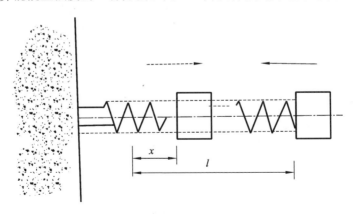

图 2.9 回弹法原理示意图

注:x—弹击锤回弹的距离;l—弹击锤脱钩前距弹击杆后端平面的距离。

回弹法的使用前提是要求被检测结构或构件混凝土的内外质量基本一致,

故下列情况不宜使用回弹法检测混凝土的强度:①遭受冻害、化学腐蚀、火灾、高温损坏的混凝土;②被测构件长度小于 10 cm;③结构表面温度低于-4 ℃或高于 60 ℃;④表层与内部质量有明显差异或内部存在缺陷的混凝土。

(2) 回弹仪。

目前中型回弹仪应用最为广泛。中型回弹仪是一种指针直读的直射锤击式仪器,其构造如图 2.10 所示。使用时,先对回弹仪缓慢施压,弹击杆 1 缓缓向机壳内推进,弹击拉簧被拉伸,使连接弹击拉簧的弹击锤获得恒定的冲击能量。挂钩 12 与调零螺钉 16 相互挤压,使弹击锤脱钩,弹击锤的冲击面与弹击杆的后端平面相碰撞(图 2.11),弹击锤所释放出来的能量通过弹击杆传递给混凝土,混凝土弹性反应的能量又通过弹击杆传递给弹击锤,弹击锤获得回弹的能量后回弹,弹击锤回弹的距离 x 与弹击锤脱钩前距弹击杆后端平面的距离 l 之比即回弹值 R,回弹值由仪器外壳上的刻度尺示出。

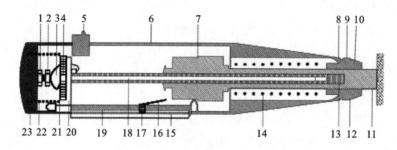

图 2.10 回弹仪及回弹仪的构造

注:1—紧固螺母;2—调零螺钉;3—挂钩;4—挂钩销子;5—按钮;6—机壳;7—弹击锤;8—拉簧座;9—卡环;10—密封毡圈;11—弹击杆;12—盖帽;13—缓冲压簧;14—弹击拉簧;15—刻度尺;16—指针片;17—指针块;18—中心导杆;19—指针轴;20—导向法兰;21—挂钩压簧;22—压簧;23—尾盖。

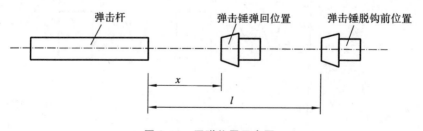

图 2.11 回弹位置示意图

(3) 回弹法的测强曲线。

回弹法测定混凝土抗压强度的基本依据,就是回弹值与混凝土抗压强度之间的相关性,这种相关性可用"f_{cu}-R"相关曲线(或公式)来表示,通常称为测强曲线。在我国,回弹法测强曲线分为全国统一测强曲线、地区测强曲线和专用测强曲线3种类型,3种曲线制定的技术条件及使用范围如表2.13所示。

表2.13 回弹法测强曲线

名称	全国统一测强曲线	地区测强曲线	专用测强曲线
定义	由全国有代表性的材料、成型工艺、养护条件配制的混凝土试块,通过大量的破损与非破损试验所建立的曲线	由本地区有代表性的材料、成型工艺、养护条件配制的混凝土试块,通过较多的破损与非破损试验所建立的曲线	由与构件混凝土相同的材料、成型工艺、养护条件配制的混凝土试块,通过一定数量的破损与非破损试验所建立的曲线
适用范围	适用于无地区测强曲线或专用测强曲线时检测符合规定条件的构件或结构混凝土强度	适用于无专用测强曲线时检测符合规定条件的构件或结构混凝土强度	适用于检测与该构件相同条件的混凝土强度
误差	平均相对误差不超过15%,相对标准差不超过18%	平均相对误差不超过14%,相对标准差不超过17%	平均相对误差不超过12%,相对标准差不超过14%

测强曲线一般可用回归方程来表示。对于未碳化的混凝土,其测强曲线可用下列函数表示,见式(2.25)。

$$f_{cu}^c = f(R) \qquad (2.25)$$

式中:f_{cu}^c为回弹法测区混凝土强度。

对于碳化的混凝土或龄期较长的混凝土,其测强曲线可由下列函数表示,见式(2.26)和式(2.27)。

$$f_{cu}^c = f(R,d) \qquad (2.26)$$

$$f_{cu}^c = f(R,d,t) \qquad (2.27)$$

式中:d为混凝土的碳化深度;t为混凝土的龄期。

目前,我国应用最广泛的测强曲线函数是式(2.26),即采用回弹值和碳化深度两个指标来推定混凝土强度。按全国统一测强曲线制定的测区混凝土强度换算表见《回弹法检测混凝土抗压强度技术规程》(JGJ/T 23—2011)附录 A。

(4) 一般规定。

回弹法检测混凝土强度是对常规检验的一种补充。当对构件有怀疑(如试件与结构中混凝土质量不一致),对试件的检验结果有怀疑或供检验用的试件数量不足时,可采用回弹法检测,并将检测结果作为处理混凝土质量问题的一个主要依据。

另外,在施工阶段,如构件拆模、预应力张拉或移梁、吊装,回弹法可作为评估混凝土强度的依据。

回弹法的使用前提是要求被测结构或构件混凝土的内外质量基本一致。因此,当混凝土表层与内部质量有明显差异(如遭受化学腐蚀或火灾)时,不能用回弹法评定混凝土强度。

①检测结构或构件混凝土强度可采用单个检测和批量检测 2 种方式。单个检测适用于单独的结构或构件的检测。批量检测适用于在相同的生产工艺条件下,混凝土强度等级相同,原材料、配合比、成型工艺、养护条件基本一致且龄期相近的同类构件。按批进行检测的构件,抽检数量不得少于同批构件总数的 30%,且不宜少于 10 件。抽检构件时,应随机抽取并使所选构件具有一定的代表性。

②每一构件的测区,应符合下列要求。a. 每一结构或构件测区数不宜少于 10 个,对某一方向尺寸小于 4.5 m 且另一方向尺寸小于 0.3 m 的构件,其测区数量可适当减少,但不应少于 5 个。b. 相邻两测区的间距应控制在 2 m 以内,测区离构件端部或施工缝边缘的距离不宜大于 0.5 m,且不宜小于 0.2 m。c. 测区应选在使回弹仪处于水平方向的混凝土浇筑侧面(贴模板的一面),当不能满足这一要求时,可选在使回弹仪处于非水平方向的混凝土浇筑侧面、表面或底面。d. 测区宜选在构件的两个对称可测面上,也可选在一个可测面上,且应均匀分布;在构件的受力部位及薄弱部位必须布置测区,并应避开预埋件。e. 测区的面积宜控制在 0.04 m² 以内。f. 检测面应为原状混凝土表面,并应清洁、平整,不应有疏松层、浮浆、油垢、涂层、蜂窝、麻面,必要时可用砂轮清除疏松层和杂物,且不应有残留的粉末或碎屑。g. 对于弹击时会产生颤动的薄壁、小型构件应设置支撑固定。

③结构或构件的测区应标有清晰的编号,必要时应在记录纸上描述测区布置示意图和外观质量情况。

④检测时,回弹仪的轴线应始终垂直于结构或构件混凝土检测面,缓慢施

压,准确读数,快速复位。

⑤测点宜在测区范围内均匀分布,相邻两测点的净距一般不小于20 mm,测点距构件边缘或外露钢筋、预埋件的距离一般不小于30 mm,测点不应在气孔或外露石子上,同一测点只允许弹击一次。每一测区应记取16个回弹值,每一测点的回弹值读数应精确至0.1。

(5) 碳化深度的测量。

回弹值测量完毕后,应选择不小于构件数的30%测区数在有代表性的位置上测量碳化深度值;当碳化深度值大于2.0 mm时,应在每一测区测量碳化深度值。

碳化深度值的测量方法:用冲击钻在测区表面形成直径约15 mm的孔洞,其深度大于混凝土的碳化深度;除净孔洞中的粉末和碎屑后(不得用水冲洗),立即用浓度为1%的酚酞酒精溶液滴在孔洞内壁的边缘处,碳化部分的混凝土不变色,未碳化部分的混凝土变成紫红色;用测深卡尺测量已碳化与未碳化混凝土交界面到混凝土表面的垂直距离,测量不应少于3次,取其平均值,该距离即为混凝土的碳化深度。每次读数应精确至0.25 mm,平均值应精确至0.5 mm。

(6) 测区回弹值和混凝土强度的计算。

①计算测区平均回弹值时,应从该测区的16个回弹值中剔除3个最大值和3个最小值,然后将余下的10个回弹值按式(2.28)计算。

$$R_m = \frac{\sum_{i=1}^{10} R_i}{10} \tag{2.28}$$

式中:R_m 为测区平均回弹值,精确至0.1;R_i 为第 i 个测点的回弹值。

②非水平方向检测混凝土浇筑侧面时,应按式(2.29)修正。

$$R_m = R_{ma} + R_{aa} \tag{2.29}$$

式中:R_{ma} 为非水平方向检测时测区的平均回弹值,精确至0.1;R_{aa} 为非水平方向检测时回弹值的修正值。

③水平方向检测混凝土浇筑表面或底面时,应按式(2.30)和式(2.31)修正。

$$R_m = R_m^t + R_a^t \tag{2.30}$$

$$R_m = R_m^b + R_a^b \tag{2.31}$$

式中:R_m^t、R_m^b 为水平方向检测混凝土浇筑表面、底面时,测区的平均回弹值,精确至0.1;R_a^t、R_a^b 为水平方向检测混凝土浇筑表面、底面回弹值的修正值。

④在检测时,如果仪器处于非水平方向,且测试面又非混凝土的浇筑侧面,

则应对测得的回弹值先进行角度修正,再进行浇筑面修正。

⑤结构或构件第 i 个测区混凝土强度换算值,可按式(2.28)、式(2.29)、式(2.30)或式(2.31)求得的平均回弹值 R_m 及求得的平均碳化深度 d_m,由《回弹法检测混凝土抗压强度技术规程》(JGJ/T 23—2011)附录 A 查得。有地区或专用测强曲线时,混凝土强度换算值应按地区或专用测强曲线换算得出。

(7) 混凝土强度的计算。

①由各测区的混凝土强度换算值可计算得出结构或构件混凝土的强度平均值。当测区数不少于 10 个时,还应计算强度标准差。强度平均值及标准差应按式(2.32)和式(2.33)计算。

$$m_{f_{cu}^c} = \frac{\sum_{i=1}^{n} f_{cu,i}^c}{n} \tag{2.32}$$

$$S_{f_{cu}^c} = \sqrt{\frac{\sum_{i=1}^{n}(f_{cu,i}^c)^2 - n(m_{f_{cu}^c})^2}{n-1}} \tag{2.33}$$

式中:$m_{f_{cu}^c}$ 为构件混凝土强度换算值的平均值,MPa,精确至 0.1 MPa;$f_{cu,i}^c$ 为测区混凝土强度换算值;对于单个检测的构件,n 取一个构件的测区数,对于批量检测的构件,n 取被抽检构件测区数之和;$S_{f_{cu}^c}$ 为构件混凝土强度换算值的标准差,MPa,精确至 0.01 MPa。

②结构或构件的混凝土强度推定值 $f_{cu,e}$。

当测区数少于 10 个时,应按式(2.34)计算。

$$f_{cu,e} = f_{cu,min}^c \tag{2.34}$$

式中:$f_{cu,min}^c$ 为构件中最小的测区混凝土强度换算值。

当测区混凝土强度值中出现小于 10 MPa 的数值时,应按式(2.35)计算。

$$f_{cu,e} < 10.0 \text{ MPa} \tag{2.35}$$

当测区数不少于 10 个或按批量检测时,应按式(2.36)计算。

$$f_{cu,e} = m_{f_{cu}^c} - 1.645 S_{f_{cu}^c} \tag{2.36}$$

③对于按批量检测的构件,当该批构件混凝土强度标准差出现下列情况之一时,则该批构件应全部按单个构件检测:该批构件混凝土强度平均值小于 25 MPa,$S_{f_{cu}^c} > 4.5$ MPa;该批构件混凝土强度平均值不小于 25 MPa,且不大于 60 MPa,$S_{f_{cu}^c} > 5.5$ MPa。

2. 超声回弹综合法

（1）基本原理。

超声回弹综合法是以超声波在构件混凝土内部传播的速度和混凝土表面的回弹值两项测试指标，综合推定结构和构件混凝土抗压强度的一种无损检测方法。超声回弹综合法是根据测取混凝土的超声波速和回弹值，按测试前确定的混凝土强度推定值、超声波速和回弹值关系的测强曲线推定结构和构件混凝土抗压强度的。超声法检测混凝土强度充分反映了超声波历程中混凝土内部的平均强度，而回弹法的回弹值仅反映了结构和构件混凝土表面的强度。当采用超声回弹综合法检测结构和构件混凝土强度时，测试结果既反映结构和构件混凝土内部的强度，又反映结构和构件混凝土表面的强度，而且不必考虑混凝土表面碳化层对测试的影响。采用超声回弹综合法的精度和可靠性要高于单一的超声法或回弹法。

（2）仪器设备。

超声回弹综合法对回弹仪的要求与回弹法相同。

（3）一般规定。

超声回弹综合法和回弹法一样，对桥梁结构混凝土强度检测可采用构件检测和部位检测2种方式。

①测区布置规定：a.按单个构件检测时，应在构件上均匀布置测区，每个构件上的测区数量不应少于10个；b.同批构件按批抽样检测时，构件抽样数不应少于同批构件的30%，且不应少于10件；c.对某一方向尺寸不大于4.5 m且另一方向尺寸不大于0.3 m的构件，其测区数量可适当减少，但应不少于5个。

②当按批抽样检测时，符合下列条件的构件才可作为同批构件：a.混凝土强度等级相同；b.混凝土原材料、配合比、成型工艺、养护条件及龄期基本相同；c.构件种类相同；d.在施工阶段所处状态相同。

③构件的测区应满足下列要求：a.在条件允许时，测区宜优先布置在构件混凝土浇筑侧面；b.测区可在构件的两个对应面、相邻面或同一面上布置；c.测区宜均匀布置，相邻两测区的间距不宜大于2 m；d.测区应避开钢筋密集区和预埋件；e.测区尺寸宜为200 mm×200 mm，平测时宜为400 mm×400 mm；f.测试面应清洁、平整、干燥，不应有接缝、饰面层、浮浆和油垢，并避开蜂窝、麻面部位，必要时可用砂轮片清除杂物和磨平不平整处，并擦净残留粉尘。

④结构或构件上的测区应注明编号，并记录测区位置和外观质量情况。

⑤结构或构件的每一测区,宜先进行回弹测试,后进行超声测试,并填写超声回弹综合法测强原始记录表。

⑥在计算混凝土强度换算值时,非同一测区内的回弹值及声速值不得混用。

(4)测量与计算。

超声回弹综合法中回弹值的测试和计算与回弹法相同。以下简要介绍超声声时值的测量与声速值的计算。

①超声声时值的测量。

超声测点应布置在回弹测试的同一测区内。测量超声声时值时,应保证换能器与混凝土耦合良好,测试的声时值应精确至 0.1 μs,声速值应精确至 0.01 km/s,超声波传播距离的测量误差应不超过 1%。在每个测区内的相对测试面上,应各布置 3 个超声测点,且发射和接收换能器的轴线应在同一条直线上,见图 2.12。当不具备对测条件时,可采用斜测或单面平测的方式。

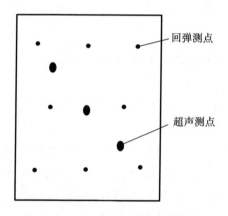

图 2.12 测区测点分布

②声速值的计算。

测区声速值应按式(2.37)计算。

$$v = \frac{1}{3}\sum_{i=1}^{3}\frac{l_i}{t_i - t_0} \tag{2.37}$$

式中:v 为测区声速值,km/s;l_i 为第 i 个测点的超声测距,mm;t_i 为第 i 个测点的声时值读数,μs;t_0 为声时值初读数,μs。

当在混凝土浇筑的顶面或底面对测或斜测时,测区声速值应按式(2.38)进行修正。

$$v_a = 1.034v \tag{2.38}$$

式中:v_a 为修正后的测区声速值,km/s。

(5) 混凝土强度的推定。

用超声回弹综合法检测构件混凝土强度时,构件第 i 个测区的混凝土强度换算值 $f_{\mathrm{cu},i}^{\mathrm{c}}$,应根据修正后的测区回弹值 R_{ai} 及声速值 v_{ai},优先采用专用测强曲线或地区测强曲线换算而得。当无专用测强曲线或地区测强曲线时,可按《超声回弹综合法检测混凝土抗压强度技术规程》(T/CECS 02—2020)附录 E 的有关规定通过验证后,再按附录 F 的有关规定对测区混凝土抗压强度进行换算,也可按式(2.39)进行计算。

$$f_{\mathrm{cu},i}^{\mathrm{c}} = 0.0286 v_{\mathrm{ai}}^{1.999} R_{\mathrm{ai}}^{1.155} \tag{2.39}$$

式中:$f_{\mathrm{cu},i}^{\mathrm{c}}$ 为第 i 个测区的混凝土抗压强度换算值,MPa,精确至 0.1 MPa;R_{ai} 为第 i 个测区修正后的测区回弹值;v_{ai} 为第 i 个测区修正后的测区声速值。

当结构或构件中的测区数不少于 10 个时,各测区混凝土抗压强度换算值的平均值和标准差计算同回弹法。

当构件所采用的材料及其龄期与制定测强曲线所采用的材料及龄期有较大差异时,可采用在构件上钻取的混凝土芯样或同条件立方体试件对测区混凝土抗压强度换算值进行修正。修正混凝土芯样时,芯样数量应不少于 4 个,公称直径宜为 100 mm,高径比应为 1。

结构或构件的混凝土强度推定值 $f_{\mathrm{cu},e}$ 的计算同回弹法。但对于按批量检测的构件,当该批构件混凝土强度标准差出现下列情况之一时,该批构件应全部按单个构件检测:①该批构件混凝土强度平均值小于 25.0 MPa,$S_{f_{\mathrm{cu}}^{\mathrm{c}}} > 4.50$ MPa;②该批构件混凝土强度平均值为 25.0~50.0 MPa,$S_{f_{\mathrm{cu}}^{\mathrm{c}}} > 5.50$ MPa;③该批构件混凝土强度平均值大于 50.0 MPa,$S_{f_{\mathrm{cu}}^{\mathrm{c}}} > 6.50$ MPa。

(6) 注意事项。

超声法测点和回弹法测点应布置在同一测区的测试面上,但两种测量方法的测点不宜重叠。

每一测区内宜先进行回弹测试,再进行超声测试。

仅同一测区内的回弹值和波速值才能进行该测区混凝土抗压强度推定,不同测区的回弹值和波速值不得混用。

3. 钻芯法

(1) 概述。

结构混凝土强度半破损检测方法是以不影响构件的承载力为前提,在构件上直接进行局部破坏性试验,或采取直接钻取芯样、拔出混凝土锥体等手段检测混凝土强度或缺陷的方法。这类方法的优点是结果真实、直观,缺点是造成结构局部破坏,需要修补,因此不宜用于大面积的检测。钻芯法在我国应用较为广泛。

钻芯法检测混凝土强度是指从混凝土结构物中钻取芯样,测定混凝土的劈裂抗拉强度和抗压强度,作为评定结构质量的主要指标。但是,由于结构或构件受位置及受力状态的影响,钻取芯样数量通常较少。在一定程度上,钻取的芯样可用于抽检混凝土抗压强度、均匀性和内部缺陷。

钻芯法检测混凝土强度主要适用于下列情况:①对测试结果有怀疑时;②因材料、施工或养护不良而发生混凝土质量问题时;③混凝土遭受冻害、火灾、化学侵蚀或其他损害时;④需检测经多年使用的建筑结构或构筑物中混凝土的强度时。

(2)钻取芯样。

结构或构件的芯样钻取部位应选在受力较小、混凝土强度质量具有代表性、便于钻芯机安放与操作的部位,避开主筋、预埋件和管线的位置,并尽量避开其他钢筋。

芯样直径不宜小于混凝土所有集料最大粒径的 3 倍,一般为 150 mm 或 100 mm,任何情况下都不得小于集料最大粒径的 2 倍。

钻出后的每个芯样应立即清楚地标上记号,并记录芯样在混凝土结构中钻取的位置。

钻取芯样数量应满足下列规定:①按单个构件检验时,每个构件至少钻取 3 个芯样,对较小构件至少钻取 2 个芯样;②对构件局部区域进行检验时,应由要求检验的单位确定钻取芯样的位置及数量。

(3)检查钻取芯样。

每个芯样应详细描述裂缝、分层、麻面或离析情况等,并估计集料的最大粒径、形状种类,以及粗细集料的比例与级配,检查并记录存在的气孔的位置、尺寸与分布情况,必要时应进行拍照。

在芯样的中间及两端 1/4 处按两个垂直方向测量三对数值,确定芯样的平均直径 d,精确至 0.5 mm。

测量芯样侧面两个垂直方向的长度,取平均值作为试件平均长度 L,精确至 1.0 mm。

如有必要,应测定芯样的表观密度。

(4)制作试件。

抗压试验用的试件长度(端部加工后)和直径的比值应为 1~2。芯样端面必须平整,必要时应磨平或用水泥砂浆补平。

芯样两端平面应与轴线垂直,误差不应大于1°。

(5) 计算芯样抗压强度 f_{cu}^c。

芯样抗压强度 f_{cu}^c 按式(2.40)计算。

$$f_{cu}^c = \alpha \frac{4P}{\pi d^2} \tag{2.40}$$

式中:f_{cu}^c 为混凝土芯样抗压强度,MPa,精确至 0.1 MPa;α 为不同高径比芯样试件混凝土强度换算系数;P 为极限荷载,N;d 为芯样截面的平均直径,mm。

2.4.2 钢筋锈蚀的检测

在正常情况下,由于混凝土材料呈现弱碱性,它可以使混凝土中钢筋表面形成一层薄的钝化膜。这层钝化膜为钢筋提供了良好的保护层而不被腐蚀,所以钢筋混凝土结构和构件的使用寿命很长。但是,钢筋混凝土结构和构件在长期使用的过程中由于复杂交变荷载的作用、温度应力和有害化学物质等的影响,钢筋混凝土的保护层开裂或逐渐剥落,这使空气中的二氧化碳、二氧化硫气体和水很容易进入混凝土中,破坏了碱性环境,导致钢筋锈蚀,使钢筋与混凝土之间的握裹力降低,加速混凝土保护层的爆裂,导致钢筋的有效截面面积变小,引起桥梁结构承载力不足。对混凝土内的钢筋锈蚀情况进行检测,确定腐蚀后的钢筋截面面积及桥梁的实际承载力,可为桥梁结构的维修加固提供依据。

半电池电位法是目前国内外混凝土中钢筋锈蚀状况的主要检测方法。这种检测方法是利用混凝土中钢筋的电化学反应引起的电位变化来测定钢筋锈蚀状态,通过测定钢筋/混凝土半电池电极和在混凝土表面的铜/硫酸铜参考电极之间的电位差,来预测钢筋可能的锈蚀程度。图 2.13 为半电池电位法钢筋锈蚀仪的测试系统简图。

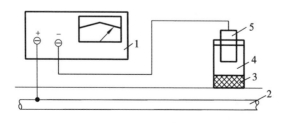

图 2.13 钢筋锈蚀仪的测试系统简图

注:1—毫伏表;2—钢筋混凝土中的钢筋;3—多孔接头;4—硫酸铜饱和液;5—电极铜棒。

1. 测试方法

(1) 测区的选择与测点布置。

钢筋锈蚀状况检测范围应为主要承重构件或承重构件的主要受力部位,或根据一般检查结果有迹象表明钢筋可能存在锈蚀的部位,但测区不应有明显的锈蚀胀裂、脱空或层离现象。

在测区上布置测试网格,网格节点即测点。网格尺寸可选 20 cm×20 cm、30 cm×30 cm、20 cm×10 cm 等,根据构件尺寸而定。测点位置距构件边缘应大于 5 cm,一般不宜少于 20 个测点。

当一个测区内存在相邻测点的读数超过 150 mV 时,通常应减小测点的间距。

测区应统一编号,注明位置,并描述外观情况。

(2) 混凝土表面处理。

用钢丝刷、砂纸打磨测区混凝土表面,去除涂料、浮浆、污迹、尘土等,并用接触液将表面润湿。

(3) 测量值的采集。

测点读数变动不超过 2 mV,可视为稳定。在同一测点,同一个参考电极,重复测读的差异不超过 10 mV;不同的参考电极重复测读的差异不超过 20 mV。若不符合读数稳定要求,应检查测试系统的各个环节。

2. 影响测量值的因素及修正

(1) 混凝土含水率对测量值的影响较大,测量时构件应处于自然干燥状态,否则不能使用表 2.14 所给的判定标准。

(2) 混凝土保护层电阻会对测量值产生影响,除测区表面处理要符合规定外,仪器的输入阻抗也要符合技术要求。

(3) 若环境温度在(22±5)℃范围之外,应对铜/硫酸铜电极做温度修正。

(4) 各种外界因素产生的波动电流对测量值影响较大,特别是靠近地面的测区,应避免各种电、磁场的干扰。

(5) 为提高现场评定钢筋状态的可靠度,一般要进行现场比较性试验。现场比较性试验通常按已暴露钢筋的锈蚀程度,在它们的周围分别测出相应的锈蚀电位,比较这些钢筋的锈蚀程度和相应测量值的对应关系,提高评判的可靠度,但不能与有明显锈蚀、胀裂、脱空、层离现象的区域比较。

3. 检测结构的判读及分析

在对已处理的数据(已进行温度修正)进行判读之前,按惯例在这些数据前加上负号,绘制等电位图,然后进行判读。

按表 2.14 给出的判定标准判断混凝土中钢筋发生锈蚀的概率。

表 2.14　结构混凝土中钢筋锈蚀电位的判定标准

序号	电位水平/mV	钢筋状态	评定标度值
1	－200～0	无锈蚀活动性或锈蚀活动性不确定	1
2	－300～－200	有锈蚀活动性,但锈蚀状态不确定,可能有坑蚀	2
3	－400～－300	锈蚀活动性较强,发生锈蚀的概率大于 90%	3
4	－500～－400	锈蚀活动性强,严重锈蚀的可能性较大	4
5	＜－500	构件存在锈蚀开裂区域	5

注:①表中电位水平为采用铜/硫酸铜电极时的测量值;②混凝土湿度对测量值有明显影响,测量时构件为自然状态,否则用此评定标准误差较大。

2.4.3　混凝土裂缝的检测

裂缝检测的目的是掌握对结构承载力和耐久性有影响的裂缝的分布、长度、宽度、深度和发展方向等。混凝土结构裂缝的出现不仅会影响桥梁的美观,还会减小构件的受力面积和加速钢筋的锈蚀,从而降低桥梁的承载力,影响桥梁的耐久性。

裂缝宽度可借助数字混凝土裂缝宽度检测仪进行检测,裂缝长度可用卷尺进行测量,其他项目一般可采用目测进行。

裂缝的检查方法主要如下。

(1) 在裂缝的起点及终点做标记;在裂缝附近沿裂缝发展方向画细线,以标注裂缝的发展形态和长度。

(2) 在标注裂缝上,利用目测方式选择裂缝宽度较大处作为检测裂缝宽度的位置,将裂缝宽度检测仪放置在该处,量出裂缝的宽度。

(3) 量出主要裂缝的宽度后,将它与测量的裂缝位置、走向、长度、分布情况及特征,用网格坐标法绘制成裂缝展示图,以记录裂缝的形态特征。

2.4.4 混凝土缺陷的检测

混凝土结构物在施工及使用过程中,往往会产生一些缺陷或损伤。形成这些缺陷或损伤的原因是多种多样的。例如,振捣不足、集料最大粒径选择不当、模板漏浆等会造成内部孔洞、不密实区、蜂窝、保护层厚度不足、钢筋外露等;在大体积混凝土中,因水泥水化热积蓄过多,在凝固及散热过程中,混凝土不均匀收缩会形成温度裂缝;混凝土干缩及碳化收缩也会形成裂缝;混凝土长期在腐蚀介质或冻融作用下会形成由表及里的层状疏松;若龄期不足即进行吊装混凝土会产生吊装裂缝等。

这些缺陷损伤往往会严重影响结构物的承载力或耐久性,因此是事故处理、施工验收、旧桥安全鉴定及进行维修和加固必须检测的项目。

目前,对混凝土内部缺陷的大小、位置和性质进行无损检测的手段有超声脉冲法和射线法两大类,其中射线法因穿透能力有限,以及操作中需解决人体防护等问题,在我国使用较少。所以,目前最有效的检测方法是超声脉冲法,又称超声法。

超声法采用带波形显示功能的超声波检测仪,它测量超声脉冲波在混凝土中的传播速度(简称声速)、首波幅度(简称波幅)和接收信号主频率(简称主频)等声学参数,并根据这些参数及其相对变化(若有缺陷,声速、波幅和主频降低),判定混凝土结构内部缺陷与表层损伤的情况。

该方法适用于公路常见混凝土桥梁混凝土结构内部缺陷与表层损伤的检测。涉及的检测项目主要包括混凝土内部孔洞和不密实区的位置与范围、裂缝深度、表层损伤厚度,以及不同时间浇筑的混凝土结合面的质量和钢管混凝土中的缺陷等。

(1) 超声法检测混凝土缺陷的基本依据如下。①根据低频超声在混凝土中遇到缺陷时的绕射现象,按声时及声程的变化,判别和计算缺陷的大小。②根据超声波在缺陷界面上产生反射,到达接收探头时能量会显著衰减的现象判断缺陷的存在及大小。③根据超声脉冲各频率成分在遇到缺陷界面被衰减程度的不同,接收频率明显降低或接收波谱产生差异的现象,也可判别内部缺陷。④根据超声波在缺陷处的波形转换和叠加造成接收波形畸变的现象来判别内部缺陷。

(2) 要求测区混凝土表面清洁、平整,必要时可用砂轮磨平或用高强度等级快凝砂浆抹平。换能器应通过耦合剂与结构表面接触,耦合层中不得夹杂泥沙或空气。

(3)测点间距宜为200～500 mm(平测法例外),对出现可疑数据的区域,应加密布点进行细测。

(4)超声法检测混凝土内部缺陷与表层损伤的方法总体可以分为两类。

第一类为采用厚度振动式换能器进行平面测试,具体测试方法如下所述。①对测法:一对发射换能器(T)和接收换能器(R),分别置于被测结构相互平行的两个表面,两个换能器的轴线位于同一条直线上。②斜测法:一对发射和接收换能器分别置于被测结构的两个表面,但两个换能器的轴线不在同一条直线上。③单面平测法:一对发射和接收换能器置于被测结构物同一个表面上进行测试。

第二类为采用径向振动式换能器进行钻孔测试,具体测试方法如下所述。①孔中对测:一对换能器分别置于两个对应的钻孔中,位于同一高度进行测试。②孔中斜测:一对换能器分别置于两个对应的钻孔中,但不在同一高度,而是在保持一定高差的条件下进行测试。③孔中平测:一对换能器置于同一钻孔中,以一定高差同步移动进行测试。

1. 混凝土内部缺陷和孔洞的检测

(1)适用情况。

在混凝土结构施工过程中,因漏振、漏浆或因石子架空在钢筋骨架上,导致混凝土内部不密实或形成孔洞等隐蔽缺陷时。

(2)检测要求。

被测部位应具有一对(或两对)相互平行的测试面。

测区的范围除应大于有怀疑的区域外,还应有同条件的正常混凝土作对比,且对比测点数不应少于20个。

在测区布置测点时,应避免发射和接收换能器的连线与附近的主钢筋轴线平行。

(3)检测方法。

根据被测结构实际情况,可按下列方法之一布置换能器。

①当结构具有两对相互平行的测试面时,可采用对测法,其测试方法如图2.14所示。在测区的两对相互平行的测试面上,分别画间距为100～300 mm的网格,然后编号,确定对应的测点位置。

②当结构中只有一对相互平行的测试面时可采用对测和斜测相结合的方法,即在测区的两个相互平行的测试面上,分别画出交叉测试的两组测点位置,如图2.15所示。

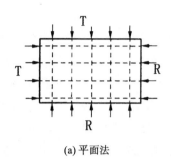
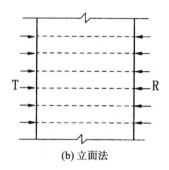

(a) 平面法　　　　　　　　　(b) 立面法

图 2.14　对测法示意图

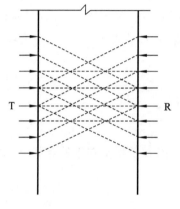

图 2.15　斜测法示意图

③当测距较大时，可采用钻孔法（图 2.16）或预埋管法。在测点位置预埋声测管或钻出竖向测试孔，预埋管内径或钻孔直径宜比换能器直径大 5～10 mm，预埋管或钻孔间距宜为 2～3 m，其深度可根据测试需要确定。检测时可用两个径向振动式换能器分别置于两测孔中进行测试，或用一个径向振动式换能器与一个厚度振动式换能器，分别置于测孔中和平行于测孔的侧面进行测试。

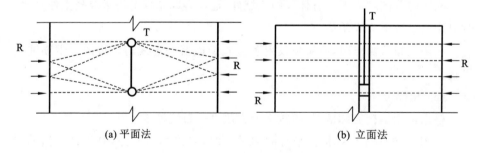

(a) 平面法　　　　　　　　　(b) 立面法

图 2.16　钻孔法示意图

（4）声学参数测量。

声学参数测量即按规定测量每一测点的声时、波幅、频率和测距。

（5）数据处理及判定。

测区混凝土声时（或声速）、波幅、频率测量值的平均值（m_x）和标准差（S_x）

应按式(2.41)和式(2.42)计算。

$$m_x = \frac{1}{n}\sum_{i=1}^{n} x_i \qquad (2.41)$$

$$S_x = \sqrt{\left(\sum_{i=1}^{n} x_i^2 - nm_x^2\right)/(n-1)} \qquad (2.42)$$

式中:n 为测区参与统计的测点数;x_i 为第 i 点的声时(或声速)、波幅、频率的测量值。

(6) 孔洞尺寸的估算。

当判定缺陷是孔洞时,可采用以下方法估算孔洞尺寸,如图 2.17 所示,设测距为 l,孔洞中心(在另一对测试面上,声时最长的测点位置)距一个测试面的垂直距离为 l_h,声波在孔洞附近无缺陷混凝土中传播的时间平均值为 m_{ta},绕孔洞传播的时间(孔洞处的最大声时)为 t_h,孔洞半径为 r。

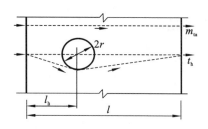

图 2.17 孔洞尺寸估算原理

根据 l_h/l 值和 $(t_h - m_{ta})/m_{ta} \times 100\%$ 值,可由表 2.15 查得孔洞半径 r 与测距 l 的比值,再计算孔洞的半径 r。

表 2.15 孔洞半径 r 与测距 l 的比值

y	不同 z 值时的 x 值												
	0.05	0.08	0.10	0.12	0.14	0.16	0.18	0.20	0.22	0.24	0.26	0.28	0.30
0.10(0.90)	1.42	3.77	6.26										
0.15(0.85)	1.00	2.56	4.06	5.96	8.39								
0.20(0.80)	0.78	2.02	3.17	4.62	6.36	8.44	10.9	13.9					
0.25(0.75)	0.67	1.72	2.69	3.90	5.34	7.03	8.98	11.2	13.8	16.8			
0.30(0.70)	0.60	1.53	2.40	3.46	4.73	6.21	7.91	9.38	12.0	14.4	17.1	20.1	23.6
0.35(0.65)	0.55	1.41	2.21	3.19	4.35	5.70	7.25	9.00	10.9	13.1	15.5	18.1	21.0
0.40(0.60)	0.52	1.34	2.09	3.02	4.12	5.39	6.84	10.3	12.3	14.5	16.9	19.6	19.8

续表

y	不同 z 值时的 x 值												
	0.05	0.08	0.10	0.12	0.14	0.16	0.18	0.20	0.22	0.24	0.26	0.28	0.30
0.45(0.55)	0.50	1.30	2.03	2.92	3.99	5.22	6.62	8.20	9.95	11.9	14.0	16.3	18.8
0.50	0.50	1.28	2.00	2.89	3.94	5.16	6.55	8.11	9.84	11.8	13.8	16.1	18.6

注:表中 $x=(t_h-m_{ta})/m_{ta}\times 100\%$;$y=l_h/l$;$z=r/l$。

如果被测部位只有一对可供测试的表面,孔洞半径可用式(2.43)计算。

$$r = \frac{l}{2}\sqrt{\left(\frac{t_h}{m_{ta}}\right)^2 - 1} \tag{2.43}$$

式中:r 为孔洞半径,mm;l 为发射和接收换能器之间的距离,mm;t_h 为缺陷处的最大声时值,μs;m_{ta} 为无缺陷区的平均声时值,μs。

2. 混凝土裂缝深度检测

一般认为,深度小于或等于 500 mm 的裂缝为浅裂缝,常用检测方法有斜测法和单面平测法;深度大于 500 mm 的裂缝为深裂缝,检测方法有孔中对测法、孔中斜测法和孔中平测法。混凝土桥梁若出现深裂缝,对结构的受力和耐久性有很大的影响,因此掌握裂缝的详细情况是很有必要的。

(1) 被检测结构应满足下列要求:允许在裂缝两旁钻测试孔;裂缝中不得充水或泥浆。

(2) 被测结构上钻取的测试孔应满足下列要求:①孔径应比换能器直径大 5~10 mm;②孔深应至少比裂缝预计深度深 700 mm,经测试,如孔深浅于裂缝深度,则应加深钻孔;③对应的两个测试孔必须始终位于裂缝两侧,其轴线应保持平行;④两个对应测试孔的间距宜为 2000 mm,同一结构的各对应测试孔间距相同;⑤宜在裂缝一侧多钻一个较浅的孔,测试无缝混凝土的声学参数,供对比判别之用。

(3) 深裂缝检测选用频率为 20~40 kHz 的径向振动式换能器,并在其接线上做出等距离标志(一般间隔 100~400 mm)。

(4) 测试前应先向测试孔中注满清水,然后将发射和接收换能器分别置于裂缝两侧的对应孔中,以相同高程等间距从上至下同步移动,逐点读取声时、波幅和换能器所处的深度,如图 2.18 所示。

(5) 以换能器所处深度(孔深)d 与对应的波幅 A 绘制 d-A 坐标图,如图

2.19 所示。随着换能器的下移,波幅逐渐增大,当换能器下移至某一位置后,波幅达到最大值并基本稳定,该位置所对应的深度便是裂缝深度 d_c。

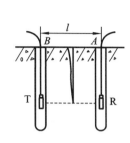

图 2.18　钻孔测裂缝深度图

注:A、B 为钻孔。

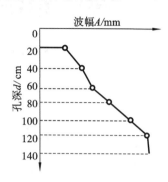

图 2.19　d-A 坐标图

第3章 桥梁技术状况和承载力评定方法

3.1 研究现状

3.1.1 国内外桥梁技术状况评定方法研究状况

1. 国外桥梁技术状况评定方法研究现状

《公路桥梁技术状况评价与承载能力评定手册》(AASHTO LRFR)、《桥梁技术状况评价手册》(MCE)、《桥梁检查维护手册》(AASHTO MMIB)和《国家桥梁检查标准》(NBIS)作为美国桥梁技术状况的评定依据,把桥的检查分为初期检查、定期检查、损坏检查、深度检查、断裂危险部件检查、水下检查和特别检查,其中断裂危险部件检查和水下检查在我国规范中没有详细的指导意见。

按照美国标准的规定,定期检查、损坏检查的检测周期通常不会超过2年,而水下检查的检测周期通常不会超过5年。桥梁技术状态评估的程序:首先对各个构件进行打分,然后对各个桥段进行打分,用0到9的分数来表达(0代表失败,9代表非常优秀),最终用权重来计算整体得分。

德国的桥梁技术状态评估,以德国工业标准DIN 1076为基准,桥梁的检测主要是对明显损坏和瑕疵的一般检查,以及对重大损坏和瑕疵的定期监测,对全部桥梁在每年的同一时期进行一次一般检查,进行两次例行的定期监测。

德国工业标准DIN 1076规定,正常情况下,桥梁的检测是通过目测来实现的,每季度一次小检,每年一次大检;在每季度检查和每年度检查的基础上,以3年为一个周期,进行一次全面细致的检查,特别是使用仪器对路面、桥面、桥身及桥墩等进行重点检查,类似于我国的定期检测;然后以6年为一个周期,对桥梁进行承载力检测,在这样的检测中,需要使用各种仪器对桥梁的稳定性、桥面的排水功能、标识标线、坑槽裂缝、钢桥的锈蚀状况、螺帽、锚头等的松动状况,混凝土中是否有钢筋裸露,以及混凝土的封闭和受力程度等情况,进行全面、彻底的详细检查。德国工业标准 DIN 1076 规定,在洪水、地震、爆炸、撞击等特殊情况发生后,管理和养护部门应当立刻使用仪器对桥梁进行全面检查。

在规范之外,国外还有以下方法来对桥梁进行技术状况评定。

Aturaliya 和 Melhem 等为了寻求低一层的权向量,使用了弱分割和模糊加权的原理,同时,通过 CLIPS(专家系统开发工具)建立一种程序,将其运用于桥梁状况的评定。在这一程序中,桥梁技术状况被分为 9 个等级,并且每个等级配有相应的管养策略。

Hitoshi、Furuta 等将神经网络遗传算法(neural network genetic algorithm)应用于桥梁损伤评定。

Briton 在桥梁结构评定系统中使用了模糊数学理论。

2. 国内桥梁技术状况评定方法研究现状

我国城市桥梁使用《城市桥梁养护技术标准》(CJJ 99—2017),公路桥梁使用《公路桥涵养护规范》(JTG 5120—2021)和《公路桥梁技术状况评定标准》(JTG/T H21—2011)对桥梁进行技术状况评定。

《城市桥梁养护技术标准》(CJJ 99—2017)根据"保证重点,养好一般"的主旨,按照桥梁在城市公路系统中的地位,将桥梁情形分为 5 类,其中一类桥梁的管养要求为"保证重点",二至五类桥梁的管养要求为"养好一般",一类桥梁和二至五类桥梁将采用不同的方法进行整体技术状况评定。

一类桥梁是根据桥梁本身是否存在缺陷和运营时的状态是否正常,对桥梁是否合格进行评判;二至五类桥梁是根据桥梁本身所存在的病害,并且辨别病害的种类和进展情况,结合分层加权的原理,对桥梁的部件(下部结构、上部结构、桥面系)进行打分,再根据检测结果,分别对下部结构、上部结构和桥面系三者进行评定,然后结合《城市桥梁养护技术标准》(CJJ 99—2017)中给出的权重进行计算,最后得到的总分为桥梁整体情况的判断依据。城市桥梁的判定分为五个等级,分别为完好的 A 级状态、良好的 B 级状态、合格的 C 级状态、不合格的 D 级状态及危险的 E 级状态。除此之外,《城市桥梁养护技术标准》(CJJ 99—2017)规定了将桥梁评定为 D 级状态的 14 种情形。

《城市桥梁养护技术标准》(CJJ 99—2017)相对于《城市桥梁养护技术规范》(CJJ 99—2003),对桥梁技术状况评定的相关内容进行了改进,特别加入了人行天桥、地道及拱桥的技术状况评定内容。

《公路桥涵养护规范》(JTG 5120—2021)根据桥梁最初检查及周期性检查所得的资料，整体性地评价桥梁的技术状态，确定其技术状况等级，并提出维修对策。

《公路桥梁技术状况评定标准》(JTG/T H21—2011)中对桥梁技术状况采用分层综合评定与单项指标控制相结合的方法，将常见的桥梁根据桥型分为梁桥、拱桥、悬索桥和斜拉桥，细化不同桥型的部件，在考虑主、次部件差异的基础上，确定各权值及评价指标，根据缺少的结构或不具备的条件，调整权值，从下往上进行评定，评定过程为"构件→部件→上部结构(下部结构、桥面系)→全桥"，根据现场检测结果，将分别计算构件得分、部件得分、上部结构(下部结构、桥面系)得分，最后根据《公路桥梁技术状况评定标准》(JTG/T H21—2011)中的相关规定，最终得到桥梁整体技术状况评分，依据《公路桥梁技术状况评定标准》(JTG/T H21—2011)和评分值确定评定等级。

《公路桥梁技术状况评定标准》(JTG/T H21—2011)中将桥梁状况分为5个等级：全新、完好的1类，轻微缺损的2类，中等缺损的3类，较大缺损的4类和严重缺损的5类。有缺陷和损坏程度比较大的桥梁，可以划分为5类桥梁。

目前国内桥梁技术状态评定方法除了基于规范的评估方法，还有灰色关联度评价法、基于模糊评价的方法等。

3.1.2 国内外桥梁承载力评定方法研究现状

对桥梁工程而言，桥梁评估即确定其承载力、材质状况等。结构承载力是指结构在破坏前按失效模式可能承受的最大荷载。目前在国内进行旧桥承载力评定时常用的方法有基于静载或动载的荷载试验评定法、基于实桥无损及缺损状况调查的综合评定法、基于结构动力特性的评定方法等。多年来，在全球桥梁人的探索下，桥梁承载力评估的相关研究取得了长足发展，从早期依据目测观察、做出个人主观判断发展到现今基于完善成熟的相关理论，同时依托于各类科学技术、高精设备，规范、有序地开展桥梁检评工作。

Vesikari(1997)利用模型对旧桥承载力进行评估，确保模型参数与现场勘探结果吻合，并对模型涉及的相关公式进行了解释，同时提出了两级方法对精度水平进行研究。

Roger(2003)指出，仅仅是砌体桥梁的计算就需要一个能够描述砌体构件在刚度、强度和破坏机理等方面特性的数值模型。

Henry(2007)通过评估当一个梁开始屈服时重新分配给其他梁的荷载来观

察多梁桥的塑性行为；通过对当前结构进行现场测试，再加上详细的有限元分析，对有关结构的极限承载力和分布效果的准确预测进行了评估。

Louis(2008)研究了碳纤维布加固钢筋混凝土箱梁的斜截面承载力，采用 ANSYS 对钢筋混凝土箱梁进行了有限元分析，对箱梁的变形、应力和极限承载力进行了研究，讨论了钢筋混凝土箱梁的破坏机理及加固效果。

Gerald(2008)研究尼泊尔中部的拟议桥址承载力，其采用标准贯入试验和圆锥动力触探试验测定 N 值，并在室内对颗粒土的指标和力学性质进行了计算。

阴忠祥(2009)认为桥梁承载力作为一种结构抗力效应，与其在受到外界荷载作用时产生的作用效应之间存在一类动态关系，该类关系涉及多方面因素，如桥梁本身、外界荷载及时间等，他对这些影响因素进行了分类，并介绍了一些目前广泛运用的结构承载力检评理论及办法。

Zhang(2009)对一服役年限超 40 年的钢筋混凝土简支梁桥进行破坏性测试，以了解现有钢筋混凝土桥梁的极限承载力。

闫石(2010)等利用可靠度理论，提出与可靠度相关的承载力结构检算公式，并根据旧桥结构自重等恒载及活载作用的汽车荷载效应，建立了模糊概率模型，据此得到了依托于结构可靠度的旧桥梁承载力分级准则，并对大量钢筋混凝土梁桥的抗力数据进行回归分析，最终提出基于结构可靠度的旧桥梁承载力检测评定方法。

王凌波(2011)在研究现役预应力混凝土梁桥时，根据采集的结构在受到较小的荷载作用时各位置的挠度实测值，分析演算得出多跨预应力梁桥的部分及整体纵梁的抗弯刚度，并依据数据显示的桥梁纵梁分布刚度，建立相对应的交叉刚度网格，据此可准确定位结构破损位置及程度，最终确定桥梁实际承载力。

Xue(2012)提出根据裂缝间距、裂缝宽度及裂缝高度，并结合此三者对应的占比系数来表示结构的实际裂缝指数，再通过对其进行层次分析，最后得到桥梁裂缝指数公式。通过大量调查分析，发现该裂缝指数与承载力分项系数之间存在一定联系，故依据该指数对桥梁抗力效应进行计算，从而得出结构实际承载力。

曾凡奎(2013)对西安和平门桥进行研究分析，首先对其进行承载力理论计算，再进行有限元建模分析，接着对其进行荷载试验，依次测试结构在静载、动载作用下的挠度、裂缝、动挠度、频率等特性值，最后将上述数据进行集中对比，由此准确评定该结构的实际承载力，具有一定的参考价值。

Xu(2013)对桥梁及路基等的上部结构形式进行研究分析,结合公路桥梁相关规范,研究了一种新的评定体系,经过几个实例验证后确认其具有良好的准确性和便利性。此外,他在原规范的基础分类标准上,提出了更为细致的多级分类理论,并结合结构所处地理位置的信息采集技术,建立了公路基础承载力评价程序。

Hynek(2013)通过测量桥梁在过大负荷下产生的变形,并将随后建立模型分析所得的计算值与变形测量值比较,来确定建模与评估结果的关键点。

Miroslav(2014)介绍了其根据材料和荷载的知识、所选择的指示性可靠性等级及桥梁的计划剩余寿命来调整局部因素的程序,并以一个实际案例验证了程序的准确性。

李全旺(2015)依托于桥梁可靠度研究体系,研究表示可以参考桥梁所处地理位置的同类型桥梁所受载荷类型、受环境影响导致承载力下降的规律,来对该桥梁的承载力进行评定。同时,他提出桥梁承载力下降的过程实际为一个随机过程,结合结构所受荷载类型等相关因素后,研究分析得出结构实际承载力的更新公式。

Yu(2016)为了能够快速分析评定钢筋混凝土预制装配梁桥的承载力,依托于结构位移影响线的相关理论,提出一种新的承载力检评理论。在试验过程中,令小车以较低时速通过全桥,采集结构主要承重构件断面或典型横断面的位移值,随后利用软件对采集的数据进行多项式拟合,由此得出对应的拟合曲线,以便查看位移影响线走势,根据此曲线及公式,可以对桥梁进行模拟荷载试验,由此评定桥梁承载力。最后,他还结合一个工程实例,对此方法进行验证。

Šomodíková(2016)介绍了一种用概率确定桥梁承载力的方法,该方法与持续退化过程随时间的变化有关。该方法用于确定某一钢筋混凝土桥梁的当前承载力,并在未来几年内对其进行估计,直到结构的理论使用寿命结束。

王云燕(2016)根据桥梁实际汽车日通行量的相关数据,对其进行活载修正,并进行该工况下的有限元分析,得出该状态下桥梁的静力、动力响应,由此对基于结构动力响应的承载力评定进行补充研究。

Zhu(2017)提出了一种概率方法来评估混凝土桥梁构件的可靠性,鉴定了表面氯化物浓度、扩散系数、临界氯化物浓度和材料变量的概率分布。

龙关旭(2018)针对已投入使用的梁式桥,研究如何提高其承载力评定的准确性,根据相关规范确认影响结构承载力的几个因素,基于模糊研究理论和层次分析法对各因素进行分层、分级,从而得出各自对应的关系矩阵,实数遗传算法的更新改进也为此研究提供了很大的便利,可借助其确定各因素的合理权重,分析得到实际的分项系数,以供结构检算和承载力评定。

同年,Hu和Ke(2018)提出一种基于桥梁内力监测设计方法的新型极限承载力比;简要介绍了桥梁极限承载力分析理论;根据结构构件的极限承载力,定义构件极限承载力比、极限承载力比的均匀性、构件极限承载力的参考比;根据定义的指标,找到高轴承部件,并设计内力监测系统。

Liang(2019)为了评价中小跨桥梁在运行阶段的承载力,提供加固与维护策略作为参考,构建了基于中小跨桥梁自重、活载和结构阻力的承载力评价指标。

Zhang(2019)为了评估桥梁的承载力,利用承载力检算系数、恶化系数、截面折减系数,修正结构承载力极限状态回归方程中的各抗力值和对应作用效应值。此外,根据多方比较确定实际承载力,为类似桥梁的评价和分析提供了参考。

Zhao(2020)发现使用程序测试和评估公路桥梁的承载力有一些缺陷,如承载力验算系数 Z_1 计算结果存在差异、规范中一些概念不明确、实际可操作性有待提高等,并针对这些问题提出了建议。

Liang(2020)为评价中小跨度桥梁在运行阶段的承载力、完善加固与养护策略提供了参考,构建了基于中小跨度桥梁静载、活载和结构阻力的承载力评价指标。

姜鸿(2021)根据频率校验系数的相关理论,对快速评定结构承载力进行研究分析,根据有限元数值模拟和试验研究,研究得出挠度、频率校验系数之间的联系;对某实例数据进行拟合分析,得到对应公式,由该公式求得的结构挠度、频率校验系数之间的误差不超过11%,证明了该拟合公式具有一定的准确性,对于结构承载力评定具有一定的参考价值。

3.2 桥梁技术状况评定方法

"评定"是参照一定的标准对客体的价值或优劣进行评判比较的过程,同时也是一个决策的过程。

公路桥梁技术状况评定是对桥梁结构状态等级的综合评价,其中包含了桥梁的使用功能、使用价值、承载力等多方面。对桥梁技术状况进行评定,可鉴定桥梁是否仍具有原设计的工作性能及承载力,进而为桥梁的维修、加固提供决策性的意见。

目前国内桥梁技术状况评定主要采用《公路桥梁技术状况评定标准》(JTG/T H21—2011)、《城市桥梁养护技术标准》(CJJ 99—2017)和《公路桥涵养护规范》(JTG 5120—2021)推荐的评定方法。

3.2.1 《公路桥梁技术状况评定标准》推荐的评定方法

1. 桥梁技术状况评定方法

公路桥梁技术状况评定包括桥梁构件、部件、桥面系、上部结构、下部结构和全桥评定。公路桥梁技术状况评定应采用分层综合评定与5类桥梁单项控制指标相结合的方法,先对桥梁各构件进行评定,然后对桥梁各部件进行评定,再对桥面系、上部结构和下部结构分别进行评定,最后进行桥梁总体技术状况的评定。桥梁检查评定记录表可按《公路桥梁技术状况评定标准》(JTG/T H21—2011)附录A的要求执行。桥梁技术状况评定指标如图3.1所示。

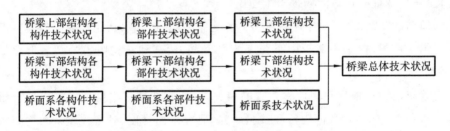

图 3.1　桥梁技术状况评定指标

当单个桥梁存在不同结构形式时,可根据结构形式的分布情况划分评定单元,分别对各评定单元进行桥梁技术状况的等级评定。由于现实中的桥梁可能由两种或两种以上的结构形式组成,如单个桥梁中既有斜拉桥又有梁桥,主桥、引桥采用两种不同结构形式等,故可分别对各评定单元进行桥梁技术状况评定,然后以评定等级最低的单元作为全桥的评定结果。

2. 桥梁技术状况等级分类

桥梁部件分为主要部件和次要部件。各结构类型桥梁主要部件见表3.1,其他部件为次要部件。

表3.1 各结构类型桥梁主要部件

序号	结构类型	主要部件
1	梁式桥	上部承重构件、桥墩、桥台、基础、支座
2	板拱桥(圬工、混凝土)、肋拱桥、箱形拱桥、双曲拱桥	主拱圈、拱上结构、桥面板、桥墩、桥台、基础
3	刚架拱桥、桁架拱桥	刚架(桁架)拱片、横向联结系、桥面板、桥墩、桥台、基础
4	钢-混凝土组合拱桥	拱肋、横向联结系、立柱、吊杆、系杆、行车道板(梁)、支座
5	悬索桥	主缆、吊索、加劲梁、索塔、锚碇、桥墩、桥台、基础、支座
6	斜拉桥	斜拉索(包括锚具)、主梁、索塔、桥墩、桥台、基础、支座

(1)桥梁总体技术状况评定等级。

桥梁总体技术状况评定等级分为1类、2类、3类、4类、5类,各等级具体技术状况描述如下。

1类:全新状态,功能完好。

2类:有轻微缺损,对桥梁使用功能无影响。

3类:有中等缺损,尚能维持正常使用功能。

4类:主要构件有大的缺损,严重影响桥梁使用功能;或影响承载力,不能保证正常使用。

5类:主要构件存在严重缺损,不能正常使用,危及桥梁安全,桥梁处于危险状态。

(2)桥梁主要部件技术状况评定标度。

桥梁主要部件技术状况评定标度分为1类、2类、3类、4类、5类,各标度具体技术状况描述如下。

1类:全新状态,功能完好。

2类:功能良好,材料有局部轻度缺损或污染。

3类:材料有中等缺损;或出现轻度功能性病害,但发展缓慢,尚能维持正常使用功能。

4类:材料有严重缺损,或出现中等功能性病害,且发展较快;结构变形小于或等于规范值,功能明显降低。

5类:材料严重缺损,出现严重的功能性病害,且有继续扩展现象;关键部位的部分材料强度达到极限,变形大于规范值,结构的强度、刚度、稳定性不能达到安全通行的要求。

(3) 桥梁次要部件技术状况评定标度。

桥梁次要部件技术状况评定标度分为1类、2类、3类、4类,各标度具体技术状况描述如下。

1类:全新状态,功能完好;或功能良好,材料有轻度缺损、污染等。

2类:有中等缺损或污染。

3类:材料有严重缺损,功能降低,进一步恶化将不利于主要部件,影响正常交通。

4类:材料有严重缺损,失去应有功能,严重影响正常交通;或原无设置,经调查需要补设。

3. 桥梁技术状况评定工作流程

桥梁技术状况评定工作流程如图3.2所示。

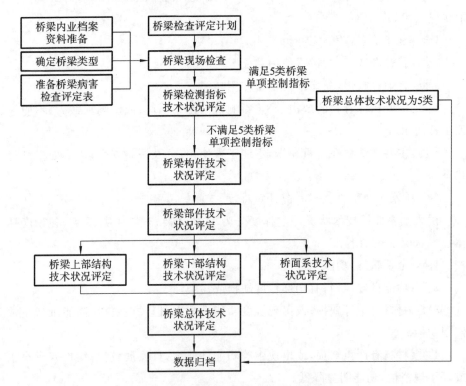

图 3.2 桥梁技术状况评定工作流程

4. 桥梁技术状况评定计算

(1) 桥梁构件的技术状况评分。

桥梁构件的技术状况评分按式(3.1)~式(3.4)计算。

$$\mathrm{PMCI}_l(\mathrm{BMCI}_l \text{ 或 } \mathrm{DMCI}_l) = 100 - \sum_{x=1}^{k} U_x \qquad (3.1)$$

当 $x=1$ 时,见式(3.2)。

$$U_1 = \mathrm{DP}_{i1} \qquad (3.2)$$

当 $x \geqslant 2$ 时,见式(3.3),其中 $j=x$。

$$U_x = \frac{\mathrm{DP}_{ij}}{100 \times \sqrt{x}} \left(100 - \sum_{y=1}^{x-1} U_y \right) \qquad (3.3)$$

当 $\mathrm{DP}_{ij} = 100$ 时,见式(3.4)。

$$\mathrm{PMCI}_l(\mathrm{BMCI}_l \text{ 或 } \mathrm{DMCI}_l) = 0 \qquad (3.4)$$

式中:PMCI_l 为上部结构第 i 类部件 l 构件的得分,值域为 0~100 分;BMCI_l 为下部结构第 i 类部件 l 构件的得分,值域为 0~100 分;DMCI_l 为桥面系第 i 类部件 l 构件的得分,值域为 0~100 分;k 为第 i 类部件 l 构件出现扣分的指标的种类数;U、x、y 为引入的变量;i 为部件类别,例如 i 表示支座、桥墩等;j 为第 i 类部件 l 构件的第 j 类检测指标;DP_{ij} 为第 i 类部件 l 构件的第 j 类检测指标的扣分值;根据构件各种检测指标扣分值进行计算,扣分值按表 3.2 规定取值。

表 3.2 构件各检测指标扣分值　　　　　　　　单位:分

检测指标所能达到的最高等级类别	指标类别				
	1 类	2 类	3 类	4 类	5 类
3 类	0	20	35	—	—
4 类	0	25	40	50	—
5 类	0	35	45	60	100

例如,某桥波形梁护栏出现撞坏缺失现象,病害最严重等级标度为"4",该病害评定指标标度为"3"。根据以上信息,对应表 3.2,该指标扣分值 $\mathrm{DP}_{ij} = 40$ 分,则该桥梁构件得分值见式(3.5)。

$$\mathrm{DMCI}_l = 100 - \sum_{x=1}^{1} U_x = 100 - U_1 = 100 - 40 = 60 (\text{分}) \qquad (3.5)$$

再如,某桥梁底某一片梁出现混凝土裂缝和剥落两种病害。

首先,查扣分值:病害最严重等级标度为"5",裂缝病害评定指标标度为"3",查表 3.2 得该病害扣分值 $DP_{ij}=45$ 分;病害最严重等级标度为"4",混凝土剥落病害评定指标标度为"3",查表 3.2 得该病害扣分值 $DP_{ij}=40$ 分。

然后,扣分值排序:DP_{ij} 按从大到小的顺序排列,即 $DP_{i1}>DP_{i2}$,得 $DP_{i1}=45$ 分,$DP_{i2}=40$ 分。

最后,计算,见式(3.6)~式(3.8)。

$$U_1 = 45(分) \tag{3.6}$$

$$U_2 = \frac{DP_{i2}}{100 \times \sqrt{2}}\left(100 - \sum_{y=1}^{1} U_1\right) = \frac{40}{100 \times \sqrt{2}} \times (100-45) = 15.6(分) \tag{3.7}$$

U_2 是第 2 种病害扣分值的修正值。

$$PMCI_l = 100 - \sum_{x=1}^{2} U_x = 100 - U_1 - U_2 = 100 - 45 - 15.6 = 39.4(分) \tag{3.8}$$

该桥梁构件最终得分为 39.4 分。

(2) 桥梁部件的技术状况评分。

桥梁部件的技术状况评分按式(3.9)~式(3.11)计算。

$$PCCI_i = \overline{PMCI} - \frac{100 - PMCI_{min}}{t} \tag{3.9}$$

或

$$BCCI_i = \overline{BMCI} - \frac{100 - BMCI_{min}}{t} \tag{3.10}$$

或

$$DCCI_i = \overline{DMCI} - \frac{100 - DMCI_{min}}{t} \tag{3.11}$$

式中:$PCCI_i$ 为上部结构第 i 类部件的得分,值域为 0~100 分,当上部结构中的主要部件某一构件评分值 $PMCI_l$ 在[0,60)区间时,其相应的部件评分值 $PCCI_i=PMCI_l$;$\overline{PMCI}$ 为上部结构第 i 类部件各构件的得分平均值,值域为 0~100 分;$PMCI_{min}$ 为上部结构第 i 类部件中分值最低的构件得分值;$BCCI_i$ 为下部结构第 i 类部件的得分,值域为 0~100 分,当下部结构中的主要部件某一构件评分值 $BMCI_l$ 在[0,60)区间时,其相应的部件评分值 $BCCI_i=BMCI_l$;$\overline{BMCI}$ 为下部结构第 i 类部件各构件的得分平均值,值域为 0~100 分;$BMCI_{min}$ 为下部结构第 i 类部件中分值最低的构件得分值;$DCCI_i$ 为桥面系第 i 类部件的得分,值域为

0～100 分;$\overline{\mathrm{DMCI}}$为桥面系第 i 类部件各构件的得分平均值,值域为 0～100 分;$\mathrm{DMCI}_{\min}$为桥面系第 i 类部件中分值最低的构件得分值;t 为随构件的数量而变的系数,见表 3.3。

表 3.3 t 值的取值

n	t	n	t
1	8	20	6.6
2	10	21	6.48
3	9.7	22	6.36
4	9.5	23	6.24
5	9.2	24	6.12
6	8.9	25	6.00
7	8.7	26	5.88
8	8.5	27	5.76
9	8.3	28	5.64
10	8.1	29	5.52
11	7.9	30	5.4
12	7.7	40	4.9
13	7.5	50	4.4
14	7.3	60	4.0
15	7.2	70	3.6
16	7.08	80	3.2
17	6.96	90	2.8
18	6.84	100	2.5
19	6.72	≥200	2.3

注:n 为第 i 类部件的构件总数;表中未列出的 t 值采用内插法计算。

例如,某桥有 2 个桥台。按照标准对 2 个桥台进行逐一评定,得分分别为 80 分、60 分,则该桥台得分见式(3.12)。

$$\mathrm{BCCI}_{桥台} = \overline{\mathrm{BMCI}} - \frac{(100 - \mathrm{BMCI}_{\min})}{t} = 70 - \frac{(100-60)}{10} = 66(分) \tag{3.12}$$

再如,某桥有10片梁。按照标准对10片梁进行逐一评定,得分分别为100分、65分、100分、100分、100分、75分、80分、100分、100分、100分,则该梁得分见式(3.13)。

$$\mathrm{PCCI}_{梁} = \overline{\mathrm{PMCI}} - \frac{(100 - \mathrm{PMCI}_{\min})}{t} = 92 - \frac{(100-65)}{8.1} = 87.7(分) \tag{3.13}$$

(3) 桥梁上部结构、下部结构、桥面系的技术状况评分。

桥梁上部结构、下部结构、桥面系的技术状况评分,按式(3.14)计算。

$$\mathrm{SPCI}(\mathrm{SBCI} \text{ 或 } \mathrm{BDCI}) = \sum_{i=1}^{m} [\mathrm{PCCI}_i(\mathrm{BCCI}_i \text{ 或 } \mathrm{DCCI}_i) \times W_i] \tag{3.14}$$

式中:SPCI为桥梁上部结构技术状况评分,值域为0~100分;SBCI为桥梁下部结构技术状况评分,值域为0~100分;BDCI为桥面系技术状况评分,值域为0~100分;m为上部结构(下部结构或桥面系)的部件种类数;W_i为第i类部件的权重,按规范中的规定取值;对于桥梁中未设置的部件,应根据此部件的隶属关系,将其权重值分配给各既有部件,分配原则按照各既有部件权重在全部既有部件权重中所占比例进行分配。

(4) 桥梁总体的技术状况评分。

桥梁总体的技术状况评分,按式(3.15)计算。

$$D_r = \mathrm{BDCI} \times W_D + \mathrm{SPCI} \times W_{SP} + \mathrm{SBCI} \times W_{SB} \tag{3.15}$$

式中:D_r为桥梁总体技术状况评分,值域为0~100分;W_D为桥面系在全桥中的权重,按表3.4取值;W_{SP}为上部结构在全桥中的权重,按表3.4取值;W_{SB}为下部结构在全桥中的权重,按表3.4取值。

表3.4 桥梁结构组成权重值

桥梁部位	权重
上部结构	0.40
下部结构	0.40
桥面系	0.20

(5) 桥梁技术状况分类界限。

桥梁技术状况分类界限宜按表3.5规定执行。

表3.5 桥梁技术状况分类界限表

技术状况评分	技术状况等级				
	1类	2类	3类	4类	5类
D_r/分 (SPCI、SBCI、BDCI)	[95,100]	[80,95)	[60,80)	[40,60)	[0,40)

当上部结构和下部结构技术状况等级为3类、桥面系技术状况等级为4类,且40分≤D_r<60分时,桥梁总体技术状况等级应评定为3类。当主要部件评分达到4类或5类且影响桥梁安全时,全桥总体技术状况等级可按照桥梁主要部件最差的缺损状况评定。

例如,某桥经计算:BDCI=45分(4类),SPCI=62分(3类),SBCI=62分(3类),则D_r计算见式(3.16)。

$$D_r = BDCI \times W_D + SPCI \times W_{SP} + SBCI \times W_{SB} \quad (3.16)$$
$$= 45 \times 0.2 + 62 \times 0.4 + 62 \times 0.4 = 58.6(分)$$

虽然40分≤D_r<60分,但该桥梁总体技术状况等级评定为3类(不是4类)。

再如,某预应力混凝土空心板梁桥,梁底出现多条横向裂缝,其中1~2号、1~3号梁跨中出现横向贯通裂缝,宽度为0.4 mm(裂缝超限,病害等级为"4")。经计算:SPCI=53.2分(其中$PCCI_{上部承重构件}$=40分,$PCCI_{上部一般构件}$=80分,$PCCI_{支座}$=90分),SBCI=65分,BDCI=80分。D_r计算见式(3.17)。

$$D_r = BDCI \times W_D + SPCI \times W_{SP} + SBCI \times W_{SB} \quad (3.17)$$
$$= 80 \times 0.2 + 53.2 \times 0.4 + 65 \times 0.4 = 63.3(分)$$

60分≤D_r<80分,按照表3.5,该桥评定为3类,但是考虑到该桥预应力混凝土梁底跨中裂缝达到0.4 mm,影响桥梁安全,且其中$PCCI_{上部承重构件}$=40分,参考表3.5,上部承重构件评定为4类,全桥总体技术状况也可以根据最差部件评定为4类。

5. 桥梁技术状况单项控制指标

在桥梁技术状况评价中,有下列情况之一时,整座桥应评为5类桥。

(1) 上部结构有落梁;或有梁、板断裂现象。
(2) 梁式桥上部承重构件控制截面出现全截面开裂;或组合结构上部承重构件结合面开裂贯通,造成截面组合作用严重降低。
(3) 梁式桥上部承重构件有严重的异常位移,存在失稳现象。
(4) 结构出现明显的永久变形,变形大于规范值。
(5) 关键部位混凝土出现压碎或杆件失稳倾向;或桥面板出现严重塌陷。
(6) 拱式桥拱脚严重错台、位移,造成拱顶挠度大于限值;或拱圈严重变形。
(7) 圬工拱桥拱圈大范围砌体断裂,脱落现象严重。
(8) 腹拱、侧墙、立墙或立柱产生破坏造成桥面板严重塌落。
(9) 系杆或吊杆出现严重锈蚀或断裂现象。
(10) 悬索桥主缆或多根吊索出现严重锈蚀、断丝。
(11) 斜拉桥拉索钢丝出现严重锈蚀、断丝,主梁出现严重变形。
(12) 扩大基础冲刷深度大于设计值,冲空面积在20%以上。
(13) 桥墩(桥台或基础)不稳定,出现严重滑动、下沉、位移、倾斜等现象。
(14) 悬索桥、斜拉桥索塔基础出现严重沉降或位移;或悬索桥锚碇有水平位移或沉降。

3.2.2 《城市桥梁养护技术标准》推荐的评定方法

1. 城市桥梁养护类别

根据城市桥梁在道路系统中的地位,城市桥梁养护类别宜分为5类。
① Ⅰ类养护——单孔跨径大于100 m的桥梁及特殊结构的桥梁。
② Ⅱ类养护——城市快速路上的桥梁。
③ Ⅲ类养护——城市主干路上的桥梁。
④ Ⅳ类养护——城市次干路上的桥梁。
⑤ Ⅴ类养护——城市支路和街坊路上的桥梁。

2. 城市桥梁技术状况评估方法

Ⅱ类~Ⅴ类养护的城市桥梁技术状况的评估应包括桥面系、上部结构、下部结构和全桥评估,应采用先构件、后部位、再综合,以及与单项直接控制指标相结合的办法评估。

Ⅱ类~Ⅴ类养护的城市桥梁,应以桥梁技术状况指数 BCI 确定桥梁技术状况;应以桥梁结构状况指数 BSI 确定桥梁不同组成部位的结构状况。应按分层加权法根据桥梁定期检测记录,对桥面系、上部结构和下部结构按《城市桥梁养护技术标准》(CJJ 99—2017)附录 D 的评分等级、扣分表分别进行评估,再综合评估整座桥梁的技术状况。

(1) 桥面系的技术状况指数 BCI_m 和桥面系的结构状况指数 BSI_m。

桥面系的技术状况应采用桥面系的技术状况指数 BCI_m 表示;桥面系的结构状况应采用桥面系的结构状况指数 BSI_m 表示。根据桥面铺装、桥头平顺、伸缩装置、排水系统、人行道和栏杆等要素的损坏扣分值,BCI_m 和 BSI_m 应按式(3.18)~式(3.22)计算。

$$BCI_m = \sum_{h=1}^{a} \left[(100 - MDP_h) \cdot \omega_h \right] \quad (3.18)$$

$$BSI_m = \min(100 - MDP_h) \quad (3.19)$$

$$MDP_h = \sum_{i} (DP_{hi} \cdot \omega_{hi}) \quad (3.20)$$

$$\omega_{hi} = 3.0\mu_{hi}^3 - 5.5\mu_{hi}^2 + 3.5\mu_{hi} \quad (3.21)$$

$$\mu_{hi} = \frac{DP_{hi}}{\sum_{i} DP_{hi}} \quad (3.22)$$

式中:a 为桥面系评价要素的总数;h 为桥面系的评价要素,包括桥面铺装、桥头平顺、伸缩装置、排水系统、人行道和栏杆;MDP_h 为桥面系第 h 类要素中损坏的综合扣分值,当 $MDP_h < \max(DP_{hi})$ 时,取值为 $\max(DP_{hi})$;当 $MDP_h > 100$ 时,取值为 100;ω_h 为桥面系第 h 类要素的权重,按表 3.6 的规定取值;DP_{hi} 为桥面系第 h 类要素中第 i 项损坏的扣分值,按《城市桥梁养护技术标准》(CJJ 99—2017)附录表 D-1 取值;ω_{hi} 为桥面系第 h 类要素中第 i 项损坏的权重;μ_{hi} 为桥面系第 h 类要素中第 i 项损坏的扣分值占桥面系第 h 类要素中所有损坏扣分值的比例。

表 3.6　桥面系各要素权重值

评估要素	权重	评估要素	权重
梁式桥、桁架桥、拱桥、刚构桥、悬臂+挂梁			
桥面铺装	0.30	排水系统	0.10
桥头平顺	0.15	人行道	0.10
伸缩装置	0.25	栏杆或护栏	0.10

续表

评估要素	权重	评估要素	权重
人行天桥			
桥面铺装	0.40	排水系统	0.20
伸缩装置	0.15	栏杆或护栏	0.25

注：在计算 BCI_m 时，未出现的要素其权重应按剩余要素权重的比例关系重新分配给剩余要素。

(2) 上部结构的技术状况指数 BCI_s 和上部结构的结构状况指数 BSI_s。

桥梁上部结构技术状况的评估应逐跨进行，然后再计算整座桥梁上部结构的技术状况指数 BCI_s。桥梁上部结构的结构状况应采用上部结构的结构状况指数 BSI_s 表示。BCI_s 和 BSI_s 应按式(3.23)～式(3.28)计算。

$$BCI_s = \frac{1}{b}\sum_{i=1}^{b} BCI_{si} \qquad (3.23)$$

$$BSI_s = \min(BCI_{si}) \qquad (3.24)$$

$$BCI_{si} = \sum_{j=1}^{c}[(100 - SDP_{ij}) \cdot \omega_{ij}] \qquad (3.25)$$

$$SDP_{ij} = \sum_{k}(DP_{ijk} \cdot \omega_{ijk}) \qquad (3.26)$$

$$\omega_{ijk} = 3.0\mu_{ijk}^3 - 5.5\mu_{ijk}^2 + 3.5\mu_{ijk} \qquad (3.27)$$

$$\mu_{ijk} = \frac{DP_{ijk}}{\sum_{k} DP_{ijk}} \qquad (3.28)$$

式中：b 为桥梁跨数；BCI_{si} 为第 i 跨上部结构的技术状况指数；c 为第 i 跨上部结构的桥梁构件类型数；SDP_{ij} 为第 i 跨上部结构中第 j 类构件损坏的综合扣分值，当 $SDP_{ij} < \max(DP_{ijk})$ 时，取值为 $\max(DP_{ijk})$，当 $SDP_{ij} > 100$ 时，取值为 100；ω_{ij} 为第 i 跨上部结构中第 j 类构件的权重，按《城市桥梁养护技术标准》(CJJ 99—2017)的规定取值；DP_{ijk} 为第 i 跨上部结构中第 j 类构件第 k 项损坏的扣分值，按《城市桥梁养护技术标准》(CJJ 99—2017)附录表 D-2 取值；ω_{ijk} 为第 i 跨上部结构中第 j 类构件第 k 项损坏的权重；μ_{ijk} 为第 i 跨上部结构中第 j 类构件第 k 项损坏的扣分值占第 j 类构件所有损坏扣分值的比例。

(3) 下部结构的技术状况指数 BCI_x 和下部结构的结构状况指数 BSI_x。

桥梁下部结构技术状况的评估应逐墩（台）进行，然后再计算整座桥梁下部结构的技术状况指数 BCI_x；桥梁下部结构的结构状况采用下部结构的结构状况指数 BSI_x 表示，按式(3.29)～式(3.34)计算 BCI_x、BSI_x 值。

$$BCI_x = \frac{1}{b+1}\sum_{j=0}^{b} BCI_{xj} \quad (3.29)$$

$$BSI_x = \min(BCI_{xj}) \quad (3.30)$$

$$BCI_{xj} = \sum_{k=1}^{d}\left[(100-SDP_{jk})\cdot\omega_{jk}\right] \quad (3.31)$$

$$SDP_{jk} = \sum_{l}(DP_{jkl}\cdot\omega_{jkl}) \quad (3.32)$$

$$\omega_{jkl} = 3.0\mu_{jkl}^{3} - 5.5\mu_{jkl}^{2} + 3.5\mu_{jkl} \quad (3.33)$$

$$\mu_{jkl} = \frac{DP_{jkl}}{\sum_{l} DP_{jkl}} \quad (3.34)$$

式中：b 为桥梁跨数；BCI_{xj} 为第 j 号墩(台)下部结构技术状况指数；SDP_{jk} 为第 j 号墩(台)下部结构中第 k 类构件的综合扣分值，当 $SDP_{jk} < \max(DP_{jkl})$ 时，取值为 $\max(DP_{jkl})$，当 $SDP_{jk} > 100$ 时，取值为 100；d 为第 j 号墩(台)下部结构的构件类型数；ω_{jk} 为第 j 号墩(台)下部结构中第 k 类构件的权重，按《城市桥梁养护技术标准》(CJJ 99—2017)的规定取值；DP_{jkl} 为第 j 号墩(台)下部结构中第 k 类构件第 l 项损坏的扣分值，按《城市桥梁养护技术标准》(CJJ 99—2017)附录表 D-3 取值；ω_{jkl} 为第 j 号墩(台)下部结构中第 k 类构件第 l 项损坏的权重；μ_{jkl} 为第 j 号墩(台)下部结构中第 k 类构件第 l 项损坏的扣分值占第 k 类构件所有损坏扣分值的比例。

(4) 整个桥梁的技术状况指数 BCI。

整个桥梁的技术状况指数 BCI 根据桥面系、上部结构和下部结构的技术状况指数按式(3.35)计算。

$$BCI = BCI_m \cdot \omega_m + BCI_s \cdot \omega_s + BCI_x \cdot \omega_x \quad (3.35)$$

式中：ω_m、ω_s、ω_x 为桥面系、上部结构和下部结构的权重，按表 3.7 的规定取值。

表 3.7 桥梁结构组成部分的权重值

桥梁类型	桥梁部位	权重	桥梁类型	桥梁部位	权重	桥梁类型	桥梁部位	权重
梁式桥 桁架桥 刚构桥 悬臂+挂梁	桥面系	0.15	拱桥	桥面系	0.10	人行天桥	桥面系	0.15
	上部结构	0.40		上部结构	0.45		上部结构	0.45
	下部结构	0.45		下部结构	0.45		下部结构	0.40

(5)桥梁完好状况评估标准。

桥梁桥面系、上部结构、下部结构及整座桥梁结构的完好状况可按表 3.8 进行评估。

表 3.8 桥梁完好状况评估标准

BCI*	[90,100]	[80,90)	[66,80)	[50,66)	[0,50)
评估等级	A	B	C	D	E

注:BCI* 表示 BCI_m、BCI_s、BCI_x 或 BCI。BCI 的计算可应用 BCI 软件进行。

(6)桥梁结构状况评估标准。

桥梁桥面系、上部结构、下部结构及整座桥梁结构的结构状况可按表 3.9 进行评估。

表 3.9 桥梁结构状况评估标准

BSI*	[90,100]	[80,90)	[66,80)	[50,66)	[0,50)
评估等级	A	B	C	D	E

注:BSI* 表示 BSI_m、BSI_s、BSI_x 或 BSI。BSI 的计算可应用 BSI 软件进行。

3. 评定为不合格或 D 级桥的情况

各种类型桥梁有下列情况之一,即可将桥梁技术状况直接评定为不合格或 D 级桥。

(1)预应力梁产生受力裂缝且裂缝宽度超过《城市桥梁养护技术标准》(CJJ 99—2017)对恒载裂缝宽度最大限值的规定。

(2)拱桥的拱脚处产生水平位移或无铰拱拱脚产生较大的转动。

(3)钢结构节点板及连接铆钉、螺栓损坏数量在 20% 以上,钢箱梁开焊,钢结构主要构件有严重扭曲、变形、开焊,锈蚀削弱截面面积在 10% 以上。

(4)墩、台、桩基出现结构性断裂裂缝,或裂缝有开合现象,倾斜、位移、沉降变形危及桥梁安全。

(5)关键部位混凝土出现压碎或压杆失稳、变形现象。

(6)结构永久变形大于设计标准值。

(7)结构刚度达不到设计标准要求。

(8)支座错位、变形、破损严重或缺失,已失去正常支承功能。

(9)基底冲刷面积在 20% 以上。

(10) 通过桥梁验算检测,承载力下降在 25% 以上。

(11) 人行道栏杆累计残缺长度大于 20% 或单处大于 2 m。

(12) 上部结构有落梁和脱空趋势或梁、板断裂。

(13) 预应力钢筋锚头严重锈蚀失效。

(14) 钢-混凝土组合梁、桥面板发生纵向开裂,支座和梁端区域发生滑移或开裂;斜拉桥拉索、锚具损伤;悬索桥钢索、锚具损伤;系杆拱桥钢丝、吊杆和锚具损伤。

(15) 其他各种对桥梁结构安全有较大影响的部件损坏。

3.2.3 《公路桥涵养护规范》推荐的评定方法

(1) 桥梁技术状况评定应依据桥梁初始检查、定期检查资料,通过对桥梁各部件技术状况的综合评定,确定桥梁的技术状况等级,提出养护措施。评定应按《公路桥梁技术状况评定标准》(JTG/T H21—2011)执行。

(2) 桥梁技术状况评定等级应分为 1 类、2 类、3 类、4 类、5 类。桥梁技术状况等级及状态描述见表 3.10。

表 3.10　桥梁技术状况等级及状况描述

技术状况等级	状态	技术状况描述
1 类	完好、良好	①主要部件功能与材料均良好; ②次要部件功能良好,材料有少量(3%以内)轻度缺损; ③承载力和桥面行车条件符合设计标准
2 类	较好	①主要部件功能良好,材料有少量(3%以内)轻度缺损,结构受力裂缝宽度小于设计限值; ②次要部件有较多(10%以内)中等缺损; ③承载力和桥面行车条件达到设计指标
3 类	较差	①主要部件材料有较多(10%以内)中等缺损,结构受力裂缝宽度超过设计限值,或出现轻度功能性病害,发展缓慢,尚能维持正常使用功能; ②次要部件有大量(10%~20%)严重缺损,功能降低,进一步恶化将不利于主要部件正常使用和影响正常交通; ③承载力比设计值降低 10% 以内,桥面行车不舒适

续表

技术状况等级	状态	技术状况描述
4类	差	①主要部件材料有大量(10%～20%)严重缺损,结构受力裂缝宽度超过设计限值,锈蚀严重,或出现轻度功能性病害,且发展较快;结构变形小于或等于设计限值,功能明显降低; ②次要部件有20%以上的严重缺损,失去应有功能,严重影响正常交通; ③承载力比设计值降低10%～25%
5类	危险	①主要部件出现严重的功能性病害,且有继续扩张现象,关键部位的部分材料强度达到极限,出现部分钢丝或钢筋断裂,混凝土压碎,杆件失稳变形、破损现象,变形大于设计限值,结构的强度、刚度、稳定性和动力响应不能满足交通安全通行的要求; ②承载力比设计值降低25%以上

（3）应根据桥梁技术状况评定结果,对各类桥梁按表3.11采取相应的养护对策。

表3.11 桥梁技术状况等级与养护对策

技术状况等级	养护对策
1类	正常保养或预防养护
2类	修复养护、预防养护
3类	修复养护、加固或更换较大缺陷构件;必要时可进行交通管制
4类	修复养护、加固或改造;及时进行交通管制,必要时封闭交通
5类	及时封闭交通,改建或重建

（4）为恢复、保持或提升公路服务功能,结合阶段性专项公路养护治理工作,可对桥梁实施专项养护,包括增设、加固改造、拆除重建、灾后恢复等。

（5）桥梁适应性评定可根据需要进行。评定工作可与定期检查、特殊检查结合进行,可采用下列方法。①承载力评定,可采用分析检算或荷载试验方法。

②通行能力评定,可将设计通行能力与实际交通量进行比较,也可与使用期预测交通量进行比较,评价桥梁能否满足现行或预期交通量的要求。③抗灾害能力评定,可采用现场测试与分析检算方法,重要桥梁可进行模拟试验。④耐久性评定,可采用外观耐久状态评定与剩余耐久年限评定相结合的方法。

(6) 对适应性不满足要求的桥梁,应采取提高承载力、加宽、加长、基础防护等改造措施,情况严重时应对桥梁进行改建或重建。当整个路段有多个桥梁的适应性不能满足要求时,应结合路线改造进行方案比较和决策。

3.3 桥梁承载力评定方法

3.3.1 桥梁承载力影响因素分析

桥梁承载力顾名思义为桥梁结构承担荷载作用的能力。桥梁的承载力在其运营期内的总体趋势是逐渐衰弱的。影响桥梁承载力的主要因素按照作用条件可以分为自身参数和外界环境参数两大类。

(1) 自身参数影响分析。

自身参数变化主要包括结构几何尺寸变化、结构损伤、材质状况变化等。结构尺寸的变化直接映射出结构内力的变化情况,如梁体下挠、墩台沉降等。结构损伤主要表现为截面尺寸的削减、结构裂缝等,直接影响结构的受力特性和整体结构刚度。材质的变化体现在很多方面,如混凝土的材料性质受混凝土碳化的影响而改变,使混凝土孔隙率下降,密实度提高,其抗压强度将提高,但延性会降低,其静力弹性模量的变化与强度变化成正比,此时混凝土材料具有明显的脆性,不利于抗震。此外,表层混凝土因受碳化作用影响而产生收缩,又受到内部混凝土的约束,易形成裂缝,这使得钢筋很容易锈蚀,而钢筋的锈蚀又对混凝土及保护层产生破坏,并诱发其他病害引起结构破坏,从而降低了钢筋混凝土梁的耐久性。钢筋受力截面面积受钢筋锈蚀的影响而减小,随着钢筋锈蚀产物堆积量的增加,混凝土产生胀裂或剥落,使得混凝土有效受力面积减小,结构整体刚度下降,承载力降低。由钢筋锈蚀引起的混凝土开裂不断发展,腐蚀性物质沿着裂缝渗透到混凝土内部,引起混凝土碳化、混凝土化学腐蚀等病害的产生与发展,使钢筋混凝土结构的耐久性降低,特别是严重锈蚀的梁体,容易发生脆性破坏,以上因素均对承载力有很大的影响。

(2) 外界环境参数影响分析。

外界环境参数变化包括结构恒载的变化、活载的变化、环境条件的变化及结构改造或突发事件等。其中恒载的变化包括桥面铺装的变化和附加荷载的变化,活载的变化主要为交通流量变化带来的汽车荷载效应的变化,以上均加重了桥梁的负担;环境因素包括温度、湿度、风速等,主要影响结构的内力。另外,桥梁的加固维修、改造及运营事故等也会造成结构受力条件的改变,影响承载力。

以上各种参数均会对桥梁结构的承载力造成不同程度的影响,需要综合运用多种检测手段,采取合适的评定方法,以达到准确评定结构承载力的目的。

3.3.2 桥梁承载力评定方法

根据桥梁的检测结果,对桥梁的技术状况、承载力、通行能力等进行评定,为桥梁的养管、维修提供技术支持。目前国内外仍在继续对桥梁承载力评定方法进行研究,世界各国对桥梁承载力有着不同的评定方法,常用的方法有外观检查评估法、检算法、荷载试验方法、基于专家系统的方法、基于有限元模型修正的方法。

1. 外观检查评估法

此方法通过专业的检测人员全方位地观测桥梁,将观测所发现的各项缺陷用文字一一记录下来,再根据文字记录的结果对桥梁的质量进行分类、打分,然后对桥梁状态进行登记,相关规范规定了不同的养护手段来养护不同状态等级的桥梁。根据城市桥梁在道路系统中的地位,《城市桥梁养护技术标准》(CJJ 99—2017)将桥梁分为Ⅰ类~Ⅴ类进行养护。这五类养护的城市桥梁的外观完好程度及技术状况以桥梁技术状况指数 BCI 来确定,对桥面系、上部结构及下部结构分别进行评分,再对整个桥梁的技术状况进行综合评估,得出评估结果。通过大量实践经验及对评分标准、方法的研究,该方法已日趋成熟,但是此方法过分依赖于定性信息,评分标准在一定程度上过于主观,使得评价结论往往会因为评价工程师的不同而不尽相同。

(1) 评定内容。

基于外观检查的桥梁评定方法主要有三种:对照桥梁技术状况评定标准进行评定、按重要部件最差的缺损状态评定和考虑桥梁各部件权重的综合评定方法。将桥梁依次划分为1类、2类、3类合格状态桥梁,以及4类、5类危险状态桥梁,对桥梁状态的承载力进行评定,具体情况见表3.12。

表 3.12　桥梁技术状况等级及承载力评定标准

桥梁技术状况等级	桥梁重要构件状态	承载力评定
1 类	完好、良好	承载力符合设计指标
2 类	较好	承载力达到设计指标
3 类	较差	承载力比设计值降低 10% 以内
4 类	差	承载力比设计值降低 10%～20%
5 类	危险	承载力比设计值降低 25% 以上

(2) 评定方法。

①对照桥梁技术状况评定标准进行评定。对照相关规范的"桥梁技术状况评定标准",结合外观检查结果对桥梁进行评定。该评定方法适合对桥梁进行定性评估,但是不能给出定量的损伤程度,而且评定结果受评定者的主观因素影响较大。

②按重要部件最差的缺损状态评定。对桥梁的重要部件,包括主梁结构、墩柱、桥台、基础、支座等,以其中缺损最严重的构件进行评分,其他部件则根据多数构件的缺损状况进行评分。该评定方法比较简单,主要考虑桥梁的安全性能,但是不能够反映桥梁的整体技术状况。

③考虑桥梁各部件权重的综合评定方法。根据构件的缺损程度及缺损构件对结构使用功能的影响程度和缺损发展变化状况等,以累加评分方法对各部件缺损状况做出等级评定。该方法能较为全面、准确地反映桥梁整体技术状况,且能突出重点构件;并通过规范的不断修订,细化了桥梁评定模型,是目前桥梁耐久性能技术状况评定采取的主要方法。

外观检查评估法的主要优点:通过外观检查可有效、直接地掌握桥梁缺损状况和材质状况,直观地反映桥梁实际运营状态;通过桥梁技术状况等级评定结果可准确地对桥梁安全性能和使用性能进行定性描述,有效指导桥梁分类处置。外观检查评估法的主要缺点:外观检查仅从结构耐久性的角度判定桥梁状态,但对桥梁结构承载力的变异情况不能量化。

2. 检算法

该方法基于极限状态设计的思想,并引入分项检算系数对极限状态设计表达式进行修正,以此来检测评定在用桥梁的承载力。通过对桥梁受损情况的检查、对材质状况及状态参数的检测得到分析检算系数,《公路桥梁承载能力检测评定规程》(JTG/T J21—2011)中对这些分项检算系数规定如下:反映桥梁总体技术状况的检算系数 Z_1 或 Z_2,考虑结构有效截面折减的截面折减系数 ξ_s 和 ξ_c,考虑结构耐久性影响因素的承载力恶化系数 ξ_e,反映实际通行汽车荷载变异的活荷载影响系数 ξ_q。桥梁检算法以桥梁设计规范为指导标准分析桥梁的承载力,是一种比较能够让评估者接受和理解的方法,但评定过程中主要参数来自现场调查,不同桥梁有不同情况,复杂情况下有较多的不确定信息,容易产生不准确的结果。

(1) 评定内容。

桥梁结构检算主要对结构的主要控制截面、结构薄弱部位开展计算分析,评定内容包括上部结构、下部结构、地基承载力检算等。

(2) 评定方法。

桥梁的实际承载力评定是在公路桥梁设计规范的基础上,结合旧桥的特点,引入桥梁检算系数、承载力恶化系数、截面折减系数和活载影响系数分别对极限状态方程中结构抗力效应和荷载效应进行修正,并通过比较以判定结构或构件的承载力状况。以钢筋混凝土结构桥梁为例,其承载力极限状态结构检算方程式见式(3.36)。

$$\gamma_0 S \leqslant R(f_d, \xi_c a_{dc}, \xi_s a_{ds}) Z_1 (1-\xi_e) \tag{3.36}$$

式中:γ_0 为结构的重要性系数;S 为荷载效应函数;$R(\cdot)$ 为抗力效应函数;f_d 为材料强度设计值;ξ_c 为配筋混凝土结构的截面折减系数;a_{dc} 为构件混凝土几何参数值;ξ_s 为钢筋的截面折减系数;a_{ds} 为构件钢筋几何参数值;Z_1 为承载力检算系数;ξ_e 为承载力恶化系数。

其评定程序如下。①通过实地调查和桥梁检查,掌握桥梁技术状况、病害成因、使用荷载和养护维修等情况,搜集相关技术资料。②对选定的桥跨进行桥梁缺损状况检查评估、材质状况与状态参数检测评定和实际运营荷载状况调查,确定分项检算系数。③按照《公路桥梁承载能力检测评定规程》(JTG/T J21—2011)等相关规定,计算桥梁结构或构件抗力效应和荷载作用效应,采用引入分项检算系数修正承载力极限状态和正常使用极限状态计算表达式的方法进行检算,评定桥梁承载力。

该评定方法是根据桥梁的结构截面状态、材料性能状况和作用荷载情况等,以分析计算为主的结构验算方法,既考虑了桥梁的实际情况,又能将桥梁的承载力通过理论计算公式定量化,得到较为确定的评定结果。

该评定方法也存在一定缺点。①未考虑桥梁外界环境条件等差异因素的影响。桥梁构件的缺损程度和关键部位材料耐久性劣化情况等参数对结构承载力的影响程度是按照规范统一量化计算的,具有广泛代表性,但是未考虑桥梁所处的环境条件(如温度、日照、风速等)的差异,不具有实际工程的典型性。②理论计算模型与实际情况存在差异。桥梁承载力检算评定是建立在特定的结构计算模型上的,包括结构弹性工作状态、全截面受力体系等。设计过程中可在设计规范的限制下明确桥梁结构体系和计算模型,达到准确计算的前提。但是桥梁结构受到损失后,其实际状态与设计之间的差别,如车辆荷载的变化、桥梁几何尺寸和线形的变化,支承条件的改变等,导致结构体系更为复杂或难以模拟,计算模型的假定与桥梁实际的情况相差较远。

3. 荷载试验方法

该方法能够直接、有效地评定桥梁结构的承载力。根据试验性质,桥梁荷载试验可以分成静载试验和动载试验这两类。静载试验通过在桥梁的指定位置上施加静载,测试桥梁结构在该静载作用下的位移、应变、挠度和裂缝等静态参数,对比设计理论计算值,得到校验系数,以此来评估在荷载作用下桥梁的性能及桥梁的承载力。动载试验主要是利用一些手段激励桥梁,使桥梁结构产生振动,测定桥梁结构在振动下的动力放大系数、阻尼比、固有频率等动态的参数,以此来判断桥梁结构的整体刚度及运营能力。

(1) 评定内容。

该方法在对试验桥梁进行静载试验和动载试验后,依据桥梁结构理论、工程力学及大量试验资料对桥梁结构进行分析计算。其中采用静载试验对桥梁承载力进行评定,一般有以下两种方式。

①将实测结构效应(如挠度、裂缝宽度、应变)与规范容许值或者理论计算值进行比较,由此推断结构对应的荷载等级和结构的承载力。

②通过试验结果对结构的检算系数进行修正。通过荷载试验获得结构的校验系数并由此确定旧桥检算系数值 Z_2 代替检算系数 Z_1,通过计算来评定结构的承载力。

(2) 评定方法。

①荷载试验数据分析。

a. 结构校验系数 ξ。静载试验结构校验系数 ξ 是试验荷载作用下测点的实测弹性应变值与相应的理论计算应变值的比值,计算公式见式(3.37)。

$$\xi = \frac{S_e}{S_s} \quad (3.37)$$

式中：S_e 为试验荷载作用下主要测点的实测弹性应变值；S_s 为试验荷载作用下主要测点的理论计算应变值。

b. 相对残余应变 S'_p：相对残余应变 S'_p 是测点实测残余应变与对应的实测总应变的比值，计算公式同式(2.8)。

②桥梁承载力评定。

根据《公路桥梁承载能力检测评定规程》(JTG/T J21—2011)的相关规定，当出现下列情况时，判定桥梁承载力不满足要求。

a. 主要测点静力荷载试验结构校验系数大于1。

b. 主要测点相对残余应变超过20%。

c. 试验荷载作用下裂缝扩展宽度超过限值，且卸载后裂缝闭合宽度小于扩展宽度的2/3。

d. 在试验荷载作用下，桥梁基础发生不稳定沉降变位。

e. 当荷载试验结果不符合上述条件时，可以对试验结果取测点应变校验系数较大值，根据《公路桥梁承载能力检测评定规程》(JTG/T J21—2011)确定检算系数 Z_2 代替 Z_1，代入其承载力极限状态结构检算方程式，进行承载力检算。当检算的荷载效应与抗力效应的比值小于1.05时，判定桥梁承载力满足要求。

以钢筋混凝土结构桥梁为例，其承载力极限状态结构检算方程式改变如下，见式(3.38)。

$$\gamma_0 S \leqslant R(f_d, \xi_c a_{dc}, \xi_s a_{ds}) Z_2 (1-\xi_e) \quad (3.38)$$

荷载试验方法具有可靠、直观、实践性强、人为因素小和数据明确的优点，现在多用于新建桥梁的评定和研究，在旧桥的评定中，它又多用于实际工作状态不明确的桥梁，以弥补外观检查评估法和检算法的不足，进一步确定结构的损伤状况。

但是基于荷载试验的桥梁承载力评价方法也存在一定的局限性，具体如下。a. 对试验环境条件要求高，大风、气温不平稳等因素均影响试验数据采集的准确性，不能广泛反映桥梁结构在不同环境下的受力情况。b. 试验荷载基本上为短期作用，反映的是结构正常使用状态下的状况，不能反映结构在持久状态下的极限受力性能。c. 荷载试验评定桥梁承载力，只能定性分析，而不能定量分析。

4. 基于专家系统的方法

该方法主要通过专家系统来进行，专家系统是指利用相当于专家水平的计算机系统来模拟专家的决策机制,综合评估既有桥梁的状态。Brito 等于 1994 年开发了针对混凝土桥梁的桥梁管理专家系统,系统分为两大模块。①检测模块:定期采集桥梁现场信息。②桥梁管理策略优化模块:包括检测策略模块、养护模块和维修模块等子模块。

美国桥梁养护维修预算的制订及资金的分配主要就是通过桥梁专家系统采用网络优化模型及 Markov 决策过程来完成,通过效益、费用分析的方法在预算范围内来决定桥梁维修管理的手段。

我国自主研发的中国公路桥梁管理系统(China Bridge Management System,CBMS),采用了层次模块分解法进行模块设计。还有西南交通大学开发的铁路桥条件评价专家系统,该系统运用了动态数据库与专家系统相结合的集成技术,采取了破损数据的自动采集与生成、破损数据与评价准则为相同前提条件等一系列的措施。

5. 基于有限元模型修正的方法

为了精确地计算分析既有桥梁的承载力,需要得到一个能够符合桥梁实际状况的模型。有限元模型修正指的是以在实际结构上测得的数据为基础对模型进行调整,使得模型计算结果与实测数据相吻合。有限元模型修正结合试验和有限元分析,使得桥梁结构承载力的评定得到了优化。

得益于计算机技术的飞速发展,有限元模型修正技术有了较大的突破,近年来,工程界发表了许多与有限元模型修正相关的论文。其中 Imregun 和 Visser,Mottershead 和 Friswell 发表的论文深入地论述了已有的有限元模型修正方法,Friswell 和 Mottershead 的著作比较全面地介绍了有限元模型修正的相关知识,荣见华等研究了从结构动力修改等方面对有限元模型进行修正的问题。现有的模型修正技术方法主要包括利用动载试验数据(频率、振型等)进行模型修正和静载试验数据(挠度、应变等)进行模型修正。

基于动载试验数据的有限元模型修正方法是利用测得的桥梁动力特性参数进行模型修正。张启伟等通过使特征频率之间的差别达到最小来修正一座斜拉桥的模型,修正了连接和边界状况等物理参数。John 等用有限元模型修正技术,量化了一座短跨径高速公路桥梁的加固效果,量化结果通过对加固前和加固后的有限元模型进行修正得到。范立础等运用有限元模型修正技术修正了一悬索桥试验室模型。郑惠强等运用 ANSYS 的优化功能对一吊桥结构进行了有限元模型修正。有限元模型修正不但可以用于识别桥梁的物理特性、建立结构的精确有限元模型，还可以进行结构的损伤识别。Doebling 等介绍了基于动力学的损伤识别方面的文献，在结构动态测试数据会随着损伤导致的结构刚度变化发生变化的基础上，对这一方法给出了全面的看法，Sohn 等对此综述进行了更新与发展。在结构的损伤评估中，利用频率和振型残差作为损伤函数的有限元模型修正方法正日趋成熟。

基于静载试验数据的有限元模型修正方法是通过比较静力试验实测值和已有模型有限元计算值，分析和判断误差的位置和性质，修正已有的模型，使其能够代表桥梁的实际工作状态。Bakhtiari-Nejad，Rahai 和 Esfandiari 等总结了基于静力测试数据的修正方法，并提出一种损伤识别和模型修正的方法，该方法通过位移分析来进行修正。蒋赢达等以静载试验数据为基础，以设计参数为修正参数，利用 ANSYS 优化模块对钢桁架模型进行了修正，得到了代表桥梁实际工作状况的模型。钟颖对基于静载试验的桥梁结构有限元模型修正进行了识别研究，并对某桥以 MATLAB 和 MIDAS 软件为平台，利用静载试验数据进行了修正，得到了能够反映桥梁当前静力特性的有限元模型。

基于动载试验数据的有限元模型修正方法在研究和实际工程中都取得了较为广泛的应用，但目前仍然存在较多的问题，动载试验的数据精度比静载试验的数据精度要低，受环境等各方面因素影响较多，容易产生误差，一般使用质量、刚度、阻尼等特性进行基于动载试验数据的有限元模型修正，但质量和阻尼较难测量，导致利用此方法修正的困难较大。

静载试验得到的数据较为准确，但静载试验数据包含的结构信息少，不能全面反映结构的情况，如果要想获得足够多的数据，需要粘贴大量传感器，导致试验效率低，且使用基于静载试验数据的有限元模型修正方法包含上文提到的荷载试验的一些问题。

基于响应影响线的有限元模型修正方法，与一般的静载试验加载方式不同，该方法将荷载在桥面移动测出对应的响应数值，得到影响线，测得的数据具有"全局性"的特点，数据量大，能够避免静载试验数据量小、动载试验结果不精确的缺陷，采集过程中车辆在桥面移动获得响应，所需时间少，能够避免进行传统动、静载试验需要大量人力、时间及严重影响交通的缺陷。基于响应影响线的有限元模型修正方法实际上是荷载在不同位置的连续静载试验，可称为"准静态试验"。

在桥梁评估中，挠度和应变是经常用到的响应量值，因此可以测试桥梁应变影响线或挠度影响线并以此试验数据进行桥梁有限元模型修正，从而进行承载力评定。

美国科罗拉多大学最早提出了基于影响线的模型修正方法,该方法通过测得实际桥梁的影响线,经与有限元分析结果对比并借助参数识别和模型校准进一步修正理论分析模型,最后在得到精确计算模型的基础上对结构的承载力进行评定。

原交通部西部交通建设科技项目"桥梁振动测试技术及其在检测中的应用"研究团队深入而系统地对桥梁结构损伤识别、定量分析和快速评定三方面的问题进行了研究,初步提出了基于影响线的桥梁评定理论体系,主要包括以下5方面内容:①在判定结构中是否存在缺陷的过程中,运用影响线及其1阶、2阶灵敏度来分析;②使用位置敏感性参数来确定损伤位置;③采用基于测试影响线的有限元模型修正方法来定量分析桥梁结构损伤程度;④对桥梁结构利用测试影响线的方法进行快速评定;⑤对损伤函数中需要确定的参数运用基于影响线的有限元模型修正方法进行标定,对桥梁结构性能的变化趋势利用修正后的损伤函数进行预测。

3.3.3 桥梁的承载力评定案例

1. 工程概况

某既有城市桥梁横跨河流,分为左、中、右三幅。桥梁共11跨,上部结构跨径组合为3×20 m+30 m+7×20 m,总长约230 m。中幅桥梁建造投入使用约20年,桥宽15 m,简支T形梁桥,双向四车道;左幅、右幅桥梁为后期改扩建,桥面横断面布置为3.0 m(人行道)+5.0 m(非机动车道)+2.45 m(绿化带)+6.75 m(机动车道)+0.3 m(护栏),预制预应力混凝土箱梁桥。设计汽车荷载:城-A级。设计行车速度为50 km/h。

2. 评定流程

①通过外观检查全面了解桥梁外表的现存病害;②通过裂缝、钢筋保护层厚度、混凝土强度、碳化深度等检查,了解桥梁结构物的内在质量;③全面了解桥梁结构当前技术状态,结合荷载试验对桥梁的安全性、可靠性、耐久性做出客观、合理的评价;④根据检测结果,提出处置措施与合理化建议,保证桥梁的安全运营,同时为桥梁的养护和管理提供可靠的资料和参考依据。

通过上述工作,掌握桥梁目前的整体状况,对桥梁使用状态做出综合评价,分析该桥病害出现的原因,并提出对桥梁初步的处理意见。

3. 定期检测

(1)常规检测。

①桥梁外观检查。

常规检测的范围如下。a.桥面系:桥面铺装、桥头搭板、伸缩装置、排水系统、人行道、护栏等。b.上部结构:主梁、纵梁、横梁、横向联系、主节点、连接件等。c.下部结构:支座、墩身、台帽、台身、翼墙、锥坡情况。

桥面系病害主要表现为:桥面伸缩缝均存在不同程度泥沙阻塞现象;桥面铺装存在若干处坑槽;桥面人行道盖板存在残缺;桥面泄水孔存在不同程度阻塞。

上部结构病害主要表现为:部分梁出现不同程度的缺陷,存在露筋锈蚀现象。

下部结构病害主要表现为:中幅个别盖梁混凝土脱落、露筋锈蚀。

②技术状况等级评定。

桥梁桥面系技术状况评定指数为51.19,权重0.15;上部结构技术状况评定指数为81.97,权重0.40;下部结构技术状况评定指数为92.32,权重0.45。计算得整个桥梁的技术状况指数BCI为82.01,评定等级为B级,需进行保养小修。

(2)结构检测。

①混凝土强度。桥梁构件混凝土强度采用回弹法进行检测,根据实测回弹值进行角度、浇筑面修正,再根据碳化深度进行龄期修正,最后推定混凝土强度。检测结果表明,墩柱、盖梁构件混凝土强度等级可按C30考虑,预制预应力梁构件混凝土强度等级可按C50考虑。对强度状态进行评定,该桥梁强度状态良好。

②混凝土碳化深度。墩柱构件碳化深度实测平均值为9.2 mm,保护层厚度实测平均值为44.6 mm,碳化深度平均值与保护层厚度平均值之比小于0.5,碳化深度对钢筋锈蚀无影响。盖梁构件碳化深度实测平均值为8.7 mm,保护层厚度实测平均值为47.5 mm,碳化深度平均值与保护层厚度平均值之比小于0.5,碳化深度对钢筋锈蚀无影响。梁体构件碳化深度实测平均值为9.5 mm,保护层厚度实测平均值为29.8 mm,碳化深度平均值与保护层厚度平均值之比小于

0.5,碳化深度对钢筋锈蚀无影响。

③钢筋保护层厚度。使用电磁感应式钢筋扫描仪在检测碳化深度区域检测钢筋保护层厚度,根据测量部位实测保护层厚度特征值与设计值的比值,参照《公路桥梁承载能力检测评定规程》(JTG/T J21—2011)评定混凝土保护层厚度标度。该桥主要构件保护层厚度检测及评定结果见表3.13。

表3.13 混凝土保护层厚度检测及评定结果

构件	$\overline{D}_n$	D_{ne}	D_{nd}	D_{ne}/D_{nd}	评定标度	对构件钢筋耐久性的影响
墩柱	44.6	30.0	30	1.0	1	影响不显著
盖梁	47.5	33.9	30	1.1	1	影响不显著
预制梁	29.8	22.3	30	0.74	3	有影响

注:$\overline{D}_n$为检测构件或部位的钢筋保护层厚度平均值;D_{ne}为检测构件或部位的钢筋保护层厚度特征值;D_{nd}为检测构件或部位的钢筋保护层厚度设计值。

4. 荷载试验

(1)试验目的。

①静载试验目的:对比在试验荷载作用下桥梁结构控制截面的应力与理论计算值,对实际结构使用性能和工作状况做出评价,判断桥梁在实际工作状况下是否处于正常受力状态,为桥梁后期的养护及长期监测等积累资料。

②动载试验目的:对比在试验荷载作用下桥梁结构控制测点各工况情况的冲击系数与理论冲击系数,了解桥梁结构在活载作用下的实际工作状况,判断桥梁在试验荷载作用下的工作性能。

(2)试验内容。

①静载试验内容。a.变形测量。结构的变形是表征结构工作性能的直观指标。我们可以通过检测试验荷载作用下的桥梁变形情况来判断桥梁的工作性能。对断面内力及断面应力分布的测量,一般是通过应变测定来实现。b.开裂观测。借助桥梁检测车对其进行外观开裂调查,以及静载试验过程中的开裂观测。

②动载试验内容。桥梁结构动载试验测定桥梁结构在动载作用下的强迫振动响应,如冲击系数等。桥梁结构的冲击系数反映了桥梁的动力效应,其可以通过分析动挠度曲线得到。

（3）试验加载车。

荷载试验是通过采用等效汽车荷载进行最不利布载,得到控制截面的内力影响线形状,从而获得相应的结构响应。试验选择若干辆单车总质量36 t,前轴荷载尽量控制在 70 kN±5 kN,中轴荷载和后轴荷载尽量控制在 145 kN±5 kN,如图 3.3 所示。

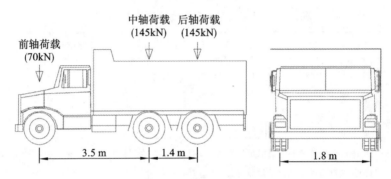

图 3.3 加载标准车参数

（4）静载试验。

静载试验跨选取中幅三跨和东西幅各两跨进行荷载试验。根据桥梁实际结构形式及规范要求,并综合考虑现场试验条件,选定试验跨如下:中幅取第一跨 20 m 简支 T 形梁桥、第二跨 20 m 简支 T 形梁桥和第四跨 30 m 简支 T 形梁桥;西幅取第二跨 20 m 简支箱梁桥、第四跨 30 m 简支箱梁桥;东幅取第一联第一跨、第二跨 20 m 简支箱梁桥。

按照桥梁影响线施加车辆荷载,选取最不利的加载位置,横向利用移动荷载追踪器追踪到车辆最不利的加载位置。

以 30 m 简支箱梁桥为例进行介绍。30 m 简支箱梁桥静载试验安排 2 个工况,以检测控制截面承受偏心荷载或对称荷载时的承载力,偏心荷载作用时按偏桥梁中心线方向为偏心荷载侧。控制截面为跨中截面。应变测点布置:每个箱梁梁底布置 2 个应变测点、两侧腹板各布置 2 个应变测点。动挠度测点布置于横断面中间箱梁底部。静载试验工况如表 3.14 所示。

表 3.14 静载试验工况

工况	测试项目	备注
工况一	应力、裂缝监测	跨中对称加载
工况二	应力、裂缝监测	跨中偏心加载

静载试验结果见表 3.15。

表 3.15　静载试验结果

工况	理论值/(kN·m)	计算值/(kN·m)	试验荷载效率系数
工况一	8250.0	7968.2	0.97
工况二	8248.0	7968.4	0.97

各测试断面试验荷载效率系数均在 0.95～1.05 范围内,保证了试验的有效性。在梁板跨中布置挠度测点,根据现场具体条件和情况选择使用桥梁挠度仪来测量各测点的挠度。

为使桥梁结构进入正常工作状况和检验测试系统等是否正常工作,在进行正式加载试验前,用两辆加载标准车在跨中断面进行横桥向对称的预加载,持荷时间不少于 20 min。预加载卸至零荷载,必须在结构得到充分的零荷载恢复后,方可进行后续正式的加载试验。

按工况一、工况二依次进行正式加载试验,每次加载或卸载的持续时间取决于结构变位达到稳定标准时所需要的时间,不少于 20 min。只有在前一荷载阶段内结构变位达到相对稳定后,方可进入下一个荷载阶段。

各试验工况下,控制截面混凝土应变校验系数 η 基本为 0.57～0.85,相对残余变形不大于 20%,结构未见明显裂缝及裂缝发育,承载力满足规范要求。

(5) 动载试验。

通过动载试验检测不同行车速度情况下桥梁的冲击系数,试验车速分别为刹车试验、跳车试验和 10 km/h、20 km/h、30 km/h、40 km/h、50 km/h 的无障碍行车试验。西幅第四跨 30 m 简支箱梁动载试验记录数据表明实测冲击系数均小于按规范理论计算的冲击系数。

(6) 试验结论。

依据静载试验和动载试验结果评定该城市桥梁承载力,该桥梁承载力满足规范要求。

5. 养护对策与建议

根据现场调查与检测结果,提出对该城市桥梁的养护建议如下。①对桥面系进行维修,清理伸缩缝内填塞的泥沙,确保其自由伸缩;对桥面人行道盖板、桥台破损残缺部位进行修复。②中幅车道重型汽车交通量大、行车速度快,应加强限载限速管理。③建议在上述改造整治完成一年后再做一次定期检查,进一步了解桥梁结构材料的缺损状况及露筋锈蚀等病害发展情况,以便进一步采取对策。

既有城市桥梁多存在养护档案资料不齐全,技术资料、施工竣工资料等遗失,巡查、检测测试资料未妥善保管等情况。随着信息化技术的快速发展,有关单位应积极引进信息化技术,实现城市桥梁养护信息数据的动态更新和管理。对于特大桥梁、特殊结构桥梁应布置桥梁在线监测系统。养护单位在经常性检查时应加强永久控制监测点的保护,保留每次桥梁线形检测结果并进行对比分析,可直观体现桥梁的异常状况。养护单位应执行养护标准对定期检测的周期要求,常规定期检测每年一次,且应将桥梁线形检测纳入常规定期检测范围;对于结构定期检测周期,Ⅰ类养护的城市桥梁宜为 3~5 年,Ⅱ类~Ⅴ类养护的城市桥梁宜为 6~10 年。对桥梁结构状况评定为 B 级及以下的桥梁,宜在桥梁两端设置限速警示、监控和大型货车限载检测装置。

第 4 章　桥梁养护维修技术

4.1　桥梁常见病害

随着交通运输业的蓬勃发展,桥梁的数量迅速增长。在桥梁使用过程中,随着交通量的增长,运营荷载的增大,加上服役年限的增长,外界环境对桥梁的侵蚀影响会逐步增大。此外,还有一些桥梁存在着不同的设计、施工或先天性的缺陷,上述因素导致桥梁在使用过程中会出现各种各样的病害,这些病害严重影响着桥梁的安全和正常使用。了解桥梁的病害特征,加强日常养护、维修,可以保证桥梁的使用安全,满足桥梁的耐久性要求。

一般来说,桥梁的病害大致可分为使用性能较差、耐久性不足和承载力不足三类。使用性能较差的桥梁主要表现为变形及振动响应过大,桥面破损,行车性能不佳,伸缩缝破损,支座脱空等。耐久性不足的桥梁主要表现为混凝土结构裂缝、温度裂缝、收缩裂缝过大,混凝土碳化深度过大,混凝土发生碱-骨料反应,混凝土保护层厚度不足,混凝土表面存在蜂窝麻面,钢结构、钢筋锈蚀,结构或构件局部破损过大等。承载力不足的桥梁主要表现为裂缝宽度过大,桥梁整体或局部刚度不足,材料强度降低和局部损伤,基础变位或不均匀沉降等。以上三种病害的发生和发展会直接影响桥梁结构的承载力、使用性能及耐久性,严重时会危及桥梁运营安全,造成重大安全事故。

4.1.1　影响桥梁使用性能的病害

1. 桥面不平整,线形不平顺,桥梁振动响应过大

在车辆轮胎的不断作用下,许多桥梁,特别是使用了数十年的旧桥,桥面铺装层容易破损。桥面铺装病害表现为坑洼不平、开裂、破损。例如,一些结构体系,如 T 形刚构桥、连续梁桥,在使用荷载、收缩徐变及预应力损失等综合因素的作用下,跨中桥面下挠,导致桥面线形不平顺。又如,在简支梁桥的梁端接头处和悬臂梁桥的挂梁支点处的填缝材料,由于缺乏养护而产生脱落,且易遭受车轮的磨耗,从而出现较大沟槽,引起跳车及邻近梁段的振动,加剧构件的疲劳损伤。此外,桥面不清洁,泄水孔堵塞,下雨造成桥面积水、渗漏甚至于冻胀,车辆过桥时泥浆飞溅,不仅会影响使用性能,而且会降低耐久性。这些病害如不及时进行养护和维修,势必会缩短桥梁的使用寿命。

2. 桥头跳车

桥头引道刚度相对较低,在车辆荷载作用下容易产生沉降,致使桥面与引道连接处不平顺,从而使车辆驶过桥头时发生跳车。桥头跳车不但影响车速,降低行车质量,而且影响司乘人员的心理状态。同时跳车产生的附加冲击效应也会影响桥梁的使用寿命。

3. 桥下过水不畅,桥面排水性能不良

一方面,一些桥梁因养护不当导致桥孔淤塞严重,在日常养护维修中又没有及时清理河道,汛前也很少做泄洪准备,因此汛期一到,桥孔泄洪能力不足,可能出现桥梁被洪水冲垮等问题。另一方面,一些桥梁的排水坡度不够、桥面不清洁或泄水管堵塞,导致雨后桥面积水较多、渗漏甚至冻胀,桥面积水往往导致车辆过桥时泥浆飞溅,影响行人正常通过,严重时会加大桥梁的负荷,如遇梁体上缘开裂破损,还会使桥面积水渗透到箱梁内部,导致箱梁积水严重,影响到桥梁的安全性与耐久性。

4. 伸缩缝破损,支座脱空

一些桥梁尤其是中小跨度梁桥,由于构造或养护维修不当,桥梁的伸缩缝容易出现破损、堵塞、顶死现象,如未能及时处理,最终会丧失伸缩功能,导致桥梁在环境温度作用下产生附加内力。此外,中小跨度桥梁、斜弯桥的支座经常出现脱空、移位、拍击变形过大,活动支座失去活动能力等病害。伸缩缝丧失功能、支座性能不良,轻则会导致结构受力行为与设计图不符,影响桥梁的使用性能;重则会使梁体产生附加内力或产生内力重分布,影响桥梁的安全使用。

5. 栏杆或防撞栏破损、缺失,失去防护功能

栏杆或防撞栏损坏后,如未及时修复,不但影响桥梁的美观,而且会使行车或行人产生不安全感,引发交通事故,在一些极端情况下可能会造成重大安全事

故。此外，人行道或人行搭板存在的一些隐患，如搭板搭接构造不当、人行道分隔设施功能不足等也会引发安全事故。桥梁栏杆或防撞栏局部损坏多数是由机动车交通事故造成的，少数是人为损坏或盗窃所致，但均与养护维修不及时有关。

6. 桥梁与道路等级不匹配

许多桥梁由于建成时间较早，设计标准较低，在道路拓宽后，没有进行相应的拓宽改造、荷载升级，或与既有道路衔接不够顺畅（如转弯半径过小），导致桥梁与现行道路等级不匹配，形成瓶颈，既影响通行能力，又增加了行车的危险性，尤其是夜间行车，容易引发交通事故。

4.1.2 影响结构耐久性的病害

混凝土结构的耐久性是指混凝土结构在自然环境、使用环境及材料内部因素的作用下，在设计要求的目标使用期内，不需要花费大量资金养护维修而保持其安全性、使用功能和外观要求的能力。耐久性是钢筋混凝土结构应具有的基本功能之一，是影响结构可靠性的三个因素（安全性、适用性与耐久性）中研究比较薄弱的一个环节。耐久性决定着结构的使用寿命。大量研究资料和实践表明，影响混凝土结构耐久性的因素很多，可分为内部因素和外部因素两大类。内部因素主要为结构构造形式，钢筋保护层厚度和钢筋直径，水泥和骨料种类，混凝土的水灰比和密实度等；外部因素主要指环境因素，包括冷热、干湿、冻融、化学介质侵蚀等。

早期建设的公路桥梁混凝土强度等级普遍偏低，质量相对较差。通常基础多采用 C15 混凝土，上部桥跨结构大量采用 C20 或 C25 混凝土，混凝土中水泥用量少，以至于经过数十年的使用，混凝土腐蚀、碳化现象普遍，强度退化严重，加固改造、重新利用的价值不大。此外，由于施工质量控制不够严格，结构尺寸偏差过大，混凝土密实性较差，同时钢筋保护层厚度不足导致钢筋锈蚀严重，混凝土构件普遍存在蜂窝、麻面、孔洞的现象，这些病害不仅严重影响着桥梁的承载力，而且对桥梁耐久性也构成严重威胁。

1. 混凝土结构非受力裂缝

混凝土结构非受力裂缝是钢筋混凝土桥梁普遍存在的一种病害。非受力裂缝一般是由结构构造不当、混凝土材料质量不佳、施工养护条件不当、施工质量存在缺陷、环境温度变化大引起的。裂缝是桥梁的重大病害之一,若裂缝宽度超出规范允许的范围,会显著影响到桥梁的使用寿命和耐久性。混凝土结构非受力裂缝应引起施工人员的高度重视,并应根据裂缝宽度及时采取化学灌浆或表面封闭的措施养护维修。一般来说,结构非受力裂缝的影响因素主要有材料、施工、环境三大类。

(1)材料因素。

若材料质量差或养护不当,则混凝土会产生裂缝。当水泥质量有问题时,混凝土浇筑后会产生不规则裂缝(龟裂)。此外,骨料不适宜也会引起裂缝。当骨料含泥量过大时,混凝土随着自身的结硬、收缩会出现不规则花纹状裂缝;当骨料是碱骨料或风化骨料时,混凝土硬化后将出现裂缝,裂缝往往以骨料为中心出现。

(2)施工因素。

施工质量、施工工序、施工材料及模板支架不当引起的混凝土裂缝比较普遍,归纳起来,主要有以下几种。

①混凝土搅拌时间过长,运输时间过长,致使混凝土凝固速度加快,使结构产生不规则的细裂缝。

②模板固定不牢固,致使混凝土在浇筑后不久产生与模板移动方向平行的裂缝。

③支架不均匀下沉、脱模过早,也会在支点或刚度变化部位等处产生裂缝。

④在混凝土预制构件装配时,若接头或接缝部位处理得不好,则新旧混凝土浇筑接缝会变成通缝;若支座安装不当,则支点处会形成斜裂缝。

⑤混凝土养护不当或失水会产生收缩裂缝。这类裂缝常出现在混凝土刚浇筑之后。这类裂缝分布方向比较杂乱,深度较浅,约为钢筋保护层厚度。特别是在风大、空气干燥时浇筑的混凝土更容易产生裂缝。

⑥在混凝土浇筑之初,当振捣不充分或析水多时,在断面高度急剧变化的部位,以及钢筋、导管等保护层小的部位,混凝土常因沉降而产生较浅的裂缝,通常裂缝沿钢筋或导管方向产生。由于钢筋沉降小,周围混凝土沉降大,钢筋下部常形成空隙。

⑦大体积混凝土或使用了早强水泥的混凝土,在冬季养护保温不够时,常因水化热作用,构件内部产生较大的自平衡应力,导致混凝土在浇筑 $2\sim 3$ d 后产生裂缝。该类裂缝经常以直线等间距的形式出现。

⑧水灰比大的混凝土,由于干燥收缩,在龄期 $2\sim 3$ 个月时容易产生裂缝。

这类裂缝易在开口、角隅等部位产生,特别是当浇筑断面很薄时,更容易产生由约束引起的混凝土收缩裂缝。对于刚构桥等刚度差异较大的结构,后浇筑桥面板受其他构件的约束、混凝土收缩徐变性能差异较大,也容易引起水平方向的裂缝。

(3) 环境因素。

温度裂缝与结构体系、结构构造、所处环境等因素相关,产生的原因不同,表现形式也不同。温度裂缝可能出现在混凝土构件的表层、深层或贯穿整个构件。桥梁构件表层裂缝的走向一般没有规律,钢筋混凝土深层裂缝和贯穿裂缝的走向一般与主筋方向平行或接近于平行。裂缝的宽度受温度的变化影响大,裂缝宽度随温度变化而扩张或闭合。防止或减小温度裂缝比较有效的措施是合理布置钢筋网,选择比较合理的结构形式。此外,钢筋锈蚀后体积膨胀,会使混凝土开裂而形成顺筋裂缝,一些桥梁因构造不当也会产生非受力裂缝。

2. 混凝土腐蚀

混凝土腐蚀是混凝土桥梁的"癌症",一些使用时间较长的桥梁或结构往往因受压区混凝土腐蚀而破坏。一般来说,混凝土材料是耐水材料,在潮湿环境或水中能保持自身的强度,潮湿也是混凝土材料早期强度形成和发展不可缺少的条件。但是长期处于潮湿条件下,尤其是在干湿循环状态下,混凝土的耐久性会受到影响。很多桥梁墩台往往是水位浮动的部位先被破坏,尤其是在具有腐蚀介质的水中。空气中的水和雨水成分很复杂,在混入桥面的污物中常含有溶解的气体、矿物质和有机质等,常见的有氯离子、碳酸根离子、硫化氢,以及碱金属和碱金属离子,这些酸、碱物质超过一定限度时,会侵蚀、损害桥梁的混凝土和金属材料。

(1) 碱-骨料反应。

混凝土碱-骨料反应是指来自水泥、外加剂和环境中的碱金属离子与砂石等骨料中的活性组分发生膨胀性化学反应,在水泥砂浆与粗集料的界面处生成白色凝胶物质,这种物质在潮湿环境中吸水膨胀,导致混凝土结构从内部开始胀裂,在表面出现龟裂,直至整体开裂或破坏,这种病害称为混凝土的"癌症"。碱-骨料反应少则几年,多则十几年就可以使混凝土结构承载力明显下降。这种破坏具有不可修复性,具体表现为混凝土表面龟裂、突出、疏松,然后剥离。碱-骨料反应发生和对混凝土产生破坏需要三个条件:混凝土的高碱性、碎石中富含碱活性成分,以及水、水泥和外加剂的高碱性。很多地区的砂石资源含有不同数量的碱活性成分,再加上桥梁防水系统不完善,就构成了碱-骨料反应的必要条件。

(2) 盐腐蚀。

沿海地区,空气和雨水中含有一定的氯盐成分,尤其在近海地区浓度更大。在寒冷地区的冬季,为消除桥面的冰冻和积雪,经常采用喷洒盐水的方法,盐水通过伸缩缝流向墩台,通过桥面系渗透到混凝土的缝隙里,不仅会引起碱-骨料反应,而且会引起盐腐蚀。盐水进入混凝土中,当外界环境非常干燥时,混凝土中的水分通过小孔隙向外蒸发,盐的浓度增加,又使其向混凝土内部扩散,在干燥条件下,高浓度的盐水可产生足够高的盐结晶压,造成混凝土膨胀破坏。盐腐蚀破坏比一般的碱-骨料反应破坏更为严重。

(3) 混凝土冻融。

寒冷地区有较长的冰冻期,渗入混凝土中的水结冰又融化,如此反复,使混凝土的裂缝不断扩大,产生结构慢性破坏作用。冻融加剧了碱-骨料反应和盐腐蚀的破坏作用。混凝土结构是多孔的,在塑性期或硬化初期会因为水分蒸发而产生开裂。在以后的使用过程中,早期产生的裂缝会随着车辆反复荷载的冲击逐渐扩展。如果没有完善的防排水系统,带有腐蚀性物质的水就会从孔隙渗入混凝土中或从裂缝流入混凝土中。若是碱性物质,则会产生碱-骨料反应;若是酸性物质,则会腐蚀混凝土。

对于碱-骨料反应、盐腐蚀、冻融作用,应以防止和抑制为主。使用低碱水泥、低碱外加剂,可以减少碱-骨料反应的发生。此外,无论是碱-骨料反应、盐腐蚀,还是冻融作用,只要没有水,就可以减缓或避免,所以必须设置完善的桥梁防排水系统,将混凝土与水隔离开,使其不具备发生腐蚀反应的条件,则可达到延长桥梁使用寿命的目的。

3. 混凝土碳化

混凝土碳化是指水泥石中的水化产物与周围环境中的二氧化碳作用生成碳酸盐或其他物质的现象。碳化将直接影响结构的耐久性。混凝土的碳化是随着二氧化碳气体向混凝土内部侵入,溶解于混凝土内部孔隙中的水,形成碳酸,再与各水化产物发生碳化反应的一个物理化学过程。混凝土碳化是一个缓慢的过程,取决于混凝土的密实性、水泥品种、水化物中氢氧化钙的含量等内部因素,以及大气的二氧化碳浓度、压力、混凝土的湿度等外部因素。一般来说,一座桥梁建成以后,影响碳化的因素就已经确定,为了降低碳化速度,只能从保护混凝土不受或少受侵害的角度来考虑。概括起来,混凝土碳化影响因素主要有水泥品种、混凝土密实度、环境条件三个方面。

(1) 水泥品种。

不同品种的水泥对混凝土碳化速度的影响不同。一般情况下,矿渣水泥混凝土比普通硅酸盐水泥混凝土碳化速度快,普通硅酸盐水泥混凝土比早强硅酸盐水泥混凝土碳化速度稍快。碳化速度与混凝土结构中水泥的氧化钙含量有关。氧化钙含量越高,硬化的水泥石生成的氢氧化钙越多,吸收二氧化碳的能力越强,碳化的速度就越慢。

(2) 混凝土密实度。

混凝土的碳化速度与密实度有关。密实度大的混凝土碳化速度慢,这是因为密实度大,孔隙就小,进入的二氧化碳也就越少。加大水泥用量、降低水灰比可以增强密实性,掺用优质减水剂或引气剂可以改善混凝土的和易性,减小水灰比,增强密实性,使碳化速度减慢。施工时如果振捣不密实、养护不合理,会造成混凝土内部毛细孔粗大,并相互连通,进入的二氧化碳增多,碳化速度加快。

(3) 环境条件。

环境条件恶劣会加快碳化速度。环境湿度对混凝土的碳化速度影响很大,在空气湿度低于 25% 的环境中,混凝土很难碳化;在空气湿度为 50%~75% 的环境中,混凝土最容易碳化;但在空气湿度大于 95% 的环境中或在水中,碳化反而难以进行。这是因为混凝土的碳化与透气性有关,透气性越大,越容易碳化。另外,在相同湿度条件下,温度越高、风速越大,混凝土的碳化速度越快。

4. 混凝土保护层厚度不足,钢筋锈蚀

钢筋在混凝土的保护下才能正常发挥受力作用。混凝土具有碱性,钢筋在碱性环境中形成钝化膜,阻止金属阳极与电解质的接触,使钢筋难于锈蚀。钝化膜一旦被破坏,在有水和氧气的条件下,钢筋易发生氧化锈蚀。一旦混凝土保护层厚度不足或产生裂缝,就破坏了钢筋所处的碱环境,形成了钢筋锈蚀的条件,钢筋锈蚀时体积膨胀,又会进一步促使混凝土保护层脱落,最终导致桥梁结构耐久性被严重削弱,使用寿命大大缩短。

5. 护坡及锥坡破损,冲刷掏空

墩台是桥梁的重要组成部分,它的耐久性直接决定了桥梁结构的耐久性。墩台基础常见的耐久性病害,如混凝土剥落、露筋和裂缝,水流冲刷导致护坡、锥坡破损或掏空,墩台柱基础冲刷严重、埋深不足,桥墩被车辆、船只、漂流物或流

冰撞损等,虽然这些病害不一定会产生即时的危险,但会对桥梁结构的耐久性与安全性构成严重威胁。应根据墩台基础缺陷的严重程度及施工条件采取不同的方法维修桥梁,使其处于良好状态。

6. 钢结构、钢-混凝土组合结构表面锈蚀

钢结构、钢-混凝土组合结构在外界环境影响下,其油漆涂装的保护性能会随时间的推移而逐步退化,结构表面会产生锈蚀现象。锈蚀一旦产生,轻者影响观瞻,重者削弱承重构件截面,产生应力腐蚀现象,对结构的耐久性造成较大影响。减少钢结构、钢-混凝土组合结构表面锈蚀的有效对策是加强巡查、及时养护维修。

钢筋混凝土桥梁常见的耐久性病害大体可汇总成表 4.1,其他桥型常见的耐久性病害汇总如表 4.2 所示。

表 4.1 钢筋混凝土桥梁常见的耐久性病害

表观病害特征	病害形态	病害产生原因	病害出现时间	对钢筋锈蚀的影响程度	备注
施工接缝	与构件厚度、高度垂直,表面呈羽状,多孔	混凝土浇筑间歇时间超过初凝时间	早期	钢筋可能锈蚀	
露筋	钢筋局部露在混凝土表面	钢筋错位或局部保护层过薄	早期	钢筋锈蚀	病害多产生在箍筋处
疏松剥落	混凝土表层大面积疏松、剥落	硫酸盐侵蚀	中、后期	钢筋锈蚀或严重锈蚀	
空鼓	敲击混凝土表面有空鼓声	混凝土浇筑质量不良,表面存在蜂窝及孔洞	早、中、后期	钢筋可能锈蚀	
锈斑	棕色点状或块状锈斑	混凝土密实性差,钢筋保护层厚度不足	中、后期	钢筋锈蚀	

续表

表观病害特征	病害形态	病害产生原因	病害出现时间	对钢筋锈蚀的影响程度	备注
顺筋裂缝	沿主筋、分布筋、箍筋出现,与钢筋平行的裂缝	混凝土密实性差,钢筋保护层厚度不足,盐腐蚀或碱-骨料反应导致开裂	后期	钢筋锈蚀或严重锈蚀	先产生裂缝,后引起钢筋锈蚀
胀裂脱落	混凝土保护层成碎片状胀裂、脱落	混凝土密实性差,或钢筋保护层厚度不足	后期	钢筋严重侵蚀	

表4.2　其他桥型常见的耐久性病害

桥型	表观病害特征	病害形态	病害产生原因	病害出现时间	对结构的影响程度	备注
钢结构桥	钢结构锈蚀	涂层脱落、表面锈蚀	腐蚀环境,涂层厚度不足,渗漏水,涂装施工质量差	早、中、后期	随时间的增加会发展,逐步恶化	钢箱梁桥、钢板梁桥、钢桁梁桥、钢管混凝土拱桥
	钢结构焊接不良	焊缝开裂、焊接不实	施工质量差,漏焊,应力集中,高残留应力	早、中期	随时间的增加会发展,严重时导致断裂	
	钢梁桥面铺装	车辙、开裂、滑移	黏结层材料性能不佳,温度变化大,车辆荷载大,铺装层厚度不足	中、后期	对铺装材料及钢桥面板经济耐久性造成影响	

续表

桥型	表观病害特征	病害形态	病害产生原因	病害出现时间	对结构的影响程度	备注
索结构桥	拉索、系杆锈蚀或断裂	钢丝生锈、流淌锈水、锈皮起鼓脱落	套筒灌浆不饱和,灌浆材料离析不凝固,套筒存在裂纹	早、中期	削弱截面,严重时导致拉索断裂	斜拉桥、悬索桥、系杆拱桥、中承式桥、下承式桥
	索结构锚头锈蚀	锚头螺纹、锚圈、螺栓及孔洞锈蚀、流淌锈水	锚头安装后未及时除锈,涂抹黄油,螺栓松动,腐蚀性介质侵入,防护层脱落	早、中期	对索结构的锚固可靠性造成较大影响	
圬工桥	砌体表面缺陷	砌缝开裂、灰缝砂浆脱落、松散、边角碎裂	施工质量差,材料老化,荷载过大,介质腐蚀	中、后期	随时间的增加会发展、恶化,耐久性逐步降低	拱桥、组合结构桥

4.1.3 影响桥梁承载力的病害

1. 桥梁结构存在倒塌的隐患

桥梁结构的一些体系因赘余度少、构造不当或养护不到位,在使用过程中,病害产生后逐步发展演化,如未能得到及时的养护维修,病害会逐步演变为严重的隐患,一旦外界因素或使用条件发生变化,桥梁结构就可能丧失整体性,严重时发生整体倒塌。例如,砌体桥台在土压力、水压力及车辆荷载作用下丧失整体性,发生桥台倒塌、梁体坠落的事故;又如悬臂梁或牛腿因剪切裂缝不断扩展,导致挂梁坠落、牛腿破坏的事故;还有上部结构梁体因支承方式不当、赘余度不足而在偏心荷载作用下发生侧倾倒塌等。桥梁结构存在倒塌的隐患是桥梁最为严重的病害,往往会导致重大桥梁安全事故。

2. 预制装配式桥梁结构受力的整体性、协同性丧失

预制装配式结构在中小跨度桥梁中比较常用。装配式结构具有施工快捷的特点。借助各种各样的横向连接构造，装配式桥梁结构具有一定的整体受力性能。但由于施工质量不佳、构造方式不当、使用荷载过大等原因，在其使用过程中，装配式结构的横向联系逐步削弱，如 T 形梁横隔板连接处开裂，导致装配式桥梁受力的整体性、协同性逐步丧失，距离理想的受力状态越来越远，整体性差，刚度偏小，承重结构局部开裂，内力重分布比较明显，出现单梁（板/肋）受力现象，导致装配式桥梁的传力途径或传力机理发生变化，承载力严重下降，病害特征急剧发展。此外，多跨简支梁桥因行车冲击而在伸缩缝处产生桥面破坏，装配式拱片连接处混凝土断裂或钢筋接头脱开也比较常见。预制装配式桥梁结构受力的整体性、协同性丧失是一种比较常见、危害较大的桥梁病害，普遍存在于预制装配式空心板、预制装配式 T 形梁、双曲拱桥、刚架拱桥等结构中，一般可以通过增大截面、加厚桥面铺装层、加强横向联系等措施加固改造。

3. 混凝土结构受力裂缝宽度过大

结构应力超限、受力裂缝宽度过大是混凝土桥梁比较常见的一种病害。出现受力裂缝的原因是混凝土拉应力超过了其抗拉强度。受力裂缝主要有弯曲受力裂缝、弯剪受力裂缝、扭曲裂缝、锚下劈裂裂缝等。如钢筋混凝土 T 形梁常常因抗弯承重能力不足、正应力超限而产生弯曲受力裂缝；又如混凝土箱梁顶板因桥面板弯曲应力过大而产生顺桥向裂缝，腹板因主拉应力超限而产生剪切斜裂缝，底板因整体弯曲应力过大而产生横桥向裂缝。

一般来说，结构应力超限、受力裂缝宽度过大主要与设计安全储备不足、构造配筋不当、使用荷载过大、基础不均匀沉降等因素有关。普通钢筋混凝土简支梁（板）桥常见受力裂缝如表 4.3 所示，预应力混凝土连续（箱）梁桥常见受力裂缝如表 4.4 所示，拱式桥梁常见受力裂缝如表 4.5 所示。一般这些裂缝在使用荷载反复作用下会逐步扩展，甚至会超过规范限值，不仅导致桥梁承载力、整体刚度降低，而且影响桥梁结构的耐久性。混凝土结构受力裂缝宽度过大的病害，可采取增大构件截面、施加预应力、粘贴钢板等加固补强措施消除或控制。

表4.3 普通钢筋混凝土简支梁(板)桥常见受力裂缝

裂缝种类与发生部位	主要特征与发生原因
下翼缘受拉区的竖向裂缝	①裂缝在跨中分布较密,间距为0.1~0.2 m,两端逐渐减少;②裂缝大致与主筋垂直,由下翼缘向上发展;③宽度较细,一般为0.05~0.15 mm;④在试验荷载作用下变化不大,经过较长时间运营已趋稳定;⑤由梁弯曲应力过大引起
腹板斜裂缝	①裂缝间距为0.3~0.5 mm,裂缝由几条至几十条不等,分布在支点至$L/4$(L为跨径)的范围,与剪力分布直接相关;②变截面梁斜裂缝在梁中性轴附近宽度最大,向两端发展形成枣核状;③等截面梁斜裂缝在主筋附近宽度最大;④由剪切、弯曲、扭转作用产生的主拉应力超限引起
顺主筋方向的纵向裂缝	①裂缝顺主筋方向延伸,长度可能较长;②对结构有很大的危害,破坏钢筋和混凝土的共同作用条件,使钢筋应力骤增;③水分渗入混凝土发生电化学锈蚀作用,钢筋锈蚀膨胀将混凝土胀裂;④保护层过薄或出现蜂窝等质量不良现象
梁端上部裂缝	①墩台产生不均匀沉降,使梁端局部压力增大,即局部应力过大所致;②裂缝由下往上开裂,严重者宽度可在0.3 mm以上;③部分裂缝呈劈裂状
运梁不当引起的梁体裂缝	运梁时支撑点没有放在梁的两端吊点上,而是偏向跨中,导致临时支承点处产生过大负弯矩而引起开裂
梁侧水平裂缝	①近似水平方向的分层裂缝;②由施工不当、分层灌注、间隔时间过长所致
腹板不规则竖向裂缝	①裂缝宽度一般在0.2 mm左右,间距无一定规律;②使用荷载作用下裂缝继续发展、数量增多,随使用时间增加而逐渐停止发展;③构造因素、混凝土收缩和外力作用的综合产物
横隔板开裂	①横隔板梁湿接缝开裂因施工质量不佳、构造不当、荷载过大等因素而引起;②横隔板底部竖向裂缝因横向联系较差、刚度不足等引起,裂缝宽度一般为0.05~0.25 mm

表 4.4 预应力混凝土连续(箱)梁桥常见受力裂缝

裂缝种类与发生部位	主要特征与发生原因
连续梁跨中底部和支点顶部竖向裂缝	①一般出现在跨中、支点区域,原因在于有效预应力不足、正应力过大、混凝土抗拉能力不足,裂缝宽度一般为 0.1~0.2 mm;②在外荷载反复作用下(汽车荷载及温度荷载),裂缝可能会扩展
箱梁弯曲裂缝和锚固齿板后横向裂缝	①箱梁弯曲裂缝分布于跨中附近,裂缝数量较多、较细(0.05~0.25 mm),为抗弯刚度不足或混凝土的强度较低所致;②箱梁锚固齿板后横向裂缝一般 1~3 条,裂缝较宽(≥0.25 mm),为构造缺陷引起的局部拉应力过大所致
牛腿及挂梁局部裂缝	①原因主要是配筋不足,高度偏小,挂梁与牛腿连接不顺形成跳车,在剪力、冲切作用下导致局部主拉应力过大;②裂缝均呈 45°斜向角度
预应力梁下翼缘的纵向裂缝	①预应力梁中较严重的一种裂缝,一般出现在最外面一排预应力钢束附近,或腹板与下翼缘交界处,宽度一般为 0.05~0.1 mm;②成因主要为局部预压应力过大,保护层太薄,或施工质量不达标
先张法梁端锚固处的裂缝	①裂缝均起始于张拉端面,宽度约为 0.1 mm,长度一般有一定的延伸;②由于在两组张拉钢筋之间,梁端混凝土处于受力区,易发生水平裂缝;③锚头处应力集中及梁端与锚头产生的楔形作用面,使锚头附近产生细小水平裂缝
箱梁副板斜向、水平向裂缝及顶、底板纵向裂缝	①箱梁副板斜向裂缝一般发生在支点至反弯点间的梁段上,属于剪切裂缝,产生原因主要是纵向或竖向预应力不足、副板厚度偏小,施工方案不当等;②箱梁副板水平向裂缝,主要由箱梁横向弯曲空间效应与内外温差应力使腹板内外侧产生的竖向应力、箱梁横向刚度不足、畸变应力、竖向预应力不足等引起;③箱梁顶、底板梗腋处的纵向裂缝主要是局部预应力过大、箱梁的正剪力滞后效应考虑不足、偏心荷载下箱梁畸变扭转引起腹板上下端局部应力过大所致

续表

裂缝种类与发生部位	主要特征与发生原因
箱梁横隔板裂缝	①发生于箱梁横隔板的上下部,裂缝宽度不大,一般小于 0.2 mm;②产生原因包括箱梁较宽、横隔板中施加的横向预应力不足或损失过大、箱梁抗扭能力差等
T形梁横隔板裂缝	①在梁端及腹板变断面的梁上均有发生,由棱角边缘向上延伸,焊缝开裂;②裂缝宽度一般为 0.2~0.3 mm;③由偏心荷载、扭转、施工质量等因素引起
后张法梁端或锚固部位的裂缝	①通常发生在梁端或预应力筋的锚固部位,裂缝宽度比较小,发生在梁端时多与主筋方向一致,发生在锚固部位时与梁纵轴线方向成 30°~45°夹角;②运营初期发展,但不严重,后期趋于稳定;③主要为端部或锚固部位应力集中或混凝土浇筑质量较差所致

表 4.5　拱式桥梁常见受力裂缝

裂缝种类与发生部位	主要特征与发生原因
刚架拱裂缝	①刚架拱在跨中实腹段下缘,大、小节点及次拱腿中部反弯区可能会出现裂缝,裂缝宽度一般为 0.05~0.25 mm;②主要是受力裂缝,也与构造不当有关,在外荷载作用下,裂缝可能会发生较大的扩展;③裂缝成因包括拱肋截面偏小、构造缺陷、施工质量差及实际荷载大等
桁架拱裂缝	①桁架拱在上弦杆及实腹段跨中附近底面及侧面横向开裂,或下挠过大,表明杆件的有效预应力不足、截面高度偏小或普通钢筋配置不足;②斜杆开裂说明拉应力过大、预应力不足或截面尺寸(配筋)不足;③各杆件轴线一般不会相交于一点,且受其他附加应力的影响,使各杆件节点附近因局部应力过大而开裂
空腹式箱(肋)拱顶及拱脚裂缝	①主拱圈的拱顶下缘及侧面横向裂缝、拱脚上缘及侧面的横向裂缝,裂缝宽度一般为 0.02~0.05 mm;②主要是截面的抗弯强度不足、配筋偏少、拱轴线不合理、墩台不均匀沉降、墩台向路堤方向滑动或转动、超重车影响、整体性差、施工质量差等引起

续表

裂缝种类与发生部位	主要特征与发生原因
主拱圈或腹拱圈出现纵向裂缝	①在主拱圈或腹拱圈出现纵向裂缝,裂缝宽度一般较小;②可能是墩台基础的上、下游不均匀沉降引起的,如果只是拱箱接缝处开裂,一般是由接缝连接不好、整体性差、偏荷载作用下拱箱受力变形较大引起的
拱肋与系杆相接部位裂缝	①在系杆拱桥的拱肋与水平系杆(桥面板)相接部位容易出现斜向裂缝;②裂缝出现的主要原因是构造不当、局部应力过大或混凝土浇筑质量较差;③运营初期发展,但不严重,后期趋于稳定
吊杆横梁裂缝	①在吊杆横梁的中部下缘,吊杆区域出现竖向弯曲裂缝和剪切斜向裂缝;②原因是有效预应力不足、正应力过大、混凝土抗拉能力不足;③裂缝宽度一般为 0.05~0.15 mm;④在外荷载反复作用下,裂缝可能会有所变化,但不会很严重
空腹式拱桥裂缝	①空腹式钢筋混凝土拱在拱脚、立柱、立柱与拱圈相接的部位可能会出现开裂;②原因是桥面板在立柱与腹孔位置未设铰或变形缝,使其不能适应环境温度变化;③裂缝宽度一般不会很大,在外荷载及温度荷载作用下,裂缝可能会发展
钢筋混凝土双曲拱桥裂缝	①拱波顶部纵向裂缝、拱波沿桥纵向裂缝、拱肋与拱波连接处环向裂缝等;②裂缝成因多为各拱波之间横向联系弱、整体性差、横截面的组合不合理、墩台横向不均匀沉降等

4. 结构或构件的损伤疲劳程度严重

钢结构、钢-混凝土组合结构在使用荷载反复作用及外界环境影响下,一些构件[如钢箱梁的正交异性(顶)板等]可能会因结构荷载应力幅度过大而产生严重的疲劳损伤,甚至出现焊缝裂纹等病害,对钢结构的使用寿命、耐久性与承载力构成严重威胁。此外,一些桥梁(如斜拉桥的斜拉索,系杆拱桥的系杆、吊杆)在使用荷载及外界环境因素的共同作用下,也容易出现系杆、吊杆的疲劳及应力腐蚀问题,对斜拉桥、系杆拱桥的安全使用构成严重威胁,甚至会酿成重大安全事故。

5. 桥墩基础变位或不均匀沉降,下部结构开裂

墩台是桥梁的重要组成部分,关系到桥跨结构在平面和高程上的位置,并将荷载传递给地基。墩台的承载力和稳定性在很大程度上决定了桥梁的耐久性。桥梁结构在服役过程中,由于基础工程施工质量不佳、设计存在缺陷、地质情况不良或周边其他工程施工的影响,桥梁墩台产生不均匀沉降或水平位移。桥梁基础不均匀沉降或水平位移说明其地基基础或下部结构的承载力不足,不仅会导致桥梁线形不顺畅、影响行车性能,而且对于超静定桥梁还会产生比较大的附加内力,改变桥梁结构设计的受力状态,对桥梁的安全运营与正常使用构成明显的威胁。桥梁墩台、桩基础等下部结构因水流冲刷、船舶(漂浮物)撞击、养护维修不足而产生的掏空、露筋、腐蚀等病害常常威胁到桥梁的安全运营。此外,下部结构墩台基础在上部结构及桥面系传递的荷载、下部地基基础不均匀沉降滑移、水压力、施工质量、温度等诸多因素的影响下,出现了各种各样的裂缝病害,影响桥梁承载力。部分宽度过大的裂缝甚至严重影响到桥梁的安全运营。墩台、基础的缺陷及病害主要有以下几种。

(1)浆砌片石桥台、护坡等部位,由于缺乏维护,加上水流冲刷等原因出现开裂、破损、掏空等情况。

(2)桥台由于侧墙内填土不密实,或采用含水量较大或渗水不良的土壤,造成不均匀沉降和排水不良问题,从而引起裂缝,导致侧墙与台体分离;或由于气候条件不佳、流水和流冰的侵蚀,墩台表面风化剥落,桥台侧墙、胸墙倾斜或轻微鼓肚,两侧锥坡和八字翼墙发生鼓肚、沉陷。

(3)扩大基础由于回填不当、排水不畅引起土压力和支承力的变化,导致墩台产生位移、开裂等病害。

(4)桩基础由于桩头残渣清理不干净,桩头处理不好,以及桩身各种质量缺陷,如桩顶露筋、夹泥、断桩、缩径、离析、桩位偏差等,造成桥梁墩台出现各种缺陷和病害,表现方式为下沉、开裂、倾斜、滑移等。

(5)下部结构桥墩、桥台因受到基础不均匀沉降、局部应力集中、设计构造失误、施工质量不佳、混凝土温度收缩、支座损坏后产生的次生内力、水压力及冲刷掏空等的影响而产生了各种结构性裂缝,部分裂缝宽度很大,成为影响桥梁承载力的安全隐患。

(6)沉井基础常因开挖方法、地下水处理、减少摩阻方法不好及刃脚部位封底不严密,造成墩台的缺陷和病害。

(7) 其他病害,如混凝土剥离、露筋、孔洞、蜂窝麻面,桥面漏水,天然地基上的浅基础被冲刷掏空,灌注和打桩基础受水冲刷、侵蚀等。

6. 设计荷载等级偏低,结构强度不适应交通需求

受经济、技术等因素的制约,相当一部分既有桥梁在建造时设计荷载等级偏低,存在先天不足,但在使用过程中并未对运营荷载进行有效的限制,加上交通量日益增大,超重车辆、超载车辆越来越多,导致这些桥梁的病害在使用过程中进一步恶化,发展到一定程度,不仅其使用性能不能满足有关规范的要求,而且其承受能力、极限强度往往也不能够满足实际荷载的要求,存在比较严重的安全隐患。

在我国,从20世纪50年代以来,随着汽车工业、交通运输业的不断发展,公路桥梁设计荷载标准经历了汽-10、汽-13、汽-15、汽-20、汽-超20、公路-Ⅰ级的发展历程,其中汽-20占既有桥梁的多数。此外,由于超重车辆日益增多、超载车辆屡禁不绝、各大城市交通日益拥堵等,我国桥梁超负荷使用这一问题更为严重。既有桥梁带病工作、"小马拉大车"现象的普遍存在,使既有桥梁普遍存在不同程度的病害。

还有相当一部分跨河桥、跨线桥存在桥下通航或通车净空不能满足实际需求的现状。一些桥梁修建时的技术标准偏低,而城市发展、航运发展较快,且相关人员对超限船只、超高车辆管理不到位,导致船舶、车辆撞击桥梁的事故时有发生,给既有桥梁的安全运营带来了潜在的安全隐患。

在桥梁检测评估、病害分析诊断的基础上,对于承载力不足、使用性能较差或耐久性能不满足要求的结构或构件,需要采取有针对性的维修加固措施。桥梁维修加固可分为一般性养护维修和结构性加固。一般性养护维修主要针对影响桥梁使用性能、耐久性能的病害,目的是保证桥梁结构的使用性能或耐久性能达到设计、规范及实际使用要求,如桥面铺装层的维修、油漆涂装更新、裂缝封闭与灌浆处理、支座更换等。当桥梁结构无法满足承载力、通行能力等方面的要求时,需要对桥梁进行加固或技术改造。桥梁结构性加固包括为提高承载力而进行的结构补强,为满足通行能力而进行的桥面拓宽,为改善使用性能而进行的结构维修,进行病害处治、加固改造以弥补桥梁结构先天缺陷、使用过程中出现的各种病害缺陷,以及结构严重受损所造成的承载力不足问题,使桥梁恢复和满足新的使用条件下的受力、安全、使用及耐久性要求。

4.2 桥面系养护维修技术

4.2.1 桥面系日常养护维修技术

桥面系日常养护维修工作内容主要为经常性检查和定期检查发现的缺陷和病害，以及养护单位的特殊要求。

桥面系日常养护一般指桥面系小修保养工作，除应符合现行行业标准，如《城市桥梁养护技术标准》(CJJ 99—2017)、《城镇道路养护技术规范》(CJJ 36—2016)等标准的规定外，还应符合下列规定。

(1) 桥面清洁，无垃圾、飞石、污泥等。除定期清扫外，发现垃圾、飞石、污泥等时要及时清除。车行道表面应坚实、平整，无坑凼、破损、松动、车辙、拥包、推挤、泛油等。当发现小面积坑凼、松动、破损时，需进行日常养护维修；当损坏面积较小时，应进行局部修补；当损坏面积较大时，应开展定期检查，弄清病害情况和病害原因，及时开展维修工作。混凝土桥面出现断缝、拱胀、错台、露骨、坑洞等病害时，应及时处理。当损坏面积较大时，应整块或整跨凿除，重铺新的混凝土。对于沥青混凝土桥面长期含水浸泡造成的脱落、拥包，应切断水源，清除损坏的部位，排水，待干燥后修补。发现裂缝时应做好标记、加强观察，对大于 1 mm 的混凝土桥面裂缝，应查明原因。在确定无结构破坏和裂缝不继续发展的条件下，可做灌缝封闭处理。

(2) 伸缩装置应保持清洁完好，发挥正常的伸缩作用，满足桥跨结构由温度变化、混凝土收缩、混凝土徐变所引起的变形的需要。伸缩缝日常养护维修需要做到以下几点。

①要经常清除伸缩缝中的碎石、泥土等杂物。异型钢伸缩装置的日常维护项目，主要是清扫缝间积存的杂物。这些杂物如不及时清理，不仅会造成密封橡胶带(止水带)严重磨损破坏，而且会影响伸缩装置的正常工作，甚至会造成伸缩装置和梁端头的破坏。梳齿板、橡胶板或异型钢伸缩装置表面，应每月进行一次清缝工作。伸缩装置下方的梁端缝隙，应每年清理不少于 2 次。伸缩装置的密封橡胶带(止水带)，损坏后应及时更换。

②检查并拧紧松开的螺栓，加油保护。梳齿板和橡胶板伸缩装置的固定螺栓应每季度保养一次，如果松动应及时拧紧。出现变形、开裂，行车有异常响声、

跳车时,应及时维修。

③修理或更换个别损坏或失效的部件。梳齿板和橡胶板丢失应及时补上,弹簧(止退)垫不得省略。严重破损的梳齿板和橡胶板,应及时按同型号进行更换。

④清洁位移箱不锈钢板表面,一般每半年清洁保养一次。

⑤对不同类型的伸缩缝,应按其特性制订具有针对性的检查、养护维修措施。

⑥如果异型钢伸缩装置的密封橡胶带损坏,应及时更换。密封橡胶带的选择应满足原设计的规格和性能要求。

⑦弹性体伸缩装置出现严重变形、翘起、脱落时,应及时清除、更换。

⑧钢板伸缩装置的钢板开裂、翘曲或脱落时,应及时补焊修复。

(3)每月测量伸缩装置的间隙,形成连续记录,分析伸缩变形是否正常,测量时间宜选择在与上年统计当月平均温度相当的日期。在每年气温最高、最低时,应定时测量伸缩装置的间隙,其间隙不得低于设计最小值,同时不得超过设计最大值。应经常对伸缩装置的水平错位、竖向升降进行观测和控制。当伸缩装置两侧沥青混凝土破损或平整度偏差太大时,应清除并重新摊铺、碾压沥青混凝土,按最新要求重新安装伸缩装置。此外,伸缩装置对应处的栏杆、侧平石、人行道、梁体等应断开,禁用沥青铺装层覆盖伸缩装置。

(4)中央隔离设施应完好,活动设施摆放正确。防水层损坏后应及时维修;防水混凝土的抗渗等级应高于P6;重要工程的桥面防水混凝土的抗渗等级应高于P8。

(5)桥面更新应使排水系统得到改善。桥面不允许随意增加荷载,包括增加桥面铺装厚度、增设过江管线、增设大型装饰广告等。

(6)架设在桥上的管线安全保护设施应完整、有效;线杆应安全、牢固;井盖应完好、平顺;标志、标牌、信号灯应完好,损坏、缺失要及时恢复。

4.2.2 桥面系病害维修技术

除了对桥面系进行日常养护维修,还应对桥面系病害进行维修。下面从桥面铺装、桥面防水层、防水混凝土结构层、伸缩装置4个方面讲解桥面系病害的维修技术。

1. 桥面铺装的维修

(1) 桥面铺装维修的一般规定。

①不得随意增加桥面铺装厚度和静载,严禁覆盖伸缩装置。增加一层结构层对桥面进行补强,桥体静载就会相应增加。这种做法不仅对桥梁(尤其是老桥)的承载力构成严重的威胁,而且会给交通安全带来极大的隐患。同时,伸缩缝处的纵向线形会出现凹陷,使行驶的车辆产生严重颠簸。

②桥面作业时不得破坏原有完好的防水层和铺装层。

③桥面更新后的横坡坡度和纵坡坡度应满足排水要求。

④桥面上人行道、盲道和缘石应完好、平整。当有缺损时,应及时维修或更换。

(2) 水泥混凝土桥面铺装维修。

水泥混凝土桥面铺装的病害处理应符合下列规定。

①铺装层较严重的表面脱落、麻面,可凿除后重新铺装混凝土面层。在桥梁承载力允许的条件下,可在病害处理后加铺沥青混凝土层,但其维修方案应经专项设计。当维修方案改变了原桥面设计标高后,其伸缩装置和保护带的标高应作出相应调整。

②对宽度大于 3 mm 的桥面裂缝,应检查其发生原因,在确定无结构破坏且病害不会继续发展的条件下,可进行灌缝处理。

③铺装层的局部损坏:Ⅰ类养护的城市桥梁桥面坑洞面积应不大于 0.01 m^2,深度应不大于 20 mm;Ⅱ类、Ⅲ类养护的城市桥梁桥面坑洞面积应不大于 0.02 m^2,深度应不大于 20 mm;Ⅳ类养护的城市桥梁桥面坑洞面积应不大于 0.03 m^2,深度应不大于 30 mm;Ⅴ类养护的城市桥梁桥面坑洞面积应不大于 0.04 m^2,深度应不大于 30 mm。当铺装层的损坏超过规定时,应进行维修。

水泥混凝土桥面铺装维修作业应符合下列规定。

①应确定维修范围,画线并切割成顺桥方向的矩形,不得扰动完好部分。切割深度应小于混凝土铺装厚度,但应满足桥面维修的最小厚度,不得损坏防水层。

②损坏的防水层应按桥面防水层的修补要求进行维修。

③修补时混凝土结合面应清洁、无杂物、无松散,新旧混凝土结合面应连接牢固。新修补的混凝土强度等级应不低于原混凝土强度等级。

④桥面铺装维修可采用半幅作业、半幅通行的方法进行施工。

水泥混凝土桥面铺装维修建议如下。

①水泥混凝土结构的最小修补厚度:当厚度大于3 cm时,可采用普通配合比的水泥混凝土修补;当厚度小于3 cm但大于2 cm时,应采用细石混凝土或环氧混凝土修补;当厚度小于2 cm时,应采用环氧砂浆修补。

②新旧水泥混凝土之间采用界面胶作为黏结剂,可保证修复后的混凝土能够有效地形成整体。选用的界面胶应符合现行行业标准《公路桥梁加固设计规范》(JTG/T J22—2008)关于修补胶(B级胶)的要求。桥面铺装层中的钢筋网若有损坏,应按照原设计规定恢复后再浇筑混凝土,新旧钢筋之间可采取焊接方式,保证保护层厚度。

(3)沥青混凝土桥面铺装维修。

沥青混凝土桥面铺装维修应符合以下规定。

沥青混凝土桥面铺装维修应按现行行业标准《城市桥梁养护技术标准》(CJJ 99—2017)、《城镇道路养护技术规范》(CJJ 36—2016)的要求进行。

①修补沥青混凝土桥面铺装应采取静压或水平振荡碾压的方式。

②对于沥青混凝土桥面铺装因长期被水浸泡而产生的脱落、拥包,应采取有效的排水措施,待修补面干燥后,再修补面层。

③在修补沥青混凝土桥面铺装前,应检查桥面防水层,如有病害应先处理。沥青混凝土修补时的新旧立面接缝处应采取防水措施。沥青混凝土桥面铺装可定期采取微表处、雾封层等预养护措施,相关要求应符合现行行业标准《城镇道路养护技术规范》(CJJ 36—2016)的有关规定。

2. 桥面防水层的维修

桥面防水层的维修应符合下列规定。

①损坏的防水层应及时进行修补。

②防水层维修应按国家现行相关标准的要求进行。

③修补后的防水层,其防水性能、整体强度、与下层黏结强度和耐久性等指标,应满足原设计要求。

3. 防水混凝土结构层的维修

(1)防水混凝土结构层的维修作业。

①当防水混凝土表面脱落或轻微粉化而整体强度未受影响,且防水混凝土层与下层连接牢固时,应彻底清除表面脱落层和粉化物;当防水混凝土受到侵

蚀,表面严重粉化且强度降低,或防水混凝土层与下层已脱离连接时,应完全清除该脱落层重新进行浇筑。清理表面脱落层时,应清理至具有强度的表面完全露出。清除损坏的结构层时,应切割出规整的边界,将其彻底清除,同时避免扰动其他完好的部分。

②在清除钢筋网结构的防水混凝土层时,原钢筋应预留足够的搭接长度。清除作业结束后,应重新绑扎钢筋网。

③浇筑新混凝土前,作业面应清洁、粗糙、无杂物。新旧水泥混凝土的结合面处,应采用界面胶作为新旧混凝土间的黏结剂,其连接抗拉强度应大于2.5 MPa。选用的防水混凝土抗渗等级应高于P6,且不得低于原设计要求。在使用除雪剂的地区和酸雨多发地区,防水混凝土的耐腐蚀系数应不小于0.8。严禁使用普通配合比的混凝土替代防水混凝土。

④可在修补范围内的桥面板上适当植筋。使用快凝混凝土修复材料时,其强度等级不得低于原结构层设计强度等级。

(2) 防水混凝土结构层破坏的原因。

a. 强度破坏:一是自身强度不足;二是在建桥施工时,混凝土强度还没有达到要求就铺装沥青结构或开放交通。b. 腐蚀破坏:酸雨、除雪剂或其他有害物质会渗透沥青面层长期浸泡水泥混凝土结构,造成水泥混凝土表层粉化和整体强度降低。

(3) 防水混凝土的要求。

①防水混凝土的抗渗等级。桥面防水混凝土的抗渗等级最低为P6。低于P6的混凝土常由于水泥用量较少,容易出现分层离析等问题,抗渗性能难以保证。重要工程的桥面防水混凝土的抗渗等级宜大于P8。

②防水混凝土的配置要求。配置防水混凝土所用的各种材料,除了要符合普通混凝土的配置要求,还应满足下列条件。a. 水泥强度等级应不低于32.5级。在不受冻融和侵蚀性介质影响的地区,可选用普通水泥、火山灰水泥、粉煤灰水泥;掺用加气剂时,可选用矿渣水泥。在受冻融影响的地区,应选用普通水泥。在受侵蚀性介质影响的地区,应按设计要求选用水泥。防水混凝土的水泥用量不得少于300 kg/m³。b. 石材最大粒径应小于40 mm;砂宜使用中砂;砂率宜为35%~45%;灰砂比宜为1∶2.5~1∶2.0;水灰比宜在0.55以下。c. 掺用加气剂或引气型减水剂时,混凝土含气量应控制在3%~5%。d. 各种材料必须按配合比准确称量。计量允许偏差为水泥、水、外加剂±1%;砂、石、掺合料±2%。

③混凝土的耐腐蚀系数。混凝土的耐腐蚀系数是混凝土试块分别在侵蚀性介质中与饮用水中养护6个月的抗折强度之比,其应符合相关要求。

④混凝土层的修补。为了保证修补混凝土层与下层混凝土有效连接,推荐在修补范围内的下层混凝土上适当植筋。采用的植筋胶和植筋后的强度,应符合现行行业标准《公路桥梁加固设计规范》(JTG/T J22—2008)的要求。

4. 伸缩装置的维修

(1) 伸缩装置的选择。

①当伸缩装置出现损坏而无法修复时,宜选用原型号伸缩装置产品进行整体更换。若选用其他类型(型号)伸缩装置产品,则应符合下列规定:新型伸缩装置的伸缩量和承载力应满足原设计要求;伸缩装置的安装高度应小于桥面板至桥面层的高度差;当无伸缩装置设计资料时,应对伸缩量重新进行计算。

②一般伸缩装置产品除标准值(标称值)外,还会有一个极限值。但是,伸缩装置产品只有在标准值范围内工作才是安全的。所以,在选择伸缩装置产品时,其标准值必须大于设计计算值。当标准值等于(或略小于)设计计算值时,应选高一级规格的产品,但盲目追求安全而随意选高规格的产品也会造成浪费。

(2) 更换伸缩装置的施工规定。

①伸缩装置的预留缝宽,应根据产品说明和施工时的环境温度计算确定。安装焊接时间应选择一天中温度变化较小的时间段。从开始焊接到焊接结束,环境温度变化应不超过5 ℃,安装焊接结束后,应立即拆除定位装置。

②当选择异型钢伸缩装置时,设置的开口宽度应便于止水带的安装和维护。当梁端设计最大伸缩量小于30 mm时,异型钢伸缩装置设置的最小开口宽度应不小于30 mm。

③桥面板(梁)或桥台背墙的锚固预埋件如有缺损,应补植连接锚筋。

④伸缩装置在安装焊接时,连接筋与锚筋的连接形式和焊接长度应符合焊接要求,严禁点焊连接。

⑤伸缩装置的水泥混凝土保护带,其强度等级应符合设计要求,且不得小于C40,宜采用钢纤维混凝土。

⑥梁端与桥台(梁端)之间应隔离、封闭,宜采用硬塑料泡沫板进行填充;伸缩装置下部和异型钢伸缩装置支撑箱下部的混凝土应填满。当伸缩装置的下部空间高度小于4 cm时,应改用同强度等级的细石混凝土进行浇筑。

⑦混凝土达到设计强度且伸缩装置安装完成后,方可恢复交通。

(3)更换伸缩装置的施工要点。

①准确计算伸缩装置在当前温度下的安装宽度,是保证伸缩装置在任何自然条件下都能正常工作的前提。混凝土的徐变和干燥收缩可以使梁缩短。温度的上升可以使梁伸长。所以在安装伸缩装置时,应以最高温度时梁的伸长点作为计算起点,将绝大部分安全余量,放在最大拉伸位置一边。

在伸缩装置的计算起点,还应考虑预留一定的安全宽度,一般可以按设计富余量的 1/3~1/2(或略小值),作为计算起点安全预留值。如果在基本伸缩量的计算中,加入了混凝土徐变和干燥引起的收缩量,计算起点端的安全预留值就可以忽略。

②对于梁端设计最大伸缩量小于 30 mm 的异型钢伸缩装置,为了便于更换止水带,最小开口宽度应不小于 30 mm。

③在安装伸缩装置时,混凝土应完全浇满,否则伸缩装置的承载力和抗冲击能力都会降低,伸缩装置的使用寿命也会缩短。

(4)更换伸缩装置的施工步骤。

①在更换前,仔细查阅原竣工图纸,了解原伸缩装置的相关资料和安装结构。

②拆除伸缩装置原结构和两侧保护带至桥面板,注意保护安装预埋件不被破坏。若安装位置预埋件较少或无连接预埋件,应补植连接筋。安装新伸缩装置的放线时间,应选择在一天中温度变化最小的时间段内。

③根据新缝安装的资料和安装时的环境温度,计算确定安装宽度。

④将新伸缩装置按要求的安装高度和宽度进行安装焊接。在混凝土梁缝间安放硬塑料泡沫板,高度要超过伸缩装置的底部,保证浇筑的混凝土不进入伸缩装置的活动空间。带有预埋螺母的伸缩装置,都应采取封闭措施,保证混凝土不进入螺母内。

⑤在浇筑侧带混凝土时,要充分振捣,使伸缩装置的下部和后部不出现孔洞现象。当混凝土养护达到设计强度后恢复交通。

(5)弹塑体伸缩装置的施工步骤。

①拆除伸缩装置原结构和两侧保护带至桥面板,并在梁缝间覆盖钢板。

②在原伸缩装置工作面上,喷洒沥青黏层油,按路面高程摊铺沥青混凝土并碾压成活。

③以梁板缝为中心,用切割机按需要安装的宽度切割出两条缝,刨除两条缝间的沥青混凝土形成安装槽。

④在梁缝间安放泡沫,并安放带有定位钉的钢板将梁缝遮盖。

⑤用烘烤加热器将作业面烘烤至70 ℃左右,刷涂黏结胶。

⑥将加热后的弹塑体胶体与热碎石进行均匀拌和,灌入安装槽内,按路面高程摊铺并碾压成活。

(6) 钢板伸缩装置和其他简易伸缩装置的改造处理。

钢板伸缩装置和其他简易伸缩装置大多是与桥面板浇筑在一起的,因而将其直接改造为弹塑体伸缩装置的难点是,不易拆除成完整的安装作业面。一般可先拆除覆盖的钢板和角钢,然后用铣刨机铣刨出符合改造要求的工作面,也可以使用切割机按间距2～3 cm、同等深度排列切割,然后凿出工作面。

(7) 补植连接锚筋的方法与要求。

桥面板(梁)或桥台的锚固预埋件如有缺损,应按设计补植连接锚筋。补植连接锚筋的方法与要求如下。

①在梁板上无筋处用电锤打孔,孔径比锚筋直径大4～6 mm,深度应大于锚筋直径的15倍。

②用高压气等将孔内粉尘和水分清理干净。

③将双组分专用植筋胶拌和后灌入孔内,插入螺纹钢筋,待植筋胶完全硬化后再进行使用。

④连接锚筋必须使用螺纹钢,并且表面不能有锈痕和杂质。

⑤采用的植筋胶和植筋后的强度应符合现行行业标准《公路桥梁加固设计规范》(JTG/T J22—2008)的要求。

⑥为了减少焊接温度对植筋胶强度的影响,锚筋焊点后要留有一定的长度,在焊接时绑扎湿抹布减少热量的传导。

(8) 橡胶板伸缩装置的更换。

早期伸缩装置的橡胶板是直接安装在角钢或水泥混凝土工作面上的。这类产品早已淘汰,只能用新型板式伸缩装置进行更换。当旧缝处的安装高度和锚固条件能够满足新型板式伸缩装置的安装要求时,就可以进行更换。

将旧型伸缩装置改造为弹塑体伸缩装置:凡是伸缩量小于5 cm、安装高度在6～8 cm的橡胶板伸缩装置、钢板伸缩装置和其他简易伸缩装置,在重型车辆交通量不大的条件下,都可以改造为弹塑体伸缩装置。

改造为简易异型钢伸缩装置和梳齿型钢伸缩装置:伸缩量小于8 cm的老式伸缩装置可改造为简易异型钢伸缩装置;伸缩量为8～12 cm的老式伸缩装置可改造为大伸缩量的梳齿型钢伸缩装置。

改造为多模数异型钢伸缩装置：大伸缩量（伸缩量大于 12 cm）的橡胶板伸缩装置，如果梁头能够满足异型钢伸缩装置的安装高度和结构要求，就可以改造成多模数异型钢伸缩装置。

伸缩装置的橡胶板是由钢板和橡胶复合而成的材料，在没有专用工具的情况下，极不易拉伸和压缩。为了方便安装，更换的时间宜选择在春秋两季进行。其中，最佳安装温度时段，应能使安装设置宽度近似于橡胶板的常态宽度。

(9) 伸缩装置维修的其他要求。

①伸缩装置保护带应完好，不得有开裂、破损现象，坑洞面积不得大于 0.01 m^2，深度不得大于 20 mm。已松散和有坑洞的保护带，应及时修复。保护带小面积维修宜采用快速修复材料。

②保护带与桥面的接缝高差，对Ⅰ类、Ⅱ类养护的城市桥梁应不大于 2 mm，对Ⅲ类养护的城市桥梁应不大于 3 mm。固定在不同结构上的伸缩装置相对高差，不应大于 2 mm。

③维修或更换伸缩缝时，应采取维持交通措施，如将桥面分为两个半幅施工、在伸缩缝上架设跨缝设施等。

4.3　上部结构养护维修技术

4.3.1　空心板简支梁桥

空心板简支梁桥是中小跨径常用桥梁，空心单板预制安装，板与板之间通过铰缝构造进行连接，再浇筑整体式钢筋混凝土现浇层或再加铺一层沥青混凝土铺装层而成。空心板进行横向铰接，假定铰缝只能传递剪切力，不传递弯矩。铰缝是保证空心板在汽车荷载作用下各块板共同参与受力的一个重要构造。铰缝的构造又分为小铰缝和大铰缝，小铰缝构造偏小，在重载的作用下，极易损坏，在运营一段时间后，易出现单板受力现象。空心板简支梁桥结构如图 4.1 所示。

空心板简支梁桥常见病害有空心板跨中弯曲裂缝、空心板板底纵向裂缝、空心板腹板斜向裂缝、空心板腹板竖向裂缝、空心板单板受力、空心板耐久性病害、铰缝病害等。其中，空心板单板受力是最典型也是最危险的状态。下面针对这些病害提出养护维修措施。

图 4.1　空心板简支梁桥结构

1. 空心板跨中弯曲裂缝

如图 4.2 所示的裂缝称为弯曲裂缝。这类裂缝一般分布在板跨中,即板的 $L/4 \sim 3L/4$(L 为桥梁跨径)附近。在板的侧面,这类裂缝往往从板的受拉区边缘,沿与主筋垂直的方向延伸,通常在两条延伸较长的裂缝间有数条较短的裂缝。这种裂缝宽度一般为 0.03~0.2 mm。

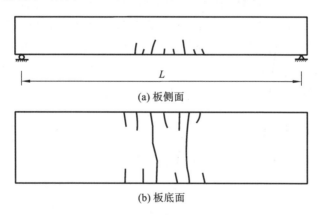

图 4.2　板受拉区的弯曲裂缝示意

在板的底面,这类裂缝也会沿着与主筋垂直的方向产生,特别是对于空心板,裂缝宽度一般为 0.03~0.25 mm。总体来说,这种裂缝主要出现在板的底面。

这类裂缝主要是由弯曲拉应力超出混凝土极限抗拉强度引起的。一是重车超载造成板荷载效应增大,超出板的设计承载力,造成开裂;二是普通钢筋混凝土正常受力引起开裂。一般这类构件容许开裂,只要裂缝宽不超过限值即可。

一般认为,只要这类裂缝在板侧面延伸不到截面中性轴位置,这类裂缝的宽度在荷载作用下的变化就不大,也就比较稳定。所以,只要最大裂缝宽度不超过限值,即认为此种裂缝对结构当前的承载力影响不大,但对结构耐久性有影响。

对于裂缝宽度大于0.15 mm的板均先进行裂缝灌注处理,然后在板底粘贴纵向钢板或者碳纤维布加固补强,提高承载力。对于裂缝宽度小于或等于0.15 mm的板只需进行裂缝封闭处理即可。

2. 空心板板底纵向裂缝

空心板板底纵向裂缝表现为沿着板底顺桥向出现纵向开裂。

这类裂缝产生的原因有2种:一是预应力构造引起的裂缝,预应力管道保护层太薄,张拉预应力钢绞线后,在薄弱位置出现较大的横向拉应力,使混凝土开裂,从而形成纵向裂缝;二是主筋锈胀引起的裂缝,纵向主筋由于保护层不足,出现锈胀,导致混凝土开裂。

养护维修措施应根据产生原因进行选择,具体如下。

(1)预应力构造引起的裂缝:对于裂缝宽度大于0.15 mm的板均先进行裂缝灌注处理,然后在板底粘贴横向钢板或者碳纤维布加固补强,提高承载力;对于裂缝宽度小于或等于0.15 mm的板只需进行裂缝封闭处理即可。

(2)主筋锈胀引起的裂缝:对于主筋锈蚀严重的板应进行更换;对于主筋锈蚀不严重的板应凿除松散的混凝土,对钢筋采取除锈、防锈措施,然后使用高强混凝土恢复保护层,视情况粘贴钢板或者碳纤维布加固补强。

3. 空心板腹板斜向裂缝

空心板腹板斜向裂缝常出现在普通钢筋混凝土空心板梁端。这类裂缝通常表现为两种形态:一种为中间宽两端细,呈枣核状,与梁体顺桥向成45°夹角,为腹剪斜裂缝;另一种为上细下宽,由竖向裂缝发展而成,从主应力轨迹图上看,在剪弯区段截面的下边缘,主拉应力还是在水平方向,该斜向裂缝为弯剪斜裂缝。

若裂缝宽度不超过规范规定的限值,进行裂缝封闭处理即可;若裂缝宽度超过规范规定的限值,应对梁端腹板进行加固,以提高其抗剪承载力,通常采用粘贴钢板或梁端增大截面法加固。

4. 空心板腹板竖向裂缝

普通钢筋混凝土空心板简支梁跨中腹板经常会出现竖向裂缝,裂缝呈枣核形状,即两端细、中间粗,是典型的收缩裂缝。裂缝下端细是由于空心板梁底部配筋量大,上端细是由于裂缝逐渐延伸至受压区而消失,中间粗是由于腹板侧面中部纵向配筋较少,混凝土收缩而使裂缝宽度加大。

值得注意的是,部分空心板腹板竖向收缩裂缝下端经常与梁底横向裂缝重合,容易将收缩裂缝的长度误判为横向裂缝开裂高度。遇到这种情况时,应根据梁底横向裂缝的宽度和跨中挠度的变化加以区分。

在施工时,模板限制腹板混凝土收缩,导致混凝土受拉,加之腹板水平配筋量少,导致混凝土开裂。空心板腹板竖向裂缝形成机理如图 4.3 所示。

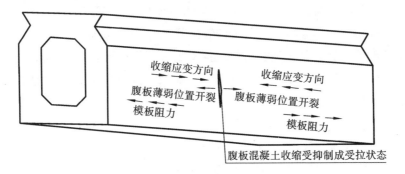

图 4.3　空心板腹板竖向裂缝形成机理

空心板腹板竖向裂缝不影响结构承载力,仅影响耐久性,只需进行裂缝封闭处理即可。

5. 空心板单板受力

空心板单板受力指在公路桥梁的梁板式桥中,板间铰缝被剪断,使得车辆通过时的荷载不能通过铰缝传递,桥所受荷载只能由单板承受,而形成的一种桥梁病害。空心板单板受力主要表现形式为:重车通过时,梁板挠度过大,影响桥梁安全;铰缝破损、渗水;桥面铺装层产生纵向裂缝。

产生单板受力的原因主要如下。

(1) 设计方面的原因。车辆超载是产生单板受力的主要原因。但从设计角度来看,在已出现单板受力的桥梁中,预制空心板顶板被压碎的情况却极少发生,这至少说明铰缝部位在设计方面的安全储备远低于顶板。目前常用的预制板设计一般都存在以下缺陷。①铰缝的形式不够合理。例如梁端一定范围内的铰缝宽度只有1 cm，再加上梁板预制和安装时的误差，使得铰缝的浇筑质量难以保障。另外，跨中部位的铰缝形式也不尽合理，其抗剪效率不够理想。②设计中没有考虑铰缝混凝土自身的收缩作用，不够重视新旧混凝土间黏结力不足的问题。③铰缝设计理论不够完善，难以真实体现梁板间的实际受力状况。从荷载的横向分配理论可知，设计理论是按铰接形式对单个荷载按影响线分配的，但实际受力却介于铰接与刚接之间，制约因素与铰缝的断面形式和施工质量有关。

（2）施工方面的原因。预制梁板的单板受力与施工质量有着密切的关系，同一条路线上、同一种结构形式的桥梁，有的发生单板受力，有的却没有发生，便足以说明这一问题。在施工时一般应注意如下几个问题。①预制板侧面应认真凿毛，并仔细清除因凿毛而产生的松动混凝土块，以增强新旧混凝土间的黏结力和抗剪力。②浇筑铰缝混凝土前，应对梁体侧面进行洒水湿润，以保证新旧混凝土间的良好结合。③务必灌满振实铰缝混凝土，并进行必要的养护。④最好能够使用防收缩或微膨胀水泥浇筑铰缝混凝土。⑤梁板吊装时，要密切关注支座受力的均衡性，切忌支座悬空。⑥铰缝混凝土未达到设计强度前，严禁在桥上行驶车辆等重载，以免使铰缝产生内伤。

（3）其他方面的原因。如重车超载、桥面日常养护不到位及支座脱空等。

空心板形成单板受力后，单板所承受的荷载大大增加，在重载作用下，出现各种病害，严重的可导致梁板端部剪切断裂或跨中弯曲破坏，因此一旦梁板有单板受力现象，必须及时处理，主要养护维修对策如下。

（1）更换桥面铺装层，凿除松散的铰缝混凝土，在铰缝两侧横向植筋或者粘贴横向钢板，加强横向连接。

（2）增大桥面铺装层厚度及加强钢筋布置，建议设置双层D10钢筋网片，混凝土浇筑厚度不小于12 cm。

（3）梁板底部增加横向连接，改善荷载横向分布，提高梁板的整体承载力。

6. 空心板耐久性病害

空心板耐久性病害主要有梁板钢筋锈胀、混凝土剥落，梁板边角混凝土破损、缺角。

梁板钢筋锈胀、混凝土剥落的主要原因为：混凝土保护层不足，在周围环境作用下产生钢筋锈蚀，钢筋锈胀导致表面混凝土剥落。梁板边角混凝土破损、缺角的主要原因为：桥下通行车辆超高，车辆顶部长时间刮擦梁板。

当梁板钢筋锈蚀严重,混凝土大面积剥落时,梁板承载力降低,应考虑及时更换梁板。当梁板钢筋锈蚀不严重时,建议先凿除周边疏松混凝土,对外露锈蚀的钢筋进行除锈、防锈处理,再采用高强混凝土恢复保护层。梁板边角混凝土破损、缺角可以采用高强混凝土修补。

7. 铰缝病害

铰缝病害特征表现在以下方面:板底勾缝脱落,铰缝内混凝土脱落;铰缝渗水;铰缝混凝土开裂、破碎。

铰缝病害产生的原因很多。①人们过去对铰缝的作用认识不足,因此管理、质检、设计、施工部门往往只关注梁板质量,而忽视铰缝质量,这是导致铰缝病害的主要原因。②2003年以前采用的空心板很大一部分为小铰缝构造,企口高度小,只有14 cm左右,企口以下板与板之间的缝只有1 cm,铰缝混凝土很难浇筑,常常采用勾缝的方式,以致年久失效脱落。③施工时铰缝内混凝土质量较差,很多施工单位未按照设计要求采用高强度的混凝土,而采用低强度的砂浆,因而铰缝极易损坏。④铰缝施工时未对梁板侧面进行凿毛、冲洗处理,铰缝混凝土与梁板黏结力差。

当铰缝裂缝反射到桥面时,应及时更换桥面铺装,以免出现单板受力病害。在更换桥面铺装时,铰缝可采用高强自密实砂浆灌注,加强铰缝植筋,设置板顶剪力键,并铺设双层D10钢筋网片。此外,可以横向加固板底,提高梁板横向连接强度。

4.3.2　T形简支梁桥

T形简支梁桥一般先预制T形梁,然后通过横隔板及现浇20 cm左右的翼缘板湿接缝连接T形梁,形成整体,最后进行钢筋混凝土桥面铺装。

T形梁由于采用梁格体系,梁高较高,具有刚度大、受力明确等特点,只要横隔板连接可靠,T形梁结构就具有较好的工作性能。近年来通过病害调查,T形简支梁桥的病害明显少于空心板简支梁桥,只是对桥下净空要求较高。常见的T形简支梁桥跨径一般在25 m以上。T形简支梁桥结构如图4.4所示。

T形简支梁桥常见的病害有T形梁腹板斜向裂缝、T形梁腹板竖向裂缝、T形梁底部横向裂缝、横隔板病害等。

图 4.4　T形简支梁桥结构

1. T形梁腹板斜向裂缝

T形梁腹板斜向裂缝主要表现形式有两种：弯剪裂缝和腹剪裂缝。

弯剪裂缝是从竖向弯曲裂缝上发展的斜裂缝，一般与梁轴线成 30°～45°夹角。这类裂缝往往只有少数几条，裂缝宽度为 0.2～0.3 mm，一般位于1/4跨径附近。弯剪裂缝发生在弯矩和剪力都较大的部位，拉应力超过了混凝土的弯拉强度，会先出现弯曲裂缝。随着荷载的增加，这种向上延伸的裂缝因受到剪力影响而发生倾斜。

腹剪裂缝是钢筋混凝土 T 形梁和箱梁常见的斜裂缝形态之一，但在板梁中很少见到。这类裂缝一般在支点附近至1/4跨径处发生。在梁的腹板侧面上，裂缝延伸方向与梁纵向成 45°～60°的夹角。裂缝宽度一般为 0.1～0.3 mm。腹剪裂缝通常有数条，裂缝间距为 0.5～1.0 m。腹剪裂缝产生的原因：在荷载作用下，在靠近支点的部位，剪力大又有一定的弯矩，主拉应力超过混凝土抗拉强度，从而在梁腹板中出现腹剪裂缝。在较大的荷载作用下，这类裂缝的宽度会有所增大，但只要在斜裂缝的限定宽度之内，裂缝上下延伸的长度就不会有较大变化。

若裂缝宽度不超过规范规定的限值，进行裂缝封闭处理即可；若裂缝宽度超过规范规定的限值，应对梁端腹板进行加固，以提高其抗剪承载力，通常采用粘贴钢板或梁端增大截面法加固。

2. T形梁腹板竖向裂缝

腹板竖向裂缝多见于高度较大的钢筋混凝土 T 形梁、Ⅱ型梁和箱梁腹板上。裂缝位于1/2梁高的腹板处,裂缝的下端达不到梁的受拉区边缘。裂缝在腹板1/2梁高附近宽度较大,一般为0.2～0.5 mm,严重者可达0.8 mm。裂缝上下端的宽度较小,裂缝的间距无一定规律。这类裂缝在梁跨间各部分都可能存在。在梁的跨中附近,这类裂缝大致与主筋垂直,而在梁的支点与1/4跨径之间,裂缝大致与梁轴线成60°夹角。

竖向裂缝主要是因浇筑过程中梁体混凝土不均匀收缩产生的。当然,也有荷载因素,如果没有荷载因素,裂缝与梁轴线应大致垂直。T形梁腹板竖向裂缝成因分析如图4.5所示。

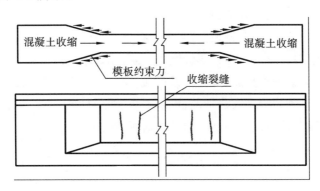

图4.5　T形梁腹板竖向裂缝成因分析

T形梁腹板竖向裂缝不影响结构承载力,仅影响耐久性,对于缝宽大于0.15 mm的裂缝进行灌注处理,对于缝宽小于或等于0.15 mm的裂缝则只需进行裂缝封闭处理。

3. T形梁底部横向裂缝

T形梁底部横向裂缝主要分布于跨径的1/4～3/4处,通常会延伸至侧面。

T形梁底部出现横向裂缝,说明梁底混凝土拉应力超出混凝土极限抗拉强度。

对于普通的钢筋混凝土结构,理论上允许开裂,但裂缝宽度不能超出规范要求。对于预应力混凝土结构,应安排特殊检查,对结构承载力进行评估。

对于普通的钢筋混凝土结构,应根据裂缝宽度及间距确定养护维修方案。当裂缝宽度在限值内时,直接进行封闭处理,并加强观测。当裂缝宽度超过限值时,应及时加固,可采取的措施有在梁底粘贴碳纤维布、粘贴钢板、施加体外预应力等。

对于预应力混凝土结构,应先及时处理裂缝,然后粘贴钢板、碳纤维布或者施加体外预应力进行加固补强,提高承载力。

4. 横隔板病害

横隔板连接方式有两种形式,一种是预埋钢板焊接形式,另一种是后浇筑混凝土连接形式。横隔板两种连接方式常见病害如下。(1)预埋钢板焊接:横隔板钢板焊接锈蚀,焊缝处脱开,桥面在接缝处出现纵向裂缝。(2)后浇筑混凝土连接:横隔板产生竖向裂缝。

横隔板病害产生的原因有两方面。(1)受力上:横隔板起着横向连接作用,承受横向弯矩,下缘受到拉应力。当横向连接是后浇筑混凝土结构时,横隔板容易产生横向弯曲开裂。(2)构造上:当横隔板钢板采用焊接连接时,焊接难度大,焊接后在环境因素作用下,钢板焊缝锈蚀失效,导致连接钢板脱开。

当连接处因锈蚀严重脱开时,应及时重新焊接,恢复横隔板连接,增加桥梁的横向刚度。对于裂缝不大的情况,可以不必专门处理这些裂缝,待整桥维修加固时一并处理即可,可以采用灌浆和粘贴钢板法处理。

4.3.3 预应力连续箱梁桥

两跨及两跨以上连续的梁桥,属于超静定体系。连续梁在恒载和活载的作用下,产生的支点负弯矩对跨中正弯矩有卸载的作用,使内力状态比较均匀合理,因而梁高可以减小,由此可以增大桥下净空,节省材料,且使桥的刚度大,整体性好,超载能力大,安全度高,桥面伸缩缝少,并且因为跨中截面的弯矩减小,使得桥梁跨径可以增大。

变截面连续箱梁属于连续箱梁中的一类,一般采用悬臂浇筑法施工,其配筋形式经历了很多阶段,但是问题最多的是20世纪90年代中期至21世纪初期修建的桥梁。当时的设计采用了取消下弯束,依靠竖向预应力进行抗剪的理念,导致了较多的问题。

预应力变截面连续箱梁常见的病害有梁底横向裂缝、顶板纵向裂缝及支座附近的腹板斜向裂缝等。

1. 梁底横向裂缝

预应力变截面连续箱梁桥梁底横向裂缝主要分为两种:第一种裂缝发生在连续箱梁的跨中区段,常常伴随出现腹板上的竖向弯曲裂缝;第二种裂缝出现在连续箱梁节段的接缝附近。

跨中区段的梁底横向裂缝，产生的原因可能有以下几个方面：①徐变等造成预应力损失，导致预压应力减少；②施工造成的混凝土超方，导致内力大于设计值；③超载车辆作用，导致开裂。

箱梁节段接缝附近的梁底裂缝是由波纹管走形引起的，对箱梁结构受力影响不大。

在处理梁底横向裂缝时，首先分析荷载引起的横向裂缝与弯矩的关系，然后根据计算结果和裂缝开展情况，采用粘贴钢板和碳纤维布或者施加体外预应力的方法加固。

2. 顶板纵向裂缝

顶板纵向裂缝位于箱梁顶板下表面，沿箱梁跨径方向分布。

在车轮作用下，顶板产生横向弯曲应力，当横向配筋不足时就会形成裂缝，该裂缝就是顶板纵向裂缝。

当裂缝不宽时，采用封闭裂缝处理即可；当裂缝较宽时，有必要进行车轮作用下的顶板横向受力验算，当承载力不够时，可以在横向粘贴钢板加固。

3. 支座附近的腹板斜向裂缝

支座附近的腹板斜向裂缝与水平方向成 30°～60°角。

腹板斜向开裂表明其抗剪能力弱，主要有以下几个方面的原因：(1)20世纪90年代建设的连续箱梁，腹板设计厚度偏小，同时箍筋配置过少，没有设置抗剪的弯起预应力钢束，普通钢筋配置过少，导致结构抗剪能力不足；(2)设计时过多考虑竖向预应力钢筋的作用，而实际上，竖向预应力钢筋较难张拉，加上施工张拉控制不严，造成预应力损失很大，与设计值差距巨大，从而造成支座附近的腹板极易开裂；(3)中墩沉降使端部产生附加内力，造成剪切开裂。

对于支座附近的腹板出现斜向裂缝的情况，先要查看设计图和竣工图，并进行验算，验算时应忽略竖向预应力的抗剪作用，同时既要验算应力，也要验算抗剪承载力。

根据验算的结果进行加固设计：(1)当承载力满足要求，抗裂能力不满足要求时，建议粘贴钢板或施加体外预应力加固；(2)当承载力不满足规范要求时，建议增大截面进行加固，必要时可增设体外预应力；(3)当主梁剪切开裂是由沉降引起时，应监控基础的沉降情况，如果基础沉降不稳定，发展迅速，应同时对基础进行加固。

4.3.4 板式拱桥

拱桥是我国公路上使用广泛且历史悠久的一种桥梁结构形式。它外形宏伟壮观,且经久耐用。拱桥与梁桥不仅在外形上不同,而且在受力性能上有着本质的区别。梁桥在竖向荷载作用下,梁体内主要产生弯矩,且在支承处产生竖向反力;而拱桥在竖向荷载作用下,支承处不仅有竖向反力,还有水平推力。这个水平推力使拱体内的弯矩大为减少。主拱的横截面是整块实体矩形截面的拱桥称为板式拱桥,其结构如图4.6所示。板式拱桥是很古老的拱桥形式,由于它构造简单,施工方便,至今仍在使用。

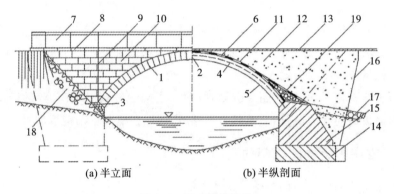

图 4.6 板式拱桥结构

注:1—拱圈;2—拱顶;3—拱脚;4—拱轴线;5—拱腹(曲线);6—拱背(曲线);7—栏杆;
8—人行道(块石);9—伸缩缝;10—侧墙;11—防水层;12—拱腔填料;13—桥面铺装;
14—桥台台身;15—桥台基础;16—桥台翼墙;17—盲沟;18—护坡;19—护拱。

板式拱桥常见的病害有拱顶下挠、拱轴线变形,主拱圈纵向开裂,主拱圈横向开裂,拱圈渗水等。

1. 拱顶下挠、拱轴线变形

拱圈(特别是拱顶区段)出现明显的下挠,主拱圈不再是一条圆滑的曲线,而是呈波浪形,一般伴有拱顶拱圈横向开裂等病害。

产生原因有两方面。(1)由拱脚过大的水平位移导致。当拱脚产生较大水平位移的时候,拱轴各截面均会出现一定的下沉,其中拱顶下沉最突出,出现桥梁波浪形变形的情况,同时,将在拱肋产生较大的附加弯矩,导致拱肋开裂。(2)重载交通作用下,拱肋出现结构性破坏,出现下挠。

对于圬工拱桥而言,拱顶下挠是一种危险的信号,需要及时处理,下挠过大建议拆除重建。

2. 主拱圈纵向开裂

圬工拱桥易出现纵向裂缝,从裂缝的扩展形式来看,有以下两种:(1)从拱脚处由下向上发展到拱圈的纵向裂缝,常伴有墩帽、台帽或帽梁纵向裂缝;(2)自拱顶向拱脚逐渐延伸的裂缝。

圬工拱圈是比较松散的结构,横向整体性较差,容易出现纵向开裂,主要原因如下:(1)圬工拱桥块石横向联系薄弱,当基础出现横向不均匀沉降时拱脚由下而上开裂;(2)由于砌缝不均,砂浆不饱满,砌块出现局部受力现象,从而发生纵向开裂;(3)拱顶位置靠外侧出现开裂的病害,主要是由于拱上填料过薄,在靠边行驶重车的轮压荷载作用下,填料横向联系松散,开裂后拱圈向外倾斜,桥面塌陷。

对主拱圈或腹拱圈处出现的纵向裂缝,墩帽、台帽纵向裂缝,以及墩身、台身竖向裂缝,如裂缝继续发展,则须先加固基础及其他下部结构。对拱圈裂缝,应视裂缝宽度增设钢箍,并尽量做成封闭箍,或通过钢拉杆施加横向预应力等方法加固。

3. 主拱圈横向开裂

若主拱圈处出现横向裂缝,裂缝容易沿砌缝扩展。

主拱圈出现横向开裂有以下几方面原因:(1)实际拱轴线偏离合理拱轴线较多,导致主拱圈出现拉应力;(2)拱脚出现水平移动,导致主拱圈下缘受拉;(3)超重车使得主拱圈出现拉应力。

对于主拱圈出现横向裂缝的情况,应根据计算结果确定维修方案,建议如下:(1)当拱桥横向裂缝较宽,拱顶下挠又过大时,建议拆除重建;(2)拱轴线基本处于合理位置时,建议采用套拱加固,套拱的厚度根据施工方法和内力计算结果确定;(3)对于基础不稳定造成的拱圈开裂,应先对基础进行加固,再对拱圈进行加固。

4. 拱圈渗水

砌体间出现渗水现象,砌体表面受水侵蚀,偶尔有青苔覆盖。

拱上建筑填料不密实,浆缝不饱满,或桥面出现积水,都可能引起拱圈渗水的病害。

由于拱圈渗水将引起拱石软化、强度和耐久性降低等病害,养护维修建议如下:(1)对于少量渗水情况,如果基本不影响结构的安全性,而且处理起来也很有难度,建议加强观测;(2)对于渗水严重的情况,因其将影响拱上填料的性能,建议改善桥面排水系统。

4.3.5 双曲拱桥

双曲拱桥指的是拱圈由纵向拱肋和横向拱波组成的拱桥。双曲拱比单曲拱能承受更大的荷载,这是因为双曲拱不仅在一个方向上呈拱形,而且在与该方向垂直的另一个方向也呈拱形。双曲拱桥构造如图 4.7 所示。

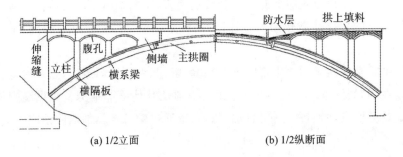

(a) 1/2立面　　　　　　　　(b) 1/2纵断面

图 4.7　双曲拱桥构造

双曲拱桥常见病害主要有拱肋横向开裂、拱波纵向开裂、混凝土拉杆断裂等。

1. 拱肋横向开裂

拱肋横向开裂并延伸至拱肋侧面,开裂位置一般在 $L/4 \sim 3L/4$(L 为桥梁跨径)范围内。

拱肋横向裂缝往往产生在拱顶附近正弯矩较大的区段,产生原因如下。(1)由于桥台发生了过大的水平位移,拱顶部位正弯矩大大增加,拱肋的拉应力超过极限拉应力。(2)由于拱波和拱肋是装配而成的,如果拱波和拱肋结合强度不足,拱肋受力就会变大,从而产生开裂。(3)双曲拱桥横向连接薄弱,各片拱肋在重载的作用下,受力不均,个别拱肋受力很大,产生开裂。

双曲拱桥拱肋横向开裂是一种常见病害,应根据病害严重程度进行养护维修。(1)对于拱肋横向裂缝不大,基本无变形的情况,粘贴钢板或碳纤维布补强即可。(2)对于横向连接薄弱,拱肋受力严重不均引起拱肋横向开裂的情况,建议增设横隔板加强整体性,保证拱肋整体受力。(3)对于拱桥承载力不能满足交通需求,需要大幅提升承载力的情况,则可以采用套拱法加固。

2. 拱波纵向开裂

拱波纵向开裂较多地出现在拱顶附近的拱波位置,产生原因有两方面。(1)拱波可以视为支撑于拱肋之上的拱式结构,在荷载作用下,拱波在拱肋上产生侧向推力,推力过大可使拱肋产生侧向和竖向位移,导致拱波中部产生纵向裂缝。(2)拱肋侧向刚度决定拱波受力情况。在荷载作用下,拱顶位置拱肋侧向、竖向位移是最大的,拱脚位移则是最小的,所以拱顶侧向刚度小于拱脚侧向刚度。因此,拱波开裂以跨中附近最多。

拱波纵向开裂是常见病害,对于桥梁整体承载力影响不大,加强观测即可。对于开裂严重的拱波,应进行更换,并加强拱肋横向联系,增设横隔板。

3. 混凝土拉杆断裂

拉杆一般尺寸都较小,强度和刚度也相应较弱,与横肋连接处的抗剪能力也偏弱。当承受较大的外部荷载时,拉杆产生较大的内力和变形,导致横系梁开裂、脱落,无法有效地沿横向分配荷载,并引起拱肋的受力与变形不均匀,加剧了横系梁的病害产生。

对此,应增强横向联系,改拉杆为横隔板,也可以施加横向预应力。

4.4 下部结构养护维修技术

桥梁下部结构分为桥墩、桥台、基础等。常见的桥墩结构形式有桩柱式桥墩、实体墩等。其中桩柱式桥墩因为结构形式简单、施工方便,在中小跨径桥梁中应用较为广泛;实体墩分为圬工桥墩和钢筋混凝土薄壁墩。由于山区石材丰富,位于山区的梁式小跨径桥梁,常采用圬工桥墩。桥台根据桥梁跨径、台后填土高度及地质条件不同,采用不同的形式,常见的有桩柱式桥台、肋板式桥台、重力式桥台等。常见的基础形式则有桩基础、扩大基础、沉井基础等。

桥梁的下部结构往往受力复杂,既与上部结构形式有关,又与地质条件密切相关,常见的病害有盖梁开裂、立柱开裂、基础冲刷及耐久性病害等。本节将主要从桥墩、桥台、基础三个方面对桥梁下部结构的典型病害进行分析。

4.4.1 桥墩

本小节以桩柱式桥墩为例,对桥墩的病害进行分析。

桥墩的形式一般根据桥梁所在的环境确定,一般采用桩柱式桥墩,以方便泄洪。工程中桥墩立柱一般为圆柱形。矩形立柱的桥墩比较少见,多用于沿河流走向的高架桥。

桩柱式桥墩常见病害有盖梁竖向裂缝、盖梁斜向裂缝和立柱水平裂缝。

1. 盖梁竖向裂缝

桩柱式桥墩盖梁竖向裂缝主要有以下几种类型:(1)盖梁柱顶范围出现一条或多条从盖梁顶部向下延伸、上宽下窄的裂缝(结构裂缝,最为常见);(2)竖向通长裂缝(收缩裂缝);(3)盖梁高度中部出现枣核形裂缝(收缩裂缝)。

该类裂缝出现的原因如下。

(1)出现收缩裂缝的原因如下。①在混凝土强度未达到要求时拆除支架,混凝土在自重作用下,易在柱顶位置开裂,裂缝形态上宽下窄,类似于结构裂缝。②当在高温、干燥的环境下施工,且拆模太晚、养护不到位时,混凝土易产生竖向开裂。这时竖向裂缝的形态有两种:一种出现在盖梁高度中部;一种上下贯通,基本可以判断为收缩裂缝。这类裂缝因施工不当而产生,施工过程中一旦发现,应及时调整脱模时间和加强养护。

(2)出现结构裂缝的原因如下。①设计计算错误导致配筋不足,尤其是在盖梁计算软件普及以前,当柱间距、桥梁宽度等设计参数改变时,设计人员直接套用标准图而未作计算,导致配筋不足。②设计时如果仅仅按照抗弯极限承载力配筋,未作抗裂设计,可能导致裂缝开展过大。③对于连续的弯起钢筋,如果水平长度太短,则不能作为抗弯钢筋计算。有些设计人员将短钢筋计入抗弯抗裂钢筋,导致配筋不足,易出现裂缝。④超载。

应根据裂缝性质选择养护维修方案。(1)如果是施工引起的收缩裂缝,建议采用裂缝封闭或者灌浆处理。(2)如果是结构裂缝,首先要对原桥的盖梁配筋进行复核计算,复核计算时不考虑水平短钢筋的抗弯和抗裂作用,根据计算结果进行加固设计:①在荷载提升幅度不大的情况下可采用粘贴钢板法加固;②如果需要较大幅度地提升承载力,建议采用增大截面、施加体外预应力的方法进行加固。

2. 盖梁斜向裂缝

桩柱式桥墩盖梁斜向裂缝一般位于立柱两侧,沿立柱一侧斜向开展,与水平方向成 30°～60°角。剪切裂缝常与盖梁竖向裂缝连通。

桩柱式桥墩盖梁斜向裂缝产生的原因有两方面:一是抗剪配筋不足,立柱附近的盖梁截面箍筋没有加密;二是超载引起剪力超过盖梁抗剪能力。

对此,首先检算盖梁的抗剪能力,若盖梁抗剪能力满足要求,裂缝开展不大,可以采用粘贴钢板法加固,并加强观测。若盖梁抗剪能力严重不足,斜向裂缝宽度过大,应考虑增大盖梁截面加固。

3. 立柱水平裂缝

受土压力作用,桩柱式桥墩立柱出现水平裂缝。

首先应判断立柱是否受到裂缝开口方向的水平力作用。在无水平力作用的情况下,如果同时存在较严重的盖梁开裂现象,应当判别为不均匀沉降造成了开裂。若立柱两侧存在不同高度的堆土等情况,立柱水平裂缝很有可能是受土压力作用而形成的(图 4.8)。

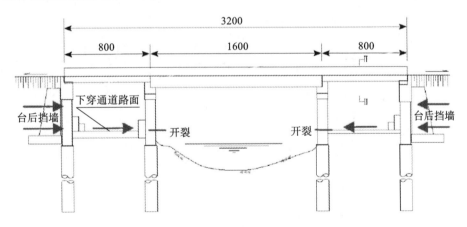

图 4.8　下穿通道挤推桥墩立柱开裂(单位:mm)

立柱出现水平裂缝后,应先卸载水平推力。当立柱两侧有高差较大的堆土时,应及时处理。当有桥下通道刚性路面紧靠立柱时,建议在立柱边缘凿除刚性路面,卸载水平推力。当卸载了水平推力后,再适当开挖,并采用外包钢筋混凝土加固立柱,增加的厚度为 15 cm 左右。

4.4.2 桥台

本小节以桩柱式桥台和重力式桥台为例，对桥台的病害进行分析。

1. 桩柱式桥台

桩柱式桥台常见病害有盖梁竖向裂缝、盖梁斜向裂缝、立柱水平裂缝。

（1）盖梁竖向裂缝。

软土地基条件下的，尤其是设置了台后挡墙的桩柱式桥台盖梁易出现竖向裂缝。盖梁竖向裂缝通常出现在桥台盖梁靠河侧，上下基本贯通，宽度大小不一，伴随立柱河流侧出现水平环状裂缝、背墙断裂、伸缩缝顶死等病害。

盖梁竖向裂缝产生的原因有 3 方面。①桥台盖梁竖向开裂，主要是由于台后土推力作用在盖梁上，挤推桥台向河侧变形，在水平荷载作用下，以及在桩柱和上部结构的约束下，盖梁侧面受弯。盖梁在台后土压力作用下的受力分析如图 4.9 所示。②盖梁通常只按照竖向荷载产生效应进行极限承载力和正常使用状态的配筋设计，而侧面只配置很少的抗扭钢筋，在水平土压力的作用下，出现裂缝在所难免。③一些桩柱式桥台，直接采用台后挡墙形式，取消桥台锥坡，导致台后土压力因无台前锥坡的反压卸载而直接作用在桥台上。

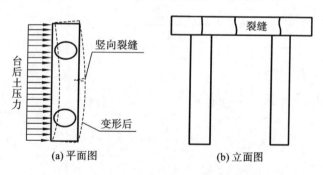

图 4.9 盖梁在台后土压力作用下的受力分析

桥台盖梁的竖向贯通裂缝是由台后土压力引起的，属于前期设计中针对软土地基所采用的桥台形式不合理的结果。处理这种病害往往代价很高，建议如下：①如果单是桥台盖梁出现裂缝，且裂缝基本稳定，应采用在盖梁侧面粘贴数道钢板加固的方法，即补强盖梁水平抗弯能力；②如果出现立柱变形较大、立柱开裂明显的情况，应在台后采用轻质填料进行换填处理，并将桥台拆除重建。

(2) 盖梁斜向裂缝。

桩柱式桥台盖梁斜向裂缝情况比较复杂,根据形成原因可以分为两类。①剪切裂缝:出现剪切裂缝可能是因为抗剪配筋不足,或超载引起剪力超过盖梁抗剪能力。②扭转裂缝:温度、土压力变化导致桥台受不均匀的挤推,承受过大的扭转力。同时当温度等因素变化时,梁板与背墙因不均匀接触而产生扭转力。桥台盖梁受扭分析如图4.10所示。

不同裂缝的病害特征如下:①剪切裂缝是在荷载作用下产生斜向裂缝,使得结构断裂成两相脱离的形态,这种裂缝有可能为盖梁剪切裂缝;②当斜向裂缝与剪切裂缝方向相反,并且裂缝延伸至底板较深的位置时,该裂缝可能为扭转裂缝。

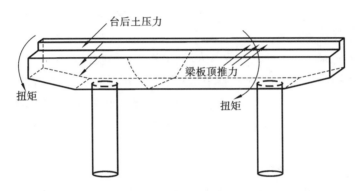

图 4.10 桥台盖梁受扭分析

对此,先判别斜向裂缝的性质,再根据斜向裂缝的性质进行针对性的维修养护。①当斜向裂缝为剪切裂缝时,通过检算复核盖梁的承载力,如果抗剪能力不足,应采用在盖梁正侧面增大截面加固的方法。②当斜向裂缝为扭转裂缝时,由于提高盖梁扭转强度的难度较大,应从减少或消除扭矩的角度进行处理。当裂缝宽度小于 0.2 mm、立柱变形不大时,建议加强观察,当病害不继续发展时,采用封闭裂缝处理措施;当病害发展较快时,建议开挖台后填土,换填直立性好、轻质的填料,以减少台后土压力。

(3) 立柱水平裂缝。

桥台立柱靠河侧出现水平裂缝,严重的会出现断裂,甚至混凝土大面积破碎。

立柱水平裂缝产生的原因有3个方面:①桥台台后填筑高度高于地面时,形成较大的填筑荷载,同时在车辆荷载的作用下,软土地基形成向前滑动面;②桥台台后土压力直接作用于挡墙上,挡墙将大部分的挤推力作用在桩柱式桥台上(实际上放大了水平推力);③由于桩柱式桥台抗水平推力能力低,当水平挤推力达到一定程度时,必然导致桩柱式桥台的各种病害。

对此,可以采取以下措施:①对于跨径比较小又不通航的桥梁,可以采用设置钢筋混凝土支撑梁的加固方法;②台后换填具有直立性的轻质材料,减少土压力;③扩孔,增加一跨以降低填土高度;④增设锥坡,增加反向土压力,减少桥台受力。

2. 重力式桥台

重力式桥台的主要特点是其靠自身重量来平衡外力保持稳定,因此台身比较厚实,可以不用钢筋,而用天然石材或片石混凝土砌筑。它适用于地基良好的大、中型桥梁,或流冰、漂浮物较多的河流。在砂石料获取方便的地区,小桥也往往采用重力式桥台。

重力式桥台常见病害有台帽竖向裂缝、台身开裂等。

(1) 台帽竖向裂缝。

台帽竖向裂缝产生的原因有 3 方面:①构造上,通常圬工桥台的台帽结构配筋较少,当桥梁跨径较小时也直接采用素混凝土作为台帽结构,所以台帽抗裂性能较差,容易产生开裂;②台帽与圬工桥台台身直接接触,当施工精度不高时,接触面不可避免地会出现不平整,在荷载作用下易产生局部弯曲,导致开裂;③浇筑时产生的干缩裂缝。

对此,应注意观察裂缝开展情况,一般只需要对其进行灌浆处理。当裂缝继续发展,同时台身出现竖向裂缝时,应给予重视,分析是否存在不均匀沉降,并做综合处理。

(2) 台身开裂。

台身出现一条或数条竖向裂缝,裂缝可能上下贯通。台身开裂的原因有 3 方面:①桥台基底不均匀沉降引起的台身开裂;②当裂缝形状为上大下小时,主要是因为两边的沉降大于中间的沉降;③当裂缝由下往上延伸时,主要是因为裂缝所处位置有局部沉降。

沉降稳定时可对台身外包钢筋混凝土。沉降发展比较快,不能稳定时,应拆除重建,并加强基础设计;当拆除重建受到限制时,可以进行灌浆处理。

4.4.3 基础

1. 基础的日常养护与维修

(1) 应采取措施保持桥梁基础附近河床的稳定。桥梁上、下游各 200 m 范围内(当桥长的1.5倍超过200 m时,范围应适当扩大)应做到以下几点。①适时地进行河床疏浚。每次洪水过后,及时清理河床上的漂浮物,使水流顺利宣泄。②在桥下树立警告牌,禁止任何人或单位在上述范围内挖砂、取土、采石、倾倒废弃物,禁止进行爆破作业及其他危及公路桥梁安全的活动。③不得任意修建对桥梁有害的建筑物,因抢险、防汛需要修筑堤坝、压缩或拓宽河床时,应事先报经交通主管部门或公路管理机构同意,并采取有效的防护措施。发现任何有可能破坏桥梁安全的行为,应及时制止。

(2)若基础冲刷过深或基底局部掏空,应立即抛填块石、片石、铅丝石笼等进行维护。

(3)桥下河床铺砌出现局部损坏时应及时进行维修。若砌块损坏,可补砌或采用混凝土修补。

(4)对设置的防撞、导航、警示等附属设施,应经常检查、维护,使其保持良好的状态。

2. 基础不均匀沉降

基础不均匀沉降一般发生在扩大基础中,病害特征表现为:台帽混凝土被挤碎,桥台接缝处出现台阶。

基础不均匀沉降产生的原因有3个方面:(1)左右幅桥梁沉降不一致,在沉降过程中桥台台帽互相挤压,导致混凝土被挤碎;(2)如果是拼接桥梁,由于新老桥梁沉降不一致,接缝处出现破损;(3)分幅桥梁承受的荷载不一致,也会导致不均匀沉降。

当出现不均匀沉降时,针对破损处可以采用混凝土进行修补。如果沉降还在发展,则需要对基础进行相应的加固处理。如果是拼接桥梁,梁板和台帽间应留有一定的缝隙,以防进一步不均匀沉降。

3. 基础受冲刷

基础受冲刷一般发生于桩基础中,病害特征表现为:河床下降,基础受冲刷外露,基础混凝土剥落,主筋外露锈蚀,基础偏心受压。

基础受冲刷产生的原因有4个方面:(1)设计时没有计算或计算错误冲刷深度,导致冲刷深度超过预期;(2)桥位附近存在非法挖砂现象,加重冲刷;(3)山区溪流暴涨或暴跌,将组成河床的泥沙颗粒冲走,致使河底高程降低或河岸后退;(4)由于混凝土质量问题(施工时桩顶混凝土破除不够充分,混凝土含泥量过大)

和施工定位偏差过大问题(施工规范规定不超过 5 cm),桩基础产生偏心受压、混凝土松散、钢筋外露锈蚀等问题。

对于基础受冲刷形成的病害,建议及时维修,并从防冲刷角度进行系统处理:(1)如果在桥位附近有非法挖砂情况,建议设置禁止挖砂标志,并及时上报,联合执法制止挖砂,保证河床稳定;(2)增加河床铺砌,或利用防护桩+石笼+拦砂坝维持河床稳定;(3)维修时先凿除原疏松混凝土,最后在基础外包覆钢筋混凝土;(4)当冲刷较为严重且条件允许时,建议拆除重建桩基础,并充分考虑冲刷深度。

4. 基础被掏空

基础被掏空一般发生于扩大基础中,严重时会导致墩台倒塌,威胁交通安全。

基础被掏空产生的原因有 3 个方面:(1)由于修建桥梁,过水断面面积被压缩,水流湍急,导致基础被掏空;(2)有些桥位正处于水文比较复杂的位置,当桥梁基础与水流有斜交时,容易造成基础被掏空;(3)基础埋置深度不够,造成冲刷深度大于基础埋置深度,导致基础被掏空。

基础被掏空会严重威胁桥梁安全,所以针对基础被掏空问题,要做到及时发现、及时维修、随坏随修,避免出现桥梁倒塌事故。当发现基础被掏空时,可以采取以下维修方法:(1)基础被掏空处可以填充片石混凝土(或直接浇筑混凝土);(2)设置导流防护工程,保护基础免受洪水直接冲刷;(3)必要时扩孔,增加过水断面面积。

4.5 桥梁支座养护维修技术

4.5.1 支座的修整计算

支座病害既多又复杂,不仅影响支座本身,而且影响梁和墩台。支座产生病害的原因很多,例如:两片钢梁因受热不均衡而产生水平挠曲,从而造成支座横向位移;由于养护不良,支座滚动面不洁、不平或锈蚀,当主梁端因温度和受荷载作用而产生纵向移动时,辊轴因滚动不灵而不能恢复到原来的位置;轴承座传来的压力不均,一端受力而另一端围绕着压住的一端滚动,辊轴产生歪斜;桥上线路养护不良,如钢轨爬行,也会造成支座不正。产生支座病害的原因是多方面的,用一种方法往往不能解决问题,必须找出原因进行综合整治,才能见效。

1. 活动支座的正常位移

当温度为 t 时,活动支座上座板(或梁端)的正常位移可按式(4.1)和式(4.2)求得。

$$\delta = (t - t_0)\alpha L \tag{4.1}$$

$$t_0 = \frac{t_\text{高} + t_\text{低}}{2} + \frac{\Delta_\text{伸} - \Delta_\text{缩}}{2\alpha L} \tag{4.2}$$

式中:δ 为上座板(或梁端)的正常位移,以 mm 计,"+"号表示伸向跨度以外,"-"号表示缩向跨度以内;t 为测量时钢梁的温度(℃),可将半导体温度计放在下弦杆上测量,或将温度计放在下弦杆上,上面用砂或锡箔纸盖住然后测定;t_0 为设计安装时的支座温度,即活动支座上摆中心线与底板中心线相重合时的温度;α 为钢材的膨胀系数,取 0.0000118/℃,钢筋混凝土和混凝土的膨胀系数取值为 0.00001/℃;L 为梁的跨径,由活动支座至固定支座的距离(mm);$t_\text{高}$ 为当地最高气温(℃);$t_\text{低}$ 为当地最低气温(℃),$\Delta_\text{伸}$ 为活荷载造成的梁在活动支座处的伸长量(mm);$\Delta_\text{缩}$ 为活荷载造成的梁在活动支座处的缩短量(mm)。各种跨径的 $\Delta_\text{伸}$、$\Delta_\text{缩}$ 值可从设计文件中查得,如简支梁的 $\Delta_\text{缩}$ 为 0。一般情况下,$\Delta_\text{伸}/(2\alpha L)$ 的近似值,对于简支板梁为 20 ℃,对于简支桁梁为 16 ℃,对于混凝土梁为 10 ℃。

当温度为 t 时,支座辊轴的正常位移 δ_0 计算见式(4.3)。

$$\delta_0 = \frac{1}{2}(t - t_0)\alpha L \tag{4.3}$$

在辊轴滚动使桁梁产生位移 δ 时,辊轴中心的位移量为 $\delta/2$,如图 4.11 所示,CD 为 AB 的 1/2。

2. 辊轴实际纵向位移的测量

可用钢尺和垂球测量活动支座的底板、轴承座和辊轴中心线的位置,也可以测量支座在支承垫石上的位置或测量支座与同一墩上相邻固定支座的距离,以求得辊轴的实际纵向位移量。测得的结果与该温度下的计算位移量相比较,即可判定实际位置是否正常。如果测出的位移量和计算位移量不符,则说明辊轴有爬行,或摇轴有

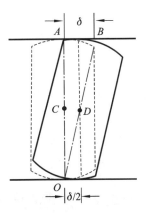

图 4.11 辊轴中心的位移

倾斜、安装不正确。若辊轴两端距底板边缘量出的距离不相等,则说明辊轴有歪斜。

为了观测方便,可在支座上安装各种带有毫米刻度的标尺,直接读出其位移数字,如图 4.12 所示为其中的一种,指针与轴接触点的高度与辊轴顶点为同一水平。当辊轴垂直(即下摆、底板中心线相吻合)时,指针垂直,读数为 0;当辊轴偏斜时,指针所指即为下摆位移数,辊轴位移为其读数的一半。

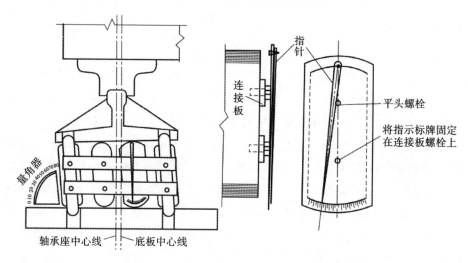

图 4.12 支座位移测量

削扁辊轴及摇轴也可以直接用量角器测量其倾斜角。辊(摇)轴支座实测纵向位移大于容许值或有横向移动时,应予以更正。纵向位移容许值 δ_1 可按式(4.4)求得。

$$\delta_1 = \delta_2 - \delta_3 \qquad (4.4)$$

式中:δ_2 为辊(摇)轴支座按构造要求的最大容许纵向位移,对于圆辊轴,其边缘超出底板边缘的距离不得超过其直径的 1/4(特大桥、连续梁等除外);对于削扁辊轴(一般指单线简支梁),其最大倾斜角为 140°(即辊轴与下摆、底板的接触线至辊轴的边缘不得少于 25 mm),如为摇轴,其最大倾斜角为 70°;δ_3 为因活载及温度差(即当地最高气温与测量气温之差或测量气温与最低气温之差)而可能产生的最大纵向位移。

4.5.2 支座的养护维修要点

支座是桥梁的一个重要部位,必须保持其良好的状态,以使其正常发挥作用。支座的养护维修要点如下。

(1) 梁跨与上摆、上摆与下摆、下摆与滚轴、滚轴与底板、底板与支承垫石间都应贴紧,不应有缝隙。

(2) 支座的滚动面必须经常保持清洁,不积水,不积灰尘,冬季应清除积雪,防止结冰。

(3) 支座四周的排水应良好。一般在支座周围做半圆形排水槽,有内高外低的坡度使水流走,或支座底板的底面高出墩台面 2~3 mm,并凿成流水坡。

(4) 为了防止生锈,上下摆应涂油漆;对辊轴和滚动面应定期擦拭石墨或填以黄油,禁止在辊轴和滚动面上涂油漆,要使活动支座能自由活动,绝不容许其他异物存在。为了防止煤渣、灰尘、雨雪进入支座滚动面,应有有效的防尘设施,这对大跨度桥梁来说尤为重要。

(5) 辊轴滚动时,辊轴的防爬齿应能沿着支座下摆的下部和支座底板上的槽缘自由滚动,如未到最大位移量,防爬齿的端部紧紧卡在槽缘中而阻碍辊轴滚动时,必须加以修理。

(6) 若支座的滚动面不平整,底板或轴承座发生裂纹或个别辊轴发生支承不均匀等现象时,应更换有缺陷的部位和直径不合适的辊轴。

(7) 轴承座中心线和正常位置有偏差,除了可能是由于安装时未按计算设置而造成的,也可能是由于墩台的移动而造成的,发现偏差时,应仔细地测量支座的位置和墩台间的距离,检查墩台有无异状,并进行分析;如发现梁端紧靠桥台挡砟墙或邻孔梁端,或者其空隙过小,以及上下锚栓有剪断等情况,可将挡砟墙凿去一部分,或把主梁悬臂的端部截短或凿除一些,也可以将梁身顶起进行纵向移动,重新锚定支座。如钢梁间空隙过大,可在梁端增加牛腿予以接长,或在两孔梁间的桥墩上浇筑钢筋混凝土小墩。

(8) 当小桥上线路有爬行或桥头线路爬行力量传到桥上时,有时能使全部钢梁和支座沿着支点垫石移动,所以桥头线路必须彻底锁定。

(9) 较大跨度的板梁,由于日照关系,受太阳直接照射的一侧钢梁温度较高,另一侧钢梁温度较低,所以一侧主梁会比另一侧伸长得较多,使钢梁在平面上有挠曲,这也有可能使支座发生歪斜及移动。

(10) 一孔梁的 4 个支座须在同一平面上,如有受力不均现象应加以修正。支座各部分间不密贴时禁止用木片填塞。锚固螺栓孔灌浆要饱满,孔内不允许有木屑以防进水。要保持锚固螺栓不松动、不锈死,涂以机油,最好加盖。支座有翻浆时须进行处理。

4.5.3 支座病害的整治

支座病害的整治是养护维修工作的重点之一。支座病害成因复杂,一定要认真分析,进行针对性的综合整治才能获得较好的效果。支座几种常见病害的整治方法如下。

1. 小跨度钢筋混凝土板梁横向移动的整治

跨度小于 6 m 的钢筋混凝土板梁,由于梁体重量小,支座又均是采用沥青麻布或石棉垫材料制成的,故受列车的冲击和振动时多发生横向移动。对于该种梁,除顶起移正梁身外,均应在墩台顶上靠板梁侧加筑挡墙或埋设角钢(图 4.13)。

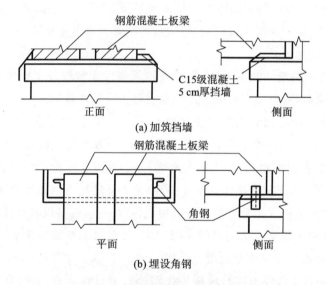

图 4.13 防止板梁横向移动的方法

2. 支座锚栓被剪断的整治

墩台上支座锚栓弯折或被剪断时,较彻底的整治方法是在支座旁斜向凿去一部分混凝土,取出旧锚栓,重新安装新锚栓。如果锚栓杆恰好在支承垫石面被剪断,剩余部分仍牢固,现场又有电焊条件,也可凿除一小部分混凝土,清除出被剪断螺栓杆的上部,焊接一段新螺栓杆。

圬工梁上支座锚栓被剪断时,可将支座底板与梁底镶角板焊起来(采用这一办法时必须保证镶角板与梁体连成整体,如果发现镶角板与梁体里面支座螺栓外端脱开,则必须将其焊牢)。具体方法是:每个支座用 2 根 60 mm×40 mm×8 mm 的不等肢角钢,沿梁长方向将角钢短肢焊于梁底的镶角板上,长肢焊于支座的座板上(如果没有此种角钢,可以用 10 mm 厚的钢板弯制)。

3. 摇轴或辊轴活动支座倾斜超限的整治

造成摇轴或辊轴活动支座倾斜超限的原因多为施工安装不正确或墩台有位移等。整治的方法是起顶梁身,按照当时钢梁温度计算的位移量校正摇轴或辊轴的倾斜度,移动底板,重新锚固锚栓。

大跨度钢梁的辊轴支座较为笨重,移动底板、重新锚固锚栓施工困难,工作量大,故当校正量不大时,可用异形牙板(防爬齿)辊轴更换正常牙板辊轴,而不再移动底板、重新锚固锚栓。异形牙板辊轴可根据校正支座倾斜超限的具体需要设计,使校正后的辊轴倾斜度符合计算要求。这样校正后,下摆中心线虽然不会与底板中心线一致,但能使辊轴倾斜度正常,保证安全。

4. 支承垫石不平的整治

对于钢梁或圬工梁平板支座,当底板下支承垫石有少量麻坑或少量不平时,可用垫沥青麻布的方法进行整治。这个方法的优点是经过行车挤压能自行弥补填平,效果较好。不宜采用垫铅板、铁板、木板和石棉板等方法,因为这几种方法从实践效果来看多数不理想。

垫沥青麻布的具体做法是:先将硬沥青(最好用石油沥青)加热到 180～190 ℃,再加 20%～30%的滑石粉或石棉粉,边加边搅匀,然后将大小适当的细麻布放入浸制,取出浇水冷却即可使用;沥青麻布最少要垫两层。

5. 支座陷槽、积水、翻浆、流锈病害的整治

支座陷槽、积水、翻浆、流锈病害一般可采用细凿垫石排水坡,结合支座下垫沥青麻布或胶皮板的方法进行处理,该方法能取得一定的效果。流水坡的坡度约为 3%,使水能很快排走。

细凿垫石排水坡的方法有两种。一种是先从距垫石外缘约 20 mm 处向中心推进(防止损坏边缘);再将周边的窄条敲下来,稍加修凿;细凿完成后用废砂轮打磨光滑。另一种做法是先在垫石四边的外侧打上要凿去的线条,用扁凿对准线条朝里敲打,其余同前法。在细凿过程中,如果发现有局部麻坑不平或边缘

缺损,可用环氧树脂砂浆修补,凝固后一并用旧砂轮打磨平整。

要防止挡砟墙上的水流到桥台,必要时挡砟墙与支座垫石间要凿小槽排水,防止支座底板下面进水。

6. 支座、支承垫石导致梁体不平的整治

支座不平,支承垫石裂损,活动支座不活动,个别支座出现明显的悬空现象,以及因支座问题需要整孔抬高梁体时,可选用下述方法进行整治。(1)支座下捣填半干硬水泥砂浆(水灰比为0.2～0.25),适用于抬高量30～100 mm。(2)垫入铸钢板,适用于抬高量在50～300 mm。(3)就地灌注钢筋混凝土垫块或更换钢筋混凝土顶帽,适用于抬高量在200 mm以上。(4)对小跨度桥梁可垫入橡胶板,橡胶板要弹性好,垂直挤压变形小,可单独整块放入或放入钢板夹层内,适用于抬高量在50 mm以内。(5)活动和固定支座安装错误时应顶起梁身进行改装。在分不清活动弧形支座和固定弧形支座时,也应顶起梁身,查明情况,安装错误的应进行调整。(6)在活动支座不活动时,如果为弧形活动支座,应顶起梁身,对上下支座板的穿销进行除锈、涂黄油操作,并清除椭圆形孔内的污垢杂物,使圬工梁伸缩灵活;如果为摇轴或辊轴活动支座,则应找出问题,进行处理,必要时予以更换。

4.6 桥梁其他附属设施养护维修技术

4.6.1 日常养护维修

1. 人行道

(1)人行道内墙不得乱涂乱画,如出现涂画情况,应及时予以清理。此外,人行道地面内饰应每天擦拭、清理,以保持干净、美观。

(2)无装饰人行道的墙体可以免受侵蚀和保持美观,宜每2～3年粉刷一次。有装饰人行道的装饰物若出现缺失应及时补齐。如果施工因素或其他因素造成装饰物空鼓,应及时修复,防止砸伤行人。装饰材料必须采用阻燃材料,避免燃烧伤人。

(3)人行道内的电气设备应每月检测一次,特别是雨季前要对所有的电气

设备遥测一遍,防止漏电伤人。若电气设备线路老化,应及时更换,以免漏电危及行人安全。如果灯具损坏,应及时更换,确保人行道内照明充足。

(4) 人行道内设置抽水泵是为了防止汛期积水、雨水倒灌等情况,因此应每季对泵站设施进行保养,电机、水泵的保养应符合有关的机械保养规定。

(5) 人行道的环境不仅是市容环境的一部分,而且关系到行人安全。人行道养护要做到以人为本,保持环境整洁,无积水、积冰、积雪等是保持良好市容环境的需要,也是保证行人安全的需要。如遇大雨、大雪天气,应及时组织人员进行清理,保证行人正常通行。

(6) 人行道内的梯道、坡道极易损坏,特别是栏杆扶手松动、防滑条脱落、坡道粗糙程度降低,严重影响行人的通行安全。

(7) 桥面上人行道、盲道和缘石应完好、平整。当有缺损时,应及时维修或更换。

2. 栏杆

(1) 钢筋混凝土等非金属防护栏杆应牢固,表面干净整洁,无混凝土破损、露筋锈蚀等。当出现这些缺陷时,应开展日常养护维修。当褪色严重或有表面脱落时,应清除并维修。

(2) 金属栏杆应牢固,表面干净整洁,无焊缝断裂,无构件缺损,无防腐涂装起皮、脱落,无锈蚀,伸缩装置伸缩正常。当出现大量锈蚀、断裂、锚固失效时,需提请开展定期检查并及时开展维修工作。对有涂装的金属栏杆,应定期除锈、刷漆。

(3) 涂料性能应符合设计要求,表面涂层应均匀、无漏刷、无流淌,并应符合相关养护规定。

(4) 弯道部分、分流和合流口处的栏杆,宜设警示标志。

(5) 栏杆在伸缩缝处应保证与梁体有相同的位移量。

(6) 栏杆应完好、清洁、直顺、坚固。严禁人行天桥的人群荷载超过设计标准。栏杆是天桥上行人的安全防护设施,要求经常检查、养护,并应结合检查结果对天桥栏杆水平推力进行抽检测试,发现损坏或不满足设计要求的及时维修。

(7) 临时防护设施应牢固和醒目,使用时间不宜超过两周。

3. 防护栏

对于有涂装的金属防护栏,应定期除锈、刷漆,并应符合相关养护规定。在高路堤、桥头、临河路堤、陡坡等桥区,应设置防护栏。防护栏应完整、醒目、有效,缺损期不得超过 7 d。桥梁不同位置设置的防护栏有所不同,但要起到保障安全的作用,同时兼顾整齐、美观的效果。在快速路出口匝道的导流岛处,应设置具有消能作用的防撞设施。

4. 人行天桥的附属设施

梯道防滑条应完好、有效,对不满足防滑功能的人行道应进行改造。梯道、坡道不得积水,冰、雪应及时清除。桥面铺装应完好、牢固,不得有大于 $0.01\ m^2$ 的坑洞、大于 10 mm 的翘起或大于 $0.02\ m^2$ 的空鼓。梯道的防滑条是确保行人安全通行的结构,防滑条的损坏直接关系到行人的安全问题,因此发现损坏要及时修复。梯道应经常清扫,雨(雪)后应及时清除积水(雪),防止行人滑倒。

封闭式天桥应清洁、通风,封闭结构应完好。

当天桥上方的架空线距桥面不满足安全距离要求时,桥上应设置安全护罩,护罩距桥面的距离不应小于 2.5 m。高架线安全距离不够时可能发生触电事故。

5. 声屏障、灯光装饰

定期对声屏障结构部件、连接螺栓、钢化玻璃、吸声孔进行检查,发现破损应立即进行修复。声屏障的主要作用是降低城市噪声,因此除定期清洁、维护外,发现缺失应及时恢复。

检查声屏障内部隔声填充材料,如有缺失或老化,应尽快进行增补及更换。桥梁的景观灯饰是城市夜景照明的一部分,灯光电源应由专人进行定期检查维护,当景观灯饰出现损坏影响视觉效果时,应及时更换维修。

6. 调治构造物

调治构造物是桥渡河段内用于导流和调治水流的构筑物,主要作用是保证和改善桥渡河段在汛期的工作条件,使洪水顺畅通过桥孔,保证桥梁的正常使用。导流堤、梨形堤、丁坝、顺坝和格坝等调治构造物,应保持完好,引导水流均匀、顺畅地通过桥孔。

洪水前后,应巡查并及时清除调治构造物上的漂浮物,如杂草。为确保调治构造物对桥梁起到保护作用,汛期前应对调治构造物进行检查维修,如果局部损坏超过标准范围,应在汛期前完成修复工作。调治构造物不得有大于 0.3 m 的孔洞缺损、大于 5 mm 的开裂、大于 0.2 m² 的塌陷和松散。

7．标志牌

桥梁应设置桥名牌、限载牌和限高牌。桥名牌应包括桥名、建造年月。桥名牌、限载牌和限高牌等标志牌应保持完好、清晰。当桥名牌、限载牌和限高牌等标志牌松动或倾斜时，应及时修复，若严重破损，应及时更换。

8．其他设施

（1）桥梁的防护网、隔离带、遮光板、限高门架、绿化设施、夜间航空障碍灯、航道灯、防雷装置、自动扶梯、垂直电梯等应完整、牢固、美观、有效，若有损坏应及时更换。其他设施同样是桥梁上的重要安全设施，出现破损、变形等情况不能发挥相应功能时，应及时维修。

（2）遮光板及各类指示标志应完整、有效，不得误挂和缺项，遮光板变形后应立即恢复。遮光板既可以指示行车路线，又可以防止会车时因逆光而造成事故，因此，遮光板必须经常检查，一旦发现缺失、损坏应及时修复。

（3）快速路两侧宜设置防护网，上跨快速路及铁路的天桥、有人行步道的立交桥两侧应设防护网，防护网应完整、美观、有效。防护网应定期进行检查维护。快速路设置防护网可有效阻止行人穿行，既保护行人的安全，又可以确保车辆行驶安全。防护网宜采用网身轻巧、造型新颖、美观耐用的材料，整体应稳定牢固、防锈、抗氧化，网身应保持完好、干净。

（4）限高门架应稳固，并应定期进行检查维护。松动或被车冲撞的限高门架应立即维修。反光警示标志应及时清洗，油漆褪色、掉漆应及时翻新。设置限高门架是为了保证桥梁安全，防止超高车辆撞击桥梁梁体造成梁体损坏。限高门架应定期检查，若发现损坏应立即维修。警示标志应保持醒目。

（5）避雷装置应完好。避雷针接地线附近严禁堆放物品和修建任何设施。严禁挖掘地线的覆土，并应采取防冲刷措施。避雷针、引下线及地线，应于每年雷雨季节前进行检测，当防雷性能降低时，必须及时修理。

避雷装置对桥梁受雷击时起着均压、屏蔽等作用，保护桥体及桥上人和设备的安全。因此桥梁防雷装置不容破坏，应经常检查。检查时应采用仪器设备对接地线电阻进行测试，对接地线电阻不满足要求的应及时更换。特别是系杆拱桥、悬索桥、斜拉桥等特殊结构桥梁，都属于高结构物，在雷雨季节受雷击的概率较高，雷击可直接造成桥体的结构破坏和桥面行人受伤，还会对桥上安装的电气、通信和监控等弱电子设备造成影响。

（6）索塔的爬梯和工作电梯，应每季度检查保养一次。在上塔前应先检查其可靠性，严禁非检修人员登梯。爬梯宜每五年除锈、涂漆养护一次。

（7）桥区内绿化不得腐蚀桥梁结构和影响桥梁安全，不得影响桥梁养护、检查和行车安全。桥区内绿化支架、花盆、外饰面板和绿化排水系统应完好、牢固、整洁，应每季度检查一次，当遇台风等恶劣天气时，应加强巡检。支架不得锈蚀、变形、脱落，花盆不得锈蚀、开裂、失稳、坠落，外饰面板不得松动、脱落、破损。绿化排水系统应完整、排水顺畅，应无漏水现象。

桥区内绿化不仅要美观，还要不影响桥梁使用功能、耐久性和养护，若防护设施与绿化设施不协调，应以防护设施为主。桥区内绿化支架、花盆、外饰面板、绿化排水系统等如归其他管理部门养护，应符合相关标准规定。

（8）自动扶梯、垂直电梯应由专业人员维修、保养，并应执行相应安全技术标准的要求。应按规定时间进行安全检查，安全检查不合格的严禁使用。自动扶梯停运期间不得作为人行梯道使用。

随着城市管理水平的提升，越来越多的人行天桥、人行地下通道安装自动扶梯或垂直乘客电梯。自动扶梯和垂直乘客电梯都属于特种设备，电梯的制造、安装、维护、运营、检查、检测必须符合《中华人民共和国特种设备安全法》、《自动扶梯和自动人行道的制造与安装安全规范》（GB 16899—2011）、《电梯制造与安装安全规范 第1部分：乘客电梯和载货电梯》（GB/T 7588.1—2020）、《特种设备使用管理规则》（TSG 08—2017）等国家法律条文及现行标准的规定。

4.6.2　结构养护维修

1. 桥面泄水孔

桥面泄水孔应完好、畅通、有效。当收水口无法正常汇水时，应查明原因后，采取针对性措施，并应对收水口周边桥面或引道进行系统改造。

为了迅速排除雨水，防止雨水渗入梁体引起锈蚀而影响桥梁的耐久性，以及防止桥面积水影响行车安全，桥面的泄水孔应定期掏挖，如有损坏及时修复。

2. 桥面泄水管和排水槽

桥面泄水管和排水槽应完好、畅通，外观整洁、美观，并应在雨季前进行全面检查和疏通，降水较多地区可增加检修频率，若出现堵塞、破损，应及时疏通或维修更换。跨河桥梁泄水管下端露出不应少于 10 cm,立交桥泄水管出口宜高出地面 30～50 cm 或直接接入排水系统。雨季到来之前,桥面排水设施均应进行全面检查、维修。

3. 防撞墩(墙)

防撞墩(墙)不得缺损、变形、锈蚀;被撞损后,宜在 3～7 d 内恢复。防撞墩(墙)可有效保护桥梁因被撞而造成的损失,也可保证行车安全,因此,当防撞墩(墙)发生损坏后应及时修复。

防撞墩(墙)养护应符合下列规定:对混凝土裂缝大于 3 mm、小于 5 mm 的防撞墩(墙),可灌缝封闭;对表面露筋但钢筋未变形、拉断的(非结构破坏)防撞墩(墙),应凿除损坏部分,对钢筋进行除锈、防腐处理,并采用不低于原结构强度的材料进行修补。修补材料与原结构连接应牢固、平整;对混凝土裂缝大于 5 mm 或因撞击造成结构性破坏的防撞墩(墙),应拆除该段混凝土结构并重新浇筑;对锚固筋缺损的防撞墩(墙),应补植锚固筋,钢筋绑扎形式应符合原设计要求;严禁使用砖砌体结构代替原结构;被损毁的钢结构应原样恢复。

4. 桥头搭板

桥头搭板应完好,当桥头搭板下沉、破损、断裂及板底脱空时,应及时修复。

桥头搭板是桥头填土与桥台之间的过渡结构,搭板随土方沉降而下沉,桥头搭板下沉后影响路面平整度,造成跳车,影响行车安全。北方地区路堤冬季因冻胀会上升,春季化冻后会下沉;雨季在重车反复碾压、撞击下也会下沉。桥头搭板下沉程度、坑洞面积等超过规范规定时应及时修复。

当桥头产生不均匀沉降(桥头跳车)时,应及时接顺。对不均匀沉降严重的部位,应查明原因后处治。

5. 挡土墙、护坡

挡土墙应坚固、耐用、完好,应每季度检查一次,当遇中雨以上降雨时应进行巡检。当挡土墙倾斜、下沉超过 20 mm 或发生鼓胀、位移时,应进行维修。挡土墙断裂后应及时进行加固,当开裂超过 3 mm 时,应查明原因后处治。

护坡应完好,当下沉超过 30 mm、残缺超过 0.2 m^2 时,应及时进行维修。

6. 边坡

（1）主要病害类型。

①滑坡。滑坡是斜坡的部分岩土体自然向下移动而形成的。滑坡按引起滑动的力学特性可分为牵引式滑坡和推移式滑坡。牵引式滑坡是下部岩土体先滑动,上部岩土体失去支撑也产生滑动,一般滑动速度较慢。推移式滑坡是上部岩土体挤压下部岩土体产生变形,滑动速度较快,多见于有堆积体分布的斜坡地段。

②崩塌。崩塌是整块岩土体脱离母体突然从较陡的斜坡上崩落下来,并顺斜坡猛烈翻转、跳跃,最后堆落在山脚。它具有突发性,危害较大。

③剥落。边坡表层受风化后,在冲刷和重力作用下,不断沿斜坡滚落。

（2）养护维修要点。

①排水畅通。边坡日常养护重点是确保地表排水系统能及时、顺畅地排除地表水,防止积水对山体或坡面产生冲刷,引起地质结构发生变化。地表排水系统的主要作用是及时排除地表水,减少山体渗水对坡面结构的损害。边坡的主要病害有沟内杂草、沟体沉降裂缝、暴雨形成沟底坑槽及防排水系统设置不完善等。

②支护物结构完整。边坡的支护物主要有挡土墙、框架梁、抗滑桩、浆砌片石(圬工结构)等。上述支护物对边坡稳定性起着至关重要的作用,日常巡查中应重点检查支护物结构是否完整,如挡墙是否开裂,泄水孔是否正常排水,框架梁是否断裂、破损,抗滑桩是否移位,圬工结构是否破损等。如果出现病害,要及时维修整治。

③边坡监测。《建筑边坡工程技术规范》(GB 50330—2013)规定,新建边坡应进行为期至少2年的监测。边坡监测内容如下:位移;应力、应变、地形;地震、爆破震动;降雨量、气温、水位、水质、水温、水流量、孔隙水压力等。在日常巡查中发现边坡有可能失稳,应立即进行边坡监测。

7. 排水系统及检查井

排水系统的常见病害有管道破损、管体或管卡脱落、管道排水不畅、管口有杂物堆积等,检查井的常见病害有检查井井盖破损、检查井内有堆积物影响排水等。

排水系统及检查井维修方法如下。

（1）管道破损、管体或管卡脱落的维修方法：根据病害位置合理选择辅助设备，如桥检车、高空车、人行爬梯、脚手架等；需更换的管道用吊绳进行临时稳固；将管卡固定管道的螺栓松动；取出管道并更换新的管道，然后将管卡固定管道的螺栓拧紧。管道排水不畅、管口有杂物堆积的维修方法：对管口杂物进行人工清除，然后采用高压水枪对管道内部进行冲洗，直至管道通畅，如果高压水枪冲洗的方法不能解决排水不畅的问题，应将管网弯头（PVC 管）取下，清除弯头内杂物后再按要求恢复。

（2）若检查井井盖破损，应按照原规格、尺寸进行更换。若检查井内有堆积物影响排水，应在排水不畅检查井的前一个检查井内放置水泵，然后封堵出水口，将排水引至其他排水通道，确保排水不畅的检查井内无水；采用人工或机械的方式清除检查井内的堆积物，清除完成后将前一个检查井水泵取出，并开放封闭的出水口。

8. 检修通道

检修通道作为日常检查维护的重要通道，需要保持完好、整洁。检修通道以钢结构和混凝土结构为主，日常要重点检查钢结构是否锈蚀，混凝土结构是否有裂缝、掉块等现象。

4.7 桥梁养护维修施工案例

4.7.1 工程概况

武汉三环线又称武汉中环线，全长 91 km，双向六到八车道，全封闭，是武汉市内的一条环线快速路。武汉三环线位置如图 4.14 所示。本节主要对武汉三环线 5 座桥梁的病害进行检测和分析。

桥梁的病害有很多，引起混凝土桥梁病害的因素大致可以分为四类。

（1）设计方面。桥梁设计一般有大致步骤：通过概念设计确定结构方案→确定计算模型→确定结构的详细尺寸和细节构造→确定构思好的桥梁结构方案。结构方案中设计荷载偏低、设计计算假定不合理、桥型结构选取不当等都会为桥梁病害的产生埋下隐患。

（2）施工方面。假如桥梁设计非常科学合理，但施工单位在施工时没有严

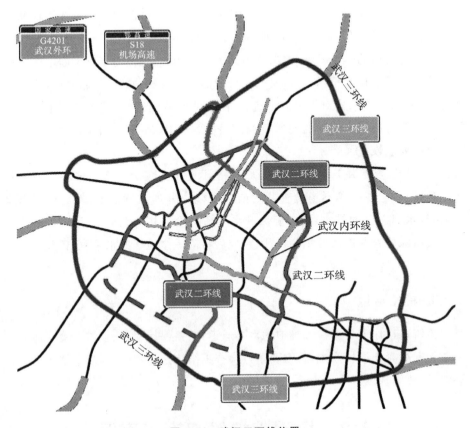

图 4.14 武汉三环线位置

格按照相关规章制度办事,控制不严格,或者偷工减料、施工工序不合理等,轻则会为桥梁带来很多病害,重则会带来难以预料的安全事故。

(3)环境方面。许多环境因素会造成混凝土结构的损伤甚至破坏。

(4)养护方面。混凝土桥梁养护不当或年久失修也会产生很多病害。

本次桥梁病害检测的对象为三金潭立交桥、常青立交桥、姑嫂树立交桥、盘龙立交桥、新墩立交桥,主线双幅共计 6876 m,全部为混凝土桥梁,匝道共计 8874 m。本次主要是对武汉三环线上的 5 座桥梁进行了病害检测,并对病害产生原因进行了分析,在分析桥梁病害产生原因时,未考虑设计方面的因素,只考虑了施工、环境及养护方面的因素。

桥梁检测是对桥梁进行养护的前期工作,通过检测结果可以对现有的缺陷和病害进行技术状况分析和评价,依据评价结果选择养护维修方案。

本次桥梁病害检测的目的主要有:通过对桥梁进行现场检测,明确桥梁缺陷的具体情况,综合评定所检测桥梁及各部件当前的技术状况,提出是否进行专项检查的建议,为桥梁养护、维修、加固提供技术依据;掌握桥梁的变化情况,为桥梁的科学管理和养护积累技术资料,建立和健全完备的桥梁技术档案,完善桥梁技术管理制度,改善和提高现有桥梁的技术状况和服务水平。

本次桥梁病害检测主要完成以下工作:对桥梁的基本数据和相关参数进行现场核查,保证桥梁相关数据的准确性;按实填写"桥梁病害检测数据原始记录表",记录各部件缺损状况并根据规范要求给出技术状况评分;根据检测的病害情况,判断病害产生原因,确定维修范围及方式;对难以判断或确定病害产生原因和病害程度的部件,提出特殊检查(专门检查)的要求;对能正常运营的桥梁提出合理的养护维修建议;对损坏较为严重已经影响到安全使用的桥梁,提出相应的维修或加固方案;针对桥梁检测后的技术状况给出下次检测的时间。

4.7.2 检测方法及主要仪器

为了防止漏检和统一记录次序,按以下顺序进行检测:先按行车方向从左到右检测;再从下往上检测,依次检测下部结构和基础,上部结构的底部和侧面,支座、箱梁,桥面系结构。在检测过程中,同时校对桥梁结构的基本数据是否与实际相一致。

(1) 墩(台)、桥跨编号。按三金潭立交至新墩立交桥行车方向,左边车道为左幅,右边车道为右幅;主线桥按行车方向,依次为 0 号桥台,1 号墩,2 号墩,…,m 号墩,1 号桥台,相应的桥跨为第 1 跨,第 2 跨,…,第 m 跨,第 $m+1$ 跨;匝道按行车方向依次为 0 号桥台(如无则不编号),1 号墩,2 号墩,…,m 号墩,1 号桥台(如无则不编号),相应的桥跨为第 1 跨,第 2 跨,…,第 m 跨,第 $m+1$ 跨。

(2) 支座编号。$m-1$ 号墩上支座的编号方法为面向行车方向,从右到左、从前到后依次为 $m-1-1$ 号、$m-1-2$ 号支座。

(3) 墩柱编号。n 号墩的墩柱编号方法为面向行车方向,从右到左依次为 $n-1$ 号、$n-2$ 号、$n-3$ 号、$n-4$ 号墩柱。匝道墩柱编号为面向行车方向依次增大编号。

上部主要承重构件、支座和盖梁等的检测:通过桥梁检测车和爬梯等检测支架,对每片梁、每个支座和每个盖梁按前述检测内容进行观察、检查,分析病害的产生原因及影响程度,将每个构件存在的各种病害分类记录在相关表格中,并对严重缺损部位进行标识、拍照。

对锥坡、护坡、桥台基础、桥墩、桥面铺装、伸缩缝、护栏、排水设施等部件的检测:检测人员尽量接近或进入各检测部件,以目视观察为主,辅以必要的测量仪器(如裂缝宽度检测仪等),仔细检查其功能及材料的缺损状况,对严重病害进行拍照,并做标识,同时详细记录、描绘各种病害的影响程度、位置等资料。

在检测过程中,使用的检测仪器或工具有激光裂缝宽度检测仪、非金属超声检测仪、钢筋锈蚀仪、钢筋位置测定仪、钢筋保护层仪、探地雷达、桥梁检测车、读数显微镜、全站仪、全自动水准仪、数显倾角仪、回弹仪、碳化深度测量装置、激光手持式测距仪、钢卷尺(3 m、5 m、30 m、50 m)、垂线、数码相机、高倍望远镜、激光打印机、对讲机等。

4.7.3　桥梁病害分析

1. 桥面系病害分析

(1) 桥面铺装。

三环线桥梁的桥面铺装病害如图 4.15 所示。

(a) 姑嫂树立交桥桥面网裂、坑槽　　　(b) 三金潭立交桥左幅桥面某处坑槽

图 4.15　三环线桥梁的桥面铺装病害

网裂产生的原因分析:长期的汽车荷载作用导致道路基层已经产生疲劳开裂;施工时压实度未达到要求,在荷载作用下出现不均匀沉降;在裂缝形成后有雨水渗入;沥青路面因长期环境作用而老化。

坑槽产生的原因分析:地表水的渗入导致沥青混凝土混合料出现剥离;施工中沥青路面压实时温度太低导致碾压不充分;沥青老化后与石料间的黏附力下降产生剥离。

(2) 伸缩缝。

为满足桥面变形的要求,通常在两梁端之间、梁端与桥台之间或桥梁的铰接位置设置伸缩缝。伸缩缝因长期暴露在空气中受到荷载反复作用和雨水侵蚀,容易出现损坏。图 4.16 为三环线桥梁的伸缩缝病害。

图 4.16　三环线桥梁的伸缩缝病害（盘龙立交桥 4 号伸缩缝钢板上翘）

上述伸缩缝破坏的原因分析：施工工艺和施工手段不当导致伸缩缝未能正常工作；已破坏的桥梁铺装未进行及时养护和维修；未做好日常维护工作，砂土、杂物等未能及时清理影响伸缩缝正常工作；车辆超载和超速对伸缩缝的寿命也有很重要的影响；雨水、地震等的影响。

（3）护栏设施。

护栏设施的病害表现为混凝土护栏的破损、开裂，金属护栏的断裂、弯曲变形等。三环线桥梁的护栏设施病害如图 4.17 所示。

图 4.17　三环线桥梁的护栏设施病害（三金潭立交桥距 0 号桥台 48 m 处金属护栏断裂）

护栏设施损坏的原因大致如下：车辆及其他物体的碰撞造成破损；金属护栏长期暴露在空气中导致其出现腐蚀、强度下降、弯曲变形等损坏；温度变化导致其内部产生拉应力，从而产生开裂。

（4）排水设施。

经检查，发现排水设施管线缺失和断裂，主要原因有：水管长期在空气中受到环境作用老化出现破损；水管固定部件松动导致排水管道承重时出现折断；受到外物的撞击而出现损坏。

(5) 桥头引道。

三环线桥梁的桥头引道病害如图 4.18 所示。桥头引道破坏原因:荷载的反复作用导致其破损;施工时未达到技术要求,密实度不够;沥青老化和施工压实度不够导致裂缝出现。

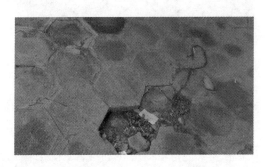

图 4.18　三环线桥梁的桥头引道病害(常青立交桥 K 匝道 0 号桥台锥坡混凝土破损)

2. 桥梁上部结构病害分析

三环线桥梁上部结构的典型病害有钢筋锈蚀、裂缝、表层缺陷、支座损坏等。

(1) 钢筋锈蚀。

钢筋锈蚀的成因较多,主要有以下几个方面:钢筋保护层的碳化;有害气体及潮湿的环境;表层缺陷。

(2) 裂缝。

混凝土材料的抗压能力强而抗拉能力差,所以其裂缝不可避免。其裂缝包括宽度小于 0.05 mm 的微观裂缝和宽度大于 0.05 mm 的宏观裂缝。本案例所检测的裂缝都是宏观裂缝。

混凝土结构产生裂缝受几个方面的影响。①材料方面:水泥和骨料黏附性差,混凝土中碱-骨料反应使其内部产生应力集中。②环境方面:物理环境和化学环境的作用。③施工方面:施工工艺未能满足相关要求。

(3) 表层缺陷。

三环线桥梁产生表层缺陷的原因:材料配合比不当;施工操作不当;车辆超载、超速行驶造成冲击破坏;混凝土产生裂缝后,雨水进入引起钢筋锈蚀膨胀造成混凝土破损。

(4) 支座损坏。

支座损坏体现在支座垫石存在裂缝,支座组件有断裂、错位、脱空等病害。

结合三环线5座桥梁的使用情况,分析支座损坏的原因有:梁对支座的压缩不相等导致支座受力不均而被压坏;支座承载力不足;支座施工安装不当,后期维修不完善。

3. 桥梁下部结构病害分析

桥梁墩台直接承受桥梁上部结构和汽车荷载,以及自然力的作用,同时将荷载传递给地基。墩台常见的病害有裂缝、剥落、锈蚀、蜂窝、麻面、倾斜变位等。图4.19为三环线桥梁的墩台病害,主要为混凝土局部破损。墩台产生上述病害的主要原因有基础发生不均匀沉降、混凝土内部应力的作用、地基承载力不足。

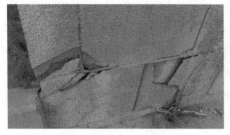 

(a) 姑嫂树立交桥0号桥台处表面混凝土局部破损　　(b) 常青立交桥K匝道0号桥台处下部混凝土局部破损

图4.19　三环线桥梁的墩台病害

4.7.4　桥梁养护维修措施

1. 桥面系养护维修措施

三环线桥梁桥面系病害养护维修措施如下。

(1) 及时清理伸缩缝内的垃圾,恢复其使用功能。

(2) 对于U形镀锌铁皮伸缩缝老化、开裂情况,应及时拆除并更换新型伸缩缝,再注入新填料。

(3) 对于桥面铺装,应经常清扫桥面,保证桥面清洁、完整,及时扫除积水。

(4) 如果桥面凹凸不平是因构件连接处沉陷不均引起的,可采用在桥下以液压千斤顶顶升,调整构件连接处标高,使其顶面具有相同高度的方法进行维修。

(5) 保证桥面排水畅通,更换断裂排水管,补装缺失的排水管及滤盖。

(6)对护栏碰损部位进行修补,对护栏钢管应进行刷漆养护,对不直立的护栏应及时进行纠偏。

(7)对于桥头引道有破损的情况,应进行及时的修补和养护。

(8)保证引道与桥头衔接平顺,对不平顺的桥面进行修补整平。

2. 桥梁上部结构养护维修措施

三环线桥梁上部结构病害养护维修措施如下。

(1)凿除已损坏部分的混凝土,采用新的混凝土或砂浆进行填补,对填补后的混凝土表面进行处理,防止其碳化。

(2)对已锈蚀的钢筋进行除锈处理,清理混凝土与钢筋表面的铁锈,对钢筋做好防锈处理。

(3)对于深入桥梁内部的裂缝,可以采用压力灌浆修补法进行修补;对于未深入桥梁内部的裂缝,可以采用表面封闭修补法进行修补;对于主应力裂缝,可以采用表面封闭法中的加箍封闭法进行修补。

(4)对板梁腹板纵缝、底板渗水、翼板混凝土破损、露筋等病害,轻者采取修补、加强观测、封闭等措施,重者采取封闭后加强观测处理等措施。

(5)对于混凝土桥面表层的破坏,先采用人工法或高速射水法清理破损混凝土,再使用混凝土和水泥砂浆对混凝土表层进行修补。

(6)对老化开裂的支座,建议继续监测。若支座继续开裂,丧失正常的支承功能,应立即更换。

(7)若发现梁的支点承压不均匀,应及时做出调整。

3. 桥梁下部结构养护维修措施

三环线桥梁下部结构病害养护维修措施如下。
(1)对排水冲刷桥台基础的护坡进行养护。
(2)基础局部损坏可以采用混凝土进行修复和补强。
(3)及时清除基础表面严重风化的部分,对其进行长期的监测。
(4)经常对桥梁进行检查,及时进行日常养护维修。

以上为基于三环线5座桥梁出现的典型病害所给出的针对性的养护维修建议。现以三金潭立交桥、盘龙立交桥、姑嫂树立交桥为例,对其养护维修建议汇总如下。

(1) 三金潭立交桥。

三金潭立交桥结构形式为现浇连续箱梁;左幅为 28 跨,右幅为 27 跨。

养护建议:①及时清理伸缩缝内的垃圾,恢复其使用功能;②保证桥面排水畅通,更换断裂排水管,补装缺失的排水管及滤盖;③对护栏碰损部位进行修补,对护栏钢管进行刷漆养护;④对板梁腹板纵缝、底板渗水、翼板混凝土破损、露筋等病害,轻者采取修补、加强观测、封闭等措施,重者采取封闭后加强观测处理等措施;⑤对排水冲刷桥台基础的护坡进行养护;⑥对老化开裂的支座,建议继续监测,若支座继续开裂,丧失正常的支承功能,应立即更换;⑦经常对桥梁进行检查,及时进行日常养护维修;⑧为了确保桥梁的长期安全运营,建议对该桥进行长期健康监测,同时建议每年安排一次定期检测。

维修建议:①修复伸缩缝锚固区与路面有高差的部位,并修复其与路面接缝边缘分离、开裂的部位;②修补桥面龟裂、破损、坑槽、台背沉降、桥头跳车部位;③修复路灯及接线盒盖;④结构裂缝涂刷环氧树脂胶封闭;⑤更换丧失正常支承功能的支座。

(2) 盘龙立交桥。

盘龙立交桥结构形式为现浇连续箱梁;左、右幅均为 15 跨。

养护建议:①及时清理伸缩缝内垃圾,恢复其使用功能;②对护栏碰损部位进行修补;③对板梁腹板纵横缝、底板混凝土破损、离析、露筋、表层脱落等病害采取修补、加强观测、封闭等措施;④保证桥面排水畅通,更换断裂排水管,补装缺失的排水管及滤盖;⑤对老化开裂的支座,建议继续监测,若支座继续开裂,丧失正常的支承功能,应立即更换;⑥经常对桥梁进行检查,及时进行日常养护维修;⑦为了确保桥梁的长期安全运营,建议对该桥进行长期健康监测,同时建议每年安排一次定期检测。

维修建议:①修复伸缩缝锚固区与路面接缝边缘分离、开裂,伸缩缝上翘等现象;②修补桥面网状裂缝、破损、坑槽、波浪部位;③修复路灯及接线盒盖;④结构裂缝涂刷环氧树脂胶封闭;⑤更换丧失正常支承功能的支座。

(3) 姑嫂树立交桥。

姑嫂树立交桥结构形式为现浇连续箱梁;左、右幅均为 15 跨。

养护建议:①及时清理伸缩缝内垃圾,恢复其使用功能;②保证桥面排水畅通,更换断裂排水管,补装缺失的排水管及滤盖;③对护栏碰损部位进行修补;④对梁底板露筋、渗水、混凝土破损、混凝土离析、蜂窝麻面、孔洞等病害,轻者采取修补、加强观测、封闭等措施，重者采取封闭后加强观测等措施；⑤对老化开裂的支座，建议继续监测，若支座继续开裂，丧失正常的支承功能，应立即更换；⑥经常对桥梁进行检查，及时进行日常养护维修。

维修建议：①修复桥面沉降；②修补桥面破损、坑槽；③修复路灯及接线盒盖；④结构裂缝涂刷环氧树脂胶封闭；⑤更换丧失正常支承功能的支座。

第 5 章　桥梁加固技术

5.1　桥梁加固概述

5.1.1　桥梁加固的基本概念

桥梁加固是指,当桥梁构造物局部损坏或承载力不足时,对桥梁构造物所进行的修复和补强工程措施。改善结构性能,恢复和提高桥梁结构的安全度,以提高桥梁的承载力和通过能力,延长桥梁的使用寿命,使整个桥梁结构可满足规定的承载力要求,并满足规定的使用功能需求。桥梁加固一般是针对三类至五类桥梁,或者是临时需要通过超重车的桥梁。桥梁的加固补强和拓宽、抬高等技术改造工程有时会同时进行,以满足并适应发展的交通运输需求。

桥梁结构的安全性涉及结构的承载力、刚度、稳定性及耐久性等指标,即桥梁结构必须满足承载力要求及正常使用功能要求。桥梁结构应具有足够的强度,以承受作用于其上的荷载,使桥梁结构的构件或构件之间的连接不致破坏;结构各部分应具有足够的刚度,以使其在荷载作用下不产生影响正常使用的变形;构件的截面必须有适当的尺寸,使其在受压时不发生屈曲而丧失稳定性。

桥梁结构不仅要保证整体具有强度、刚度及稳定性,而且必须保证各组成部分具有足够的强度、刚度及稳定性,同时必须具备良好的使用性与耐久性。但是,由于所受荷载的随机性、材料强度的离散性、制造与安装质量的不确定性及理论计算的近似性等,桥梁结构的实际安全度往往是一个不确定值。有的桥梁由于设计与建造年代久远,设计荷载标准偏低,重车增多后不适应;有的桥梁由于采用了不恰当的结构形式或采用了不合理的设计计算方法,导致桥梁结构实际受力状态与力学图示不尽相符;有的桥梁在施工时由于质量控制不严或管理不当,造成不应有的缺陷;有的桥梁是因不注意日常养护维修而导致结构产生缺陷;有的桥梁是因使用不当而不能维持正常的工作条件等。

桥梁加固是一项十分重要又极具专业性的工作,要求将专业基础理论与桥梁病害有机结合在一起,需要考虑的因素涉及方方面面。从某种意义上讲,无论是加固方案的拟订与设计计算,还是加固方案的具体实施,其难度往往比新建桥梁还大。

5.1.2 桥梁加固的基本原理

尽管目前桥梁加固的方法繁多,但基本原理却是相同的,即遵循力学的基本原理,从改变桥梁结构外在条件和内在条件的角度来提高承载力。

1. 改变桥梁的外在条件

(1) 增大主梁截面面积。增加主筋、喷射混凝土、现浇混凝土、外包混凝土,以及加厚桥面、增加辅助构件等方法,都属于增大主梁截面面积的加固技术。增大主梁截面面积的目的是提高主梁截面的惯性矩或几何抗弯模量。当荷载产生的内力(弯矩)不变或荷载等级提高时,改变截面面积可以减少主梁截面承受的拉应力(通常压应力不控制承载力),使其不超过主梁材料的承受范围,从而达到加固主梁、提高主梁承载力的目的。

(2) 增加主梁强度。对主梁粘贴钢板(筋)、环氧玻璃钢、碳纤维布、芳纶纤维布等高强材料,都属于增加主梁强度的加固技术。

2. 改变桥梁的内在条件

改变原桥结构体系,如将简支梁体系改变为连续梁体系、加八字支撑改变桥梁的跨径、外加预应力将主梁结构由纯弯结构变为压弯结构,可减少主梁承受的拉应力,从而达到加固主梁、提高主梁承载力的目的。

综上所述,无论是通过改变外在条件来改变主梁结构性能的加固技术,还是通过改变内在条件来调整主梁内力的加固技术,其基本原理都是为了减少主梁承受的拉应力或增强主梁承受拉应力的能力,满足结构受力的需要,提高桥梁的承载力。

随着科学技术的不断进步和发展,将有更多桥梁加固新材料、新技术不断涌现,促进桥梁养护、维修、加固技术的发展。

5.1.3 桥梁加固的途径

对桥梁主要承重结构进行加固补强的根本目的是恢复和提高其承载力,改善其使用性能,防止桥梁结构出现安全隐患,提高其通行能力。桥梁加固大致有以下几种途径。

(1) 加固补强薄弱构件。对于有严重缺陷或因通行重型车辆而不能满足承载力要求的薄弱构件,可以采用增大构件截面尺寸、增设外部预应力钢筋、粘贴补强材料等方法进行加固补强,这种方法实际上是通过增加刚度或增加受力材料数量来提高原构件的承载力。

(2) 增设辅助构件。在原结构基础上增加新的受力构件,如在多梁式桥梁中为增强横向联系而增设端横梁、中横梁;又如在桩基承载力不足时,增设扁担桩、扩大承台等。

(3) 改变结构体系。不同结构体系的受力性能不同,通过改变结构体系来改变原有结构的受力状况,人为地改善原结构受力整体性能,可以达到提高桥梁承载力的目的。例如,将有推力体系的拱桥改造成无推力体系的拱桥,以改善拱圈、拱脚及拱顶截面的受力状态;将原有的多孔简支梁桥通过一定的构造措施改造为连续梁桥,利用连续体系来改善原有简支梁跨中部分的受弯状态等。结构体系的转变一般都能起到较好的加固补强效果,但在随体系改变而形成的新体系中,某些构件或截面的受力需按新体系进行认真验算,并采取相应的措施。

(4) 更换构件。桥梁局部构件有严重缺陷而不易修复时,也可采用新的构件替换原有构件。例如,斜拉桥的拉索锈蚀损坏时,可以用新的拉索来替换;当桥梁支座失去功效而不能满足主梁变形受力的要求时,可将主梁顶起以更换支座;少筋微弯板梁桥的微弯板破损后不易修复,也可考虑更换;双曲拱桥的拱波、刚架拱桥的桥面板等,也可以更换。

(5) 桥梁加宽。当桥梁因宽度不足而影响通行能力时,桥梁就需要加宽。桥梁加宽一般与提高荷载等级、改善桥梁平面线形等同时进行。

(6) 其他上部结构的特殊加固方法。有些加固方法在实际工程中应用不多,如改善桥梁平面线形,升高、降低桥梁等。

(7) 墩台基础处治。在对桥梁上部结构进行补强加固以提高其承载力的同时,对桥梁下部结构及基础是否需要采取补强措施也应认真研究。如果原桥梁下部结构及基础具有足够的潜力,足以满足上部结构补强加固所增加的桥梁自重及活载对它的要求时,则可不再采取补强措施。如果墩台基础的承载力不足,或者上部结构缺陷、承载力降低等是因墩台与基础的位移或缺陷等引起的,则应对原桥墩台基础进行必要的补强加固。墩台基础补强加固的方法较多,如基础灌浆,加钢筋混凝土桩,扩大承台、基础及台后打粉喷桩,在基础周围放置片石、块石(常置于钢筋笼内,主要用于防冲刷)等。

(8) 桥台加固。当桥台本身因强度、刚度不足,可能发生较大的位移时,可采用的方法很多,如对桥台进行顶推、改变桥台结构形式、对桥台身进行局部补强等。

(9) 桥墩加固。桥墩加固一般通过对桥墩结构的补强、限制或减小墩顶的位移、增加墩身承载力(如改变墩身结构形式、增加墩身截面面积)等途径进行。

5.1.4 桥梁加固的注意事项

桥梁加固方案的拟订,应先根据桥梁现有的技术状况和使用荷载的要求,对加固的必要性和可行性作出判断;再对各种可能的加固方案的技术经济效果进行分析比较,从中选择合理的方案。桥梁加固总体上应注意以下问题。

(1) 一般来说,需加固的桥梁结构均有一定的病害,结构已处于相对危险的状态,故加固方案必须尽可能少地扰动原结构,特别是主要承重结构,以保证安全。

(2) 桥梁的加固工程通常要求在不中断交通或尽量少中断交通的条件下进行施工,故要求施工工艺简单且容易操作,施工速度快、工期短。

(3) 施工面狭窄、拥挤,常受原有结构物的制约。

(4) 补强加固施工往往对相邻结构构件产生影响。

(5) 加固施工中原结构的拆除、清理工作量大,工程较烦琐、零碎,并常常隐含许多不安全因素,要求施工人员更加注意操作安全与施工质量,严格进行施工管理。

(6) 加固的方案拟订与设计计算,要充分考虑新旧结构的强度、刚度与使用寿命的均衡,以及新旧结构共同工作的安全性,特别应注意新增混凝土部分在一定的龄期前只能作为恒载来考虑。

(7) 加固方案应尽可能周密地考虑荷载的增加和减少对原结构的影响、旧结构的拆除与新结构的补加,在有些桥梁结构形式中应考虑减载、加载程序;对于大多数桥梁结构,以增加最少的荷载为宜。

5.1.5 桥梁加固的技术要求

加固方案的实施应尽量减少对原有结构的损伤,并充分利用原有结构构件的承载力,且应保证原有结构保留部分的安全性与耐久性。对于确无利用价值的构件,应予以报废、拆除,但其材料应尽可能回收。桥梁加固应做到可靠、安全、耐久,满足使用要求,这也是对桥梁进行技术改造的基本要求与目的。

加固工程在施工过程中,应尽量不中断或少中断交通。加固工程的技术经济指标应包括交通受阻等带来的经济损失。

加固方案应技术上简易可行,施工上方便,所使用的机具设备尽量简单、易操作,且应重量小、体积小。桥梁加固应尽可能地采用轻质材料,也应尽可能地探索使用新材料。

对于某些下部结构或基础不均匀沉降所导致的上部结构的损伤,或其他偶然因素(如地震、强风、船舶碰撞等)所引起的结构损伤,在进行补强加固时应考虑采取消除、减小或抵御这些不利因素的措施,以免在加固后结构物继续受此因素的影响。

5.1.6 桥梁加固必须满足的基本条件

桥梁经技术改造后,其结构性能、承载力与耐久性等应都能满足使用上的要求,且具有较明显的经济效益和社会效益。

桥梁结构物的改造可以采用两种不同的方式:一种是废弃原有结构物进行重建,这就相当于建造一座符合新的使用要求的新桥,但还要包括拆除原桥的工程;另一种是充分利用原桥进行加固补强,若需加宽则再行拓宽。桥梁加固的经济效益反映在它的耗资明显低于新建,否则就无法体现其优越性。研究表明,加固旧桥的投资一般低于新建桥梁投资的50%,当然,还应考虑相关社会效益及其影响。为了更好地对各种加固方案进行技术经济比较和评价,从中选出合理的加固方案,可以用以下两个指标进行分析比较。

(1) 结构改善系数。

桥梁加固的主要目的是提高桥梁的承载力,结构改善系数 k 表示经加固后桥梁承载力提高的百分率,见式(5.1)。

$$k = \frac{(Q_2 - Q_1)}{Q_1} \times 100\% \qquad (5.1)$$

式中:Q_1 为桥梁加固前通过活载的能力;Q_2 为桥梁加固后通过活载的能力。

目前对桥梁的承载力尚缺乏准确的、可以完全量化的评定方法,即式(5.1)中的 Q_1、Q_2 尚难量化。一般而言,桥梁加固往往是通过增强原结构的抗弯刚度来提高其承载力的,故结构改善系数可以用加固前后在设计荷载作用下所产生的最大挠度值的变化来表示,见式(5.2)。

$$k = \frac{(f_1 - f_2)}{f_1} \times 100\% \qquad (5.2)$$

式中：f_1 为加固前原结构在设计荷载作用下的最大挠度；f_2 为加固后在同一荷载作用下的最大挠度与由加固所增加的恒载产生的挠度之和。

对于 f_1、f_2 的取值，当有试验资料时，可用实测挠度值；当无试验资料时，可采用理论计算值。

（2）成本效益系数。

成本效益系数是指加固工程单位成本所得的"结构改善系数"，成本效益系数越大，说明该桥加固改造的经济效益越好。成本效益系数 F 的计算公式为式 (5.3)。

$$F = k/S \qquad (5.3)$$

式中：k 为结构改善系数；S 为每平方米桥面所需要的技术改造费用。

即便加固方案相同，其技术经济效益往往也会因桥而异。这是因为影响经济效益的因素很多，例如，桥梁结构形式，桥梁跨径，桥梁损伤程度，加固补强设施的养护费用，中断、阻塞交通的损失，加固后的耐久性，安全和环境干扰程度等。因此，只有对加固工程的技术经济效果进行全面的评价，方能选择出合理的方案。

5.1.7 桥梁加固的设计计算原则

桥梁加固工程必须进行详细的设计计算，对关键的技术措施应尽量事先进行必要的试验，以掌握其技术要求及检验方法。桥梁加固设计计算应遵循以下基本原则。

（1）应按现行公路桥梁设计规范进行设计。加固后的桥梁在使用荷载作用下，原有结构及新增加结构各部分的强度、刚度及裂缝宽度等均应符合规范要求。

（2）应明确加固的具体目标，以确定加固的设计计算方法。一般的桥梁加固是永久性的，也有一些是临时性的，如超重车过桥时采取的临时加固措施。不同的目标有不同的设计计算方法。

（3）当仅要求提高原桥的承载力时，加固工程可在原有结构保持恒载作用的状态下进行。此时，原有结构的全部恒载及补强加固所增加的恒载，可以考虑由原构件承受，汽车荷载则由原结构和新增构件共同承担。

（4）在桥梁有条件中断交通和卸除部分恒载时，采取卸载措施，对桥梁在卸载部分恒载的状态下进行加固工作。此时,新增构件除与原有构件共同承受活载外,还承受原有结构的一部分恒载。

(5) 设计时应周密考虑并采取必要的措施,保证新旧结构、新旧混凝土的整体性并能共同工作。新旧结构的混凝土往往会由于收缩不同而导致结构内力重分布,引起新旧混凝土结合面的开裂,从而影响结构的整体性。因此,在设计时应采取相应的措施减小混凝土收缩的不利影响,如可采用微膨胀混凝土。

(6) 设计计算的力学图式,应充分考虑已损坏结构的实际受力状态,这种力学图式不能使加固设计结果偏不安全。

(7) 设计计算时应适当考虑利用原有结构的承载力。

5.1.8 桥梁加固的工作程序

(1) 根据桥梁管理系统的资料,初步确定需要进行加固的桥梁(主要是三类至五类桥梁)。

(2) 实地初步调查(一般检查)上述桥梁的病害,并分析病害发生的原因。

(3) 查找原桥技术资料。

(4) 调查并确定加固的目的、要求及技术标准。

(5) 对原桥承载力及技术状况进行评定与理论分析,确定是否进行特殊检查,如静载试验、动载试验。

(6) 确定试验方案,并进行特殊试验,进一步确定是进行加固改造还是将桥梁废弃。

(7) 如果进行加固,则拟订加固方案、设计计算、绘制施工图、统计工程量与编制预算。

(8) 进行加固完成后的测试和验收。

5.2 常见桥梁加固技术

5.2.1 增大构件截面加固技术

1. 增大构件截面加固技术分类

目前,国内有相当一部分桥梁,在修建时,荷载等级仅满足当年的要求,随着交通事业的发展,这部分桥梁已表现出荷载等级偏低、承载力不足的缺陷,病害逐渐产生和发展,成为危桥。这部分桥梁可以采用增大构件截面加固技术进行加固。增大构件截面加固技术可分为增加钢筋加固法、增大梁肋加固法、加厚桥面板加固法和喷射混凝土加固法。

(1) 增加钢筋加固法。

当结构因主筋应力超过容许范围,而桥下净空受到限制时,不能加大截面高度,只能采用增加钢筋加固法进行加固。增加钢筋加固法的加固要点如下。

①增焊主筋。首先凿开混凝土保护层,露出主筋,将原箍筋切断拉直,再把新增钢筋焊在原主筋上,增焊钢筋断头宜设在弯矩较小的截面。为减小焊接时的温度应力,应采用断续双面焊缝,从跨中向两端依次施焊。

②增设箍筋。如果原桥梁的箍筋不足,梁腹出现剪切裂缝,则在增焊主筋的同时,应在梁的侧面增加箍筋。具体做法是:在梁腹上埋入销钉,把补充的箍筋固定起来,并把箍筋上端埋入桥面板。

③卸除部分恒载。加固时,为了减少原结构的截面应力,使新增加的钢筋充分发挥作用,有条件时应采取多点顶起措施,将梁顶起或凿除部分桥面铺装,再进行加固(起顶位置和吨位通过计算来确定)。

④恢复保护层。钢筋焊接好并增设箍筋后,应重新做好保护层。最好用环氧树脂小石子混凝土(砂浆)或膨胀水泥混凝土(砂浆)来做保护层。修复保护层通常有三种方法:涂抹法、压力灌注法、喷护法。采用喷护法时,应分层喷护水泥砂浆,每次喷护厚度以 1~3 cm 为宜,待砂浆达到一定的强度后,再进行表面修整。

(2) 增大梁肋加固法。

现有桥梁中有一部分属于 T 形截面桥,这类桥常因原截面高度不够或截面面积过小导致承载力不足,出现了病害。这部分桥梁通常采用加宽梁的下缘,增加截面面积,并在新混凝土中增设受力主筋的加固方法。在靠近支座处,将新增主筋上弯,与原结构主筋相焊接。

在浇筑新混凝土时,为了保证新旧混凝土之间有良好的黏结力,需在浇筑混凝土前,先将结合部位的旧混凝土表面凿毛,露出骨料,清洗干净,同时每隔一定距离凿露出主筋,以便通过锚固钢筋将新增主筋与原结构主筋相连接,如图 5.1 所示。新增加的混凝土一般采用悬挂模板进行现场浇筑。

(3) 加厚桥面板加固法。

当原桥的承载力不足、截面面积过小,而墩台及基础较好、承载力较大时,可

图 5.1　增大梁肋加固法示意

将原有桥面铺装层拆除,在桥面板上浇筑一层新的钢筋混凝土补强层,用以提高桥梁的抗弯刚度,这种方式称为加厚桥面板加固法。

为了使新旧混凝土有良好的黏结力,应把原桥面板表面凿毛洗净,每隔一定的距离设置齿形剪力槽,也可以用环氧树脂作为胶结层。同时,在桥面板上铺设钢筋网,以增强桥面板的整体性和抗压能力,防止新浇筑的混凝土补强层开裂。钢筋网的直径和间距根据板的受力要求来确定。加固后重新铺设桥面的铺装层。

这种方法由于加厚部分使桥梁自重增加较多,并且仍然是原结构下缘受拉钢筋应力控制设计,故此加固方法一般只适用于跨径较小的 T 形梁桥或板梁桥,而且在加固前应对梁(板)的受力状况进行详细的分析,在梁(板)下翼缘强度容许的限度内确定桥面的加厚高度。

(4) 喷射混凝土加固法。

当原桥截面面积过小,下缘主拉应力超过容许值出现裂缝,而桥下净空又允许时,可采用喷射混凝土加固法进行加固。

①概述。

喷射混凝土(锚喷混凝土)加固法是将锚杆锚入拟补强的结构中,挂设补强钢筋网,再喷射一定厚度的混凝土,形成与原结构共同承受外荷载作用的组合结构。喷射混凝土是借助喷射机械,利用压缩空气将混凝土混合料,通过管道高速喷射到已锚固好的钢筋网的受喷面上。喷射混凝土不需要振捣,而是在高速喷射时,由水泥与集料的反复撞击使混凝土压实,同时又可采用较小的水灰比(常为 0.4~0.45),使其与被加固结构表面产生较高的黏结强度,故新旧结合面能够传递拉应力和剪应力。喷射混凝土加固法的实质就是增加桥梁受力截面面积、增设补强钢筋、加强结构的整体性,使其能承受更大的外荷载。其中增设的补强钢筋帮助原结构承受拉应力,同时又是新增混凝土部分的骨架;喷射混凝土将补强钢筋与原结构连接成整体受力结构,并与锚杆一道在结合面上传递拉应力和剪应力。

补强钢筋主要起弥补原结构抗弯能力不足、承担增加的外荷载的作用。补强钢筋一般采用 HRB335 钢筋。

喷射混凝土的抗压强度是评定喷射质量的主要指标。喷射混凝土的抗压强度是指用喷射法将混凝土混合料喷射在 450 mm×350 mm×120 mm 的模型内，当混凝土达到一定强度后，用切割机锯掉周边，加工成 100 mm×100 mm×100 mm 的试件，在标准条件下(温度 20 ℃±3 ℃，相对湿度 90%以上)养护 28 d，或在 28 d 龄期时从实际喷射面上钻芯取样做成标准试件，所测得的抗压强度值乘以 0.95 的尺寸换算系数。喷射混凝土的抗压强度受多种因素影响，如原材料的品种和质量、混合料的设计(水灰比、水泥用量、砂率、粗集料粒径、外加剂品种与用量等)，以及施工工艺和施工人员的操作方式(喷射压力，喷嘴与受喷面的距离、角度，以及混合料的停放时间)等。试验资料表明，分层喷射混凝土对抗压强度没有影响，因此，在喷射混凝土加固桥梁时，可分层喷射。

为确保喷射混凝土和桥梁原有结构能够共同受力，黏结强度特别重要。一般需要分别考虑抗拉黏结强度与抗剪黏结强度。抗拉黏结强度是衡量喷射混凝土在受到垂直于结合面上的拉应力作用时保持黏结的能力，抗剪黏结强度则是抵抗平行于结合面上作用力的能力。实际上，作用在结合面上的应力，常常是上述两种应力的结合。由于喷射时混凝土混合料高速连续冲击受喷面，而且要在受喷面上形成 5~10 mm 厚的砂浆层后，粗集料才能嵌入，这样水泥颗粒会牢固地黏附在受喷面上，因此喷射混凝土与原结构表面有良好的黏结强度，同时锚入原结构内的锚杆也加强了新旧混凝土的黏结强度。国内外试验资料表明，喷射混凝土与旧混凝土的黏结强度为 0.7~2.85 MPa，结合面的抗拉黏结强度为 1.47~3.49 MPa。

喷射混凝土水泥用量大，含水量大，又掺有速凝剂，因此比普通混凝土收缩大。同普通混凝土一样，喷射混凝土的收缩也是由其硬化过程中的物理化学反应及混凝土的湿度变化引起的，其收缩变形又分干缩和热缩。干缩主要由水灰比决定，较高的含水量会引发较大的收缩，而粗集料则能限制收缩的发展。热缩是由水泥水化过程的温升值所决定的。掺配速凝剂对喷射混凝土的收缩值影响很大。在同样的自然条件下养护，掺加占水泥质量 3%~4%的速凝剂的喷射混凝土，其最终收缩率要比不掺加速凝剂的大 80%。

在喷射混凝土硬化过程中，空气湿度和混凝土自身保水条件等对喷射混凝土的收缩也有明显的影响。喷射混凝土在潮湿条件下养护时间越长，则收缩量越小。如果喷射混凝土在硬化过程中水分蒸发过快、过多,当剩余水量少于继续蒸发所需的水量时,则硬化过程就会暂时中止。这时,喷射混凝土表面就会产生明显的网状收缩裂纹。

收缩变形是一个从混凝土表面逐步向内部发展的过程,它能引起内应力和残余变形。所以喷射混凝土后应及时进行喷水养护,保持喷射混凝土表面湿润,则能够减缓收缩,减小内应力,从而减少喷射混凝土表面开裂病害。

喷射混凝土的徐变是在恒载长期作用下,变形随时间逐渐发展,其徐变规律与普通混凝土的徐变规律相一致。喷射混凝土中钢筋网的作用在于承受拉应力,从而能有效地传递温度应力,减少或避免喷射混凝土产生收缩裂纹。

②加固原理。

喷射混凝土加固法是隧道施工方法新奥法在桥梁加固中的应用,加固桥梁的原理就是通过新增加混凝土与受力钢筋和原结构紧密结合,组成喷射混凝土(内含补强钢筋网)、锚杆及原结构的整体组合结构。喷射加固层与原结构紧密黏结在一起,既阻止了原结构继续变形和开裂,又充分发挥了原结构的作用。新形成的组合结构既根治了原结构因裂缝等造成的局部应力集中等病害,又恢复了原结构的协调性,使其能够承受更大的外荷载。

③设计原则。

喷射混凝土加固法设计原则如下。a.恒载(包括新喷射的混凝土)按原构件的截面模量进行计算,即新喷上的混凝土恒载仍作用于原构件上。b.活载由加大后的组合体截面模量计算,即新旧混凝土作为一个整体计算,不同强度等级的混凝土和新增的补强钢筋按其弹性模量进行截面换算。c.仍按弹性理论进行计算。d.强度验算按照喷射截面占原截面的比率,考虑是否按组合截面进行。e.加固设计前,应弄清桥梁的原始情况及病害产生原因,对桥梁的承载力作出评价。f.采用的喷射混凝土与钢筋的强度等级,不应低于原结构的强度等级。当结合面处有两种不同强度等级的混凝土共同作用时,应换算为较低强度等级并以此为计算标准。

④加固方法。

喷射混凝土一般有干式和湿式两种方法。干式喷射混凝土在以往的桥梁加固中采用较多,但后来发展起来的湿式喷射混凝土明显优于干式喷射混凝土,已成为世界各国喷射混凝土的主流。

干式喷射混凝土是混合料在干燥的情况下充分拌和,靠压缩空气经送料软管将其送到专用的喷嘴处,喷嘴内装有多孔集流腔,水在压力作用下通过多孔集流腔与混合料拌和,利用空气压缩机产生的压缩空气通过喷射机将混凝土连续高速喷向受喷面,使混凝土与受喷面形成整体。由于混凝土的混合料是在干燥状态下拌和的,水是在喷射过程中加入的,水灰比完全取决于喷射机操作人员(称喷射手)的经验。因此,喷射手的操作技艺是施工质量的关键影响因素。

湿式喷射混凝土的明显特点是,所采用的喷射机允许混凝土混合料在进入喷射机前或在喷射机中加入足够的水,拌和均匀,然后再通过送料软管送至喷嘴喷射到受喷面上。所以混凝土的水灰比能准确控制,有利于水和水泥的水化,粉尘较小,回弹量较小,混凝土均质性好,强度易于保证。但设备比干喷机复杂,速凝剂的加入也较为困难。

⑤施工要点。

施工时,应先清洗被加固构件的表面,按设计要求在构件表面设置锚固钢筋,并安放补强钢筋网。钢筋周围应有足够的间隙,以便喷射混凝土能完全包裹钢筋。注意将钢筋网牢固地绑扎或点焊在锚固钢筋上,以免喷射混合料时位置产生移动。喷射混凝土前,应先检查喷射机是否正常,用高压水冲洗掉凿毛时剩余的碎颗粒,并充分湿润受喷面。

干喷时,将水泥、砂、集料按试验配合比在干燥时充分拌和,内掺一定比例的速凝剂(一般是水泥质量的2%~5%),然后送进干喷机。湿喷时,按试验配合比将材料加水拌和成混凝土混合料后,送进湿喷机。

喷射混凝土施工时,喷嘴与受喷面的最佳距离一般为0.8~1.5 m,距离过大将增大回弹量,从而降低密实度,也降低了强度。喷嘴应尽量与受喷面垂直,否则会降低混凝土的密实度。当对配有钢筋网的受喷面进行喷射时,喷嘴应离受喷面更近,且与垂直方向稍偏离一个小角度,以便获得较好的握裹力,同时便于排除回弹物。喷射混凝土下垂、脱落和回弹量过大是向顶面喷射混凝土的两大难题。下垂、脱落常常是喷层过厚或过湿造成的。由于新喷的混凝土混合料的抗拉强度及黏结强度都很低,一旦喷射混凝土的自重大于其与顶部受喷面的黏结强度,即出现下垂、脱落现象。因此,较厚的喷射混凝土应分层喷射,前后层喷射的间隔时间应为2~4 h。一次喷射厚度以喷射混凝土不滑移、不坠落为度。既不能因喷层太厚而影响喷射混凝土的黏结力和凝聚力,也不能因喷层太薄而增大回弹量。回弹物中水泥含量很少,主要为粗集料,凝结硬化后则成为一种松散、多孔隙的块体。因此,应及时予以清除,不能使之聚集在结构物内,更不能将其放入下批混合料中,否则将影响喷射混凝土的质量。

从结构强度和耐久性方面来讲,喷射面应自然整平。如果喷射面过于粗糙,对于要求表面光滑和外形美观的桥孔,应及时修整。一般可在喷射混凝土初凝后(即喷射后15~20 min),用刮刀将设计线以外多余的材料刮掉,然后再喷或抹一层砂浆;或在喷射面上直接喷或抹一层砂浆。也可采用模喷技术,即在喷射面外设置模板,使喷射混凝土表面平整、清洁。

喷射混凝土终凝2 h后,应及时喷水养护。养护时间应不少于7 d。对于水泥含量高、表面粗糙的薄层喷射混凝土结构,养护是确保其强度形成和避免表面开裂的重要措施。

喷射混凝土在施工工艺、材料及结构等方面与普通现浇混凝土相比有许多特点。例如,不用或只用单面模板;混凝土混合料的运输、浇筑和振捣结合为一道工序;可通过送料软管在高空、深坑或狭小的工作区间向任意方位施作薄壁或造型复杂的结构;设备与工序简单、占地面积小、机动灵活、节省劳动力,具有广泛的适应性。喷射混凝土用于桥梁加固补强时,还具有施工快速简便、经济可靠、不中断交通等特点。喷射混凝土在施工时,可在混合料中加入各种外加剂和外掺料,大大改善喷射混凝土的性能。例如,加入速凝剂,则喷射混凝土具有凝结快(2~4 min初凝,10 min以内终凝)、早期强度高(喷射一昼夜后,强度比普通混凝土提高2~4倍)的特点。

喷射混凝土混合料时,由于高速高压作用,喷射出的混凝土能射入宽度2 mm以上的裂缝,并与被加固的结构紧密结合,形成整体,共同工作,阻止原结构继续变形和开裂。在我国,喷射混凝土用于桥梁加固的时间不长,并且主要用于拱桥中,如增加拱肋截面面积、增加板拱厚度等。不过,近年来,喷射混凝土也开始在梁桥加固中应用。实际应用表明,喷射混凝土在加固梁桥受弯承载构件方面是可行的,具有现浇混凝土无可比拟的优越性。喷射混凝土加固后的各主梁应力、应变及挠度明显降低且趋向均匀,说明喷射混凝土加固法能有效增强各主梁之间的横向联系,改善荷载横向分布状况,加固效果明显,加固过后的结构承载力有着较大的提高。

⑥加固要点。

a. 采用灌浆法修补裂缝。

b. 布设钢筋网。按照提高承载力的需要,在桥下缘布设钢筋网。通常是按一定间距将梁底的保护层凿除,将部分钢筋沿桥面纵向和横向焊接到原主筋上,构成钢筋骨架。根据加固设计要求,按一定间距将其余的钢筋焊接或绑扎在钢筋骨架上,形成钢筋网。钢筋网的作用在于承受拉应力,提高喷射层强度,传递温度应力,减少收缩裂纹,加强喷射混凝土的整体性等。

c. 喷射混凝土。喷射混凝土层的厚度,根据设计需要确定,每次喷射厚度宜为 3~8 cm,若需加厚,应多喷几次。复喷混凝土的时间应视水泥品种、施工气温和速凝剂掺量等因素而定。混凝土可采用早强普通混凝土,也可采用钢纤维增强混凝土。有条件的地方宜尽量采用钢纤维增强混凝土,其加固效果更好。喷射混凝土加固法施工不需要立模、搭架简单、施工方便、工期短、补强效果好,但需要专门的喷射混凝土机具,对喷射手的技术要求较高,其技术水平将直接影响加固补强的质量。

2. 增大构件截面加固技术施工案例

(1) 工程概况。

某桥梁起点桩号为 K4285+716.5,终点桩号为 K4286+563.5,跨径组合为 5×30 m+5×30 m+5×30 m+5×30 m+4×30 m+4×30 m,总长度约为 847.0 m。该桥梁上部结构为装配式预应力 T 形梁,先简支后结构连续体系,下部结构为柱式墩+桩基础。对该桥梁采用增大构件截面加固技术进行加固。

(2) 施工流程。

该桥梁加固施工流程如下:施工准备→基础开挖→墩柱凿毛→基底处理→植筋施工→钢筋绑扎→模板安装→混凝土浇筑→模板拆除→混凝土养护→基础回填。

①施工准备。

基础开挖施工开始前,应先以设计图纸为依据制订具体的施工方案,并用钢筋头对地基处理界限进行标注,然后对处理边界线外部的场地进行整平,将其作为材料和设备的主要堆放场地,最后严格按照施工计划组织人员及设备有序进场。

②基础开挖。

为了使结构保持稳定,基础开挖施工应逐一进行。将基础开挖至系梁底部后,应先将基底整平,然后在不会对施工造成影响的部位临时设置集水坑,并利用预先备好的水泵及时排水,为后续施工做好准备。

③墩柱凿毛。

为了使新旧混凝土之间有良好的黏结强度,需要对墩柱表面和系梁表面做好凿毛处理。利用小型电镐对墩柱表面进行凿毛,凿毛深度严格控制在 0.5~1.0 mm。凿毛结束后,利用空气压缩机对墩柱表面进行清理。

④基底处理。

为了使系梁加粗段施工顺利完成,应及时清理基底存在的混凝土弃渣及可能对支设模板造成影响的石块,以保证基底平整。

⑤植筋施工。

系梁加粗段:植筋采用 $\phi 12$ 钢筋,先用电钻在系梁加粗段钻孔,孔深控制为 10 cm,按梅花形布孔,并使用专门的植筋胶,要求植入深度不小于 10 cm,外露长度达到 5 cm,以便与其他钢筋绑扎。

墩柱加粗段的施工方法与系梁加粗段施工方法相同。

⑥钢筋绑扎。

以墩柱顶部实际偏移量为依据,采用 $\phi 10$ 钢筋作为墩柱的主筋,采用 $\phi 6$ 钢筋作为箍筋,由于墩柱有 5 cm 厚的保护层,所以墩柱截面直径需要从 140 cm 增加至 160 cm 才能适应增大截面的基本要求。

所有钢筋都要在加工厂中完成加工。加工完成后,用载重汽车运输至施工现场。在钢筋加工过程中,必须严格按照设计尺寸完成下料与成型。在正式安装钢筋前,应对系梁和墩柱表面进行清理,然后在植筋强度符合要求后开始安装钢筋网,主筋按照 10 cm 的间距安装,共 47 根,从系梁加粗段开始埋设,将主筋安装到位后开始安装箍筋,直至墩柱顶端。

⑦模板安装。

对于系梁加粗段,其模板为高强度胶木板,厚 1.5 cm。为便于墩柱模板施工,所有模板的表面都应保持平整和光滑,若存在缺陷,则不得在施工中使用。安装模板前,需在其表面均匀涂刷一层隔离剂。将模板安装到位后,应使用方木予以加固。系梁顶部模板主要使用墩柱钢模板。

模板安装方法和注意事项如下。a.墩柱施工开始前应先做好精确放样,在基底准确放出墩台控制线,由监理人员复核完成后,通过弹线为墩台施工提供基准控制线。b.墩柱模板由专业厂家负责加工,其厚度按不小于 5 mm 控制,严格控制加工与拼装的精度。加工完成并复核确认无误后,采用汽车吊进行安装。c.在模板安装过程中需在现场做好拼装,然后分片起吊和安装。d.安装模板前,应先在模板内面做好除锈与清理,并均匀涂刷一层隔离剂。e.在模板外侧按照 2 m 的间距设置 2 台附着式振捣器。f.模板每次使用完毕后都要清理其表面浮浆,并做好必要的校正。g.根据模板重量选择适宜的吊车。对于需要先吊装的模板,应使用临时支撑将模板支撑牢固,将另外一侧模板吊装到指定位置后,锁紧螺栓,将所有模板安装到位后,在四周使用临时支撑体系进行可靠支撑。h.相邻两块模板之间的接缝应保持严密,同时在接缝部位粘贴海绵胶条以免漏浆。i.在混凝土施工开始前,应先认真检查平面位置及垂直度,同时还要检查附着式振捣器,做好相关记录。经自检和监理人员验收确认合格后,即可开始浇筑混凝土。

⑧混凝土浇筑。

a. 系梁加粗段。

混凝土在拌和站集中拌和,由罐车运输到现场,然后采用人工与汽车吊吊罐将混凝土入仓。混凝土浇筑方法为一次浇筑,可按照 30 cm 的厚度分层,浇筑时应随时检查混凝土的坍落度。

浇筑开始前,应先对系梁模板拼接缝进行必要的封闭处理,防止浇筑时发生漏浆。浇筑施工使用的是强度等级为 C40 的细石混凝土,在浇筑的同时利用插入式软轴振捣棒将混凝土振捣至密实状态,注意其移动距离不能超出振捣棒自身作用半径的 1.5 倍,振捣持续时间按 20~30 s 控制,振捣时遵循快插慢拔的原则,保证插入点排列均匀,逐个点位移动,避免过振、漏振与欠振。对上层进行振捣时,需要使振捣棒进入下层至少 5 cm,确保两层结合牢固。振捣合格的标准为混凝土液面不再下沉、没有气泡产生,且表面保持平坦、开始泛浆。

b. 墩柱加粗段。

系梁加粗段浇筑完成且混凝土实际强度不低于设计值的 85% 后,开始在系梁加粗段的顶端凿毛,凿毛完成后对墩柱加粗段进行浇筑。浇筑用混凝土由拌和站集中生产,由罐车运输到现场,然后采用人工和汽车吊吊罐将混凝土入仓。墩柱加粗段的浇筑方法为二次浇筑法:第一次是对系梁顶部与墩柱中部之间的部分进行浇筑;第二次是对墩柱中部与墩柱顶部之间的部分进行浇筑。第二次浇筑需要在第一次浇筑的混凝土达到初凝之前完成。浇筑的分层厚度一般控制在 30 cm。在整个浇筑施工过程中,应随时检查混凝土的坍落度。

混凝土浇筑施工应保持连续,且浇筑速度应适当,不可无故间歇。若因故不得不间歇,应尽量缩短间歇时间。根据实践经验,浇筑间歇时间一般应控制在 2 h 以内,若气温超过 30 ℃,则浇筑间歇时间应控制在 1.5 h 以内,若气温低于 10 ℃,则浇筑间歇时间应控制在 2.5 h 以内。另外,浇筑施工时还应安排专人检查模板系统的稳定性,以及连接加固件的实际情况,一旦发现问题,应立即处理。

⑨模板拆除。

待浇筑完成的混凝土实际强度不低于设计值的 85% 后,开始拆除墩柱的模板。在拆除过程中应注意轻拆轻放,以免对混凝土表面造成破坏。当浇筑完成的混凝土产生缺陷时,应立即处理,以保证墩柱外表美观。

⑩混凝土养护。

拆模完成后,根据当时的气候条件,及时进行混凝土养护。墩柱混凝土的养护方法为在外部包裹一层塑料布,在塑料布的表面覆盖一层保温被,并用铅丝绑扎牢固。混凝土养护时间应在 7 d 以上。

⑪基础回填。

利用小型反铲进行基础回填施工,通过回填达到原有开挖高程。回填施工中,应保护所有已经完成浇筑施工的墩柱与其他各类混凝土构件。

(3) 质量保障措施。

在加固施工过程中,为保证施工质量,应采取如下质量保障措施。

①保证施工作业的标准化与规范化,选派有丰富施工经验的队伍及技术管理人员。

②进入施工现场的钢筋应按照规格、种类、等级与牌号进行验收并分批堆放。钢筋应在比地面略高的平台临时存储,采用垫木或其他类型的支承物时,应尽量防止造成机械损伤。钢筋应避免直接暴露在可能发生锈蚀的环境中。

③进入施工现场的墩柱钢模板,应满足相关规范中的各项要求。

④在混凝土施工过程中需要注意以下几点。a.墩柱施工时使用的混凝土,其所用的各类原材料都应满足相关技术规范要求,同时要具备齐全的试验报告。b.应按照监理批复的配合比实施混凝土的生产,不满足要求的原材料不得在施工中使用。c.不得通过加水或其他方式改变混凝土稠度。在浇筑过程中,坍落度超过允许范围的混凝土不得用于施工。在混凝土拌和过程中应控制好搅拌时间。d.墩柱浇筑应采用水平分层的方式进行,分层厚度一般控制在 30 cm。浇筑时应安排专人巡视检查构件与各类连接件,不可发生漏浆、跑模与偏移等问题。e.在钢筋分布较为密集和构造物空隙相对较小的部位,应高度重视振捣工作。振捣可使浇筑完成的混凝土达到密实状态。在必要的情况下,应采用人工方式对墩柱外侧模板进行适当敲击,以提高混凝土的密实度。

5.2.2 粘贴加固技术

1. 粘贴加固技术分类

近年来,国内外在用化学黏结剂从结构外部粘贴补强材料(钢板、钢筋、玻璃钢、碳纤维布、芳纶纤维布等)加固混凝土桥梁方面进行了大量的研究开发工作。目前常用的黏结剂是环氧树脂。用环氧树脂粘贴钢板、钢筋、玻璃钢、碳纤维布、芳纶纤维布等,可以取得提高构件的抗弯、抗剪能力,以及减少裂缝扩展的效果。这是一种施工简便,不减小桥梁净空,并可在不影响或少影响交通的情况下施工的加固技术。20世纪60年代末至70年代初,法国采用环氧树脂粘贴钢板加固法对混凝土结构进行外部补强,后来该方法在瑞典、日本、英国等国家也逐渐得到广泛的应用。1975年日本曾用粘贴加固技术对200多座因重型交通量剧增而强度不足的桥梁进行了加固。

(1)粘贴钢板加固法。

①粘贴钢板加固法的特点。

粘贴钢板加固法是用黏结剂(建筑结构胶)将钢板粘贴到构件需要加固的部位,以提高结构承载力的一种方法。该方法的应用研究始于20世纪60年代。在国际上它是一种适用面较广的加固方法,不仅用于建筑,而且用于公路桥梁的加固补强。

与传统加固方法比较,它有以下特点。a.工艺简便,只需对被加固构件的表面进行处理,用建筑结构胶将钢板与之牢固地黏结成一个整体,使钢板和原构件很好地共同工作。b.加固施工所需的场地、空间都不太大,且钢板粘贴到构件上一般3 d即可受力使用,对生产和生活影响很小,特别适用于应急加固工程。c.所用的钢板厚度一般为2~6 mm,加固后不影响结构外观,重量增加也不多。d.加固效果比较明显。粘贴钢板加固法不仅弥补了原构件配筋不足的缺陷,而且还有效地保护了原构件的混凝土不再产生裂缝或使已有的裂缝得到控制而不继续扩展,加强了结构的整体性,提高了原构件的承载力。但在高温和潮湿环境中建筑结构胶的强度会有所下降,特别是建筑结构胶固化后呈脆性,与钢材良好的延性不相匹配,不能充分发挥钢材的全部优点。

近年来,我国对粘贴钢板加固法及建筑结构胶的研究和应用有较快的发展。使用较多的建筑结构胶有中国科学院大连化学物理研究所研制的JGN型建筑结构胶、武汉武大巨成加固实业有限公司研制的WSJ建筑结构胶、苏州混凝土水泥制品研究院试制的ET型建筑结构胶及广州市鲁班建筑防水补强有限公司(现为广州市鲁班建筑工程技术有限公司)研制的TN胶等。

粘贴钢板加固法是一种新技术,黏结理论研究还不是很成熟,黏结剂的抗老化性能、徐变对黏结强度的影响、动载作用下粘贴钢板加固法的试验及理论分析等,都有待进一步研究。粘贴钢板加固法一般适用于承受静载的受弯及受剪构件,且环境温度不超过60 ℃,相对湿度不得大于70%,否则应采用防护措施;不适用于强度等级低于C15混凝土构件的加固。

通过粘贴钢板来加固桥梁时,应对桥梁的缺陷和病害进行具体分析,并进行结构计算,根据缺陷和病害发生的部位,设计钢板粘贴的部位。

②提高构件的抗弯能力。

当用来提高构件的抗弯能力时,钢板应粘贴在梁(板)受拉翼缘表面,使钢板与混凝土作为整体受力,以钢板与混凝土接缝处混凝土局部剪切强度控制设计。粘贴的钢板应尽可能薄而宽,厚度一般为4~6 mm,还应有足够的弹性适应构件的表面状况。合理的设计应控制在钢板发生屈服变形前,混凝土不出现剪切破坏。为避免钢板在自由端脱胶,端部可用夹紧螺栓固定,或在钢板上按一定的距离用螺栓固定,效果更有保障。钢板粘贴工艺如下。

a. 表面处理。为了得到良好的粘贴效果,必须事先对钢板和混凝土的粘贴面进行认真的处理。首先应将混凝土表面的破碎部分清除,然后凿平凿毛,使其骨料裸露出来,并用钢丝刷或压缩空气清除浮尘,粘贴钢板前混凝土表面还需用丙酮擦一遍。钢板表面也应先用汽油洗去油污,用喷砂法或砂轮打磨除锈,使表面露出光泽,然后也用丙酮擦洗干净,最后在钢板表面涂一层环氧树脂薄浆将其保护起来。

b. 粘贴钢板。在混凝土结构上粘贴钢板的方法通常有涂抹法和灌浆法两种。涂抹法是先在混凝土表面刷一层环氧树脂砂浆,然后在钢板上涂一层环氧树脂砂浆,间隔片刻再在钢板上均匀地铺一层环氧树脂砂浆,一般厚度在2 mm左右。随即将钢板贴到混凝土表面,旋紧螺丝进行加压,使多余的砂浆沿板边挤压出来,达到密贴的程度。固化后再卸除螺帽,截去外露的螺丝杆,并留出2~3 mm进行冷铆。

c. 加压方式。钢板粘贴到混凝土结构上后,为了使板与混凝土表面密贴,必须对钢板进行加压。加压的方式通常有三种。第一种是用螺栓进行加压,即在混凝土粘贴面上每隔一定距离埋设一根$\phi 12$的螺栓,钢板上设有相应的孔,把钢板粘贴到混凝土表面后立即旋紧螺帽进行加压。第二种方法是用木楔进行加压,即在构件下方设支承梁(从桥下搭设或从桥上悬挂),距构件底面1 m,待钢板粘贴后搜紧木楔施加压力。第三种方法是利用重物进行加压。当在混凝土构件的上缘粘贴钢板时,可以在钢板上面放置重物(铅块或铁块等)进行加压。

d. 检查粘贴质量。粘贴质量一般是采用肉眼观察,如果发现钢板与混凝土表面有空隙,应及时填入黏结剂补贴。

e. 防护处理。目前国内外对钢板补强采取的防护措施,一般都是先清除钢板表面污染,用钢刷除去螺栓的锈斑,涂一层环氧树脂薄浆罩面,再涂两层防锈漆进行保护。以后每隔1~2年检查一次防护层的情况,如果发现有脱漆的地方,应及时采取措施进行修补。该方法虽然施工简单,但需要经常维修保护,每次重新涂漆都需要搭架、拆架,维修工作量较大,而且烦琐。近年来,有的省市采用在钢板表面喷射一层混凝土保护层的做法,既减少了刷漆工序,又大大减少了养护工作量。同时喷射混凝土还与原结构组成喷层-梁体组合工作体系,共同工作,在一定程度上提高了原梁的承载力,解决了钢板易于生锈的难题。喷射混凝土是一种较好的防止钢板污染和锈蚀的方法。

③提高构件的抗剪能力。

当粘贴钢板用以增加梁的抗剪强度时,钢板应粘贴在梁的侧面,跨缝粘贴。用于粘贴的钢板可以是块状的,也可以是带状的,如图5.2所示。带状钢板沿垂直于裂缝的方向粘贴,倾斜度一般为45°~60°。梁的上下端应设水平锚固板,以提高端部的锚固强度。钢板厚度依设计而定,一般为10~15 mm。

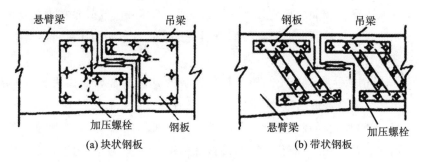

图5.2 粘贴钢板加固

(2)粘贴钢筋加固法。

当桥梁结构抗拉强度较低,受拉部位产生裂缝时,为了加强抗弯构件的抗拉能力,可以采用在受拉部位粘贴钢筋的方法对桥梁进行加固。粘贴钢筋具有与结构物黏附性能好、加工成型容易、加固效果明显的优点。用于粘贴的钢筋直径不能过大,以不超过8 mm为宜,以减小树脂层的厚度,节省材料,降低成本。采用环氧树脂砂浆粘贴,环氧树脂砂浆的厚度以不使钢筋外露为标准,一般为15~20 mm。

其加固工艺要点如下。①搭设支架,在支架上设有支承梁和成型模板。②混凝土表面处理。为了获得良好的粘贴效果,必须事先对混凝土表面进行认真处理。混凝土表面要清除破碎部位、凿平凿毛,使骨料露出,用钢丝刷或压缩空气清除浮尘。粘贴前再用丙酮擦洗一遍。③钢筋布设前,应先把钢筋拉直截好,除锈后再用丙酮擦洗干净,放在模板上扎成排栅,或在桥下点焊成排栅再就位。就位前,先在钢筋排栅表面涂一层环氧树脂砂浆,再用吊杆吊住,贴在构件底面上。④粘贴。为了便于脱模,粘贴钢筋前先在模板上铺一层塑料薄膜,再将环氧树脂砂浆均匀地摊铺在模板上,厚度稍大于设计值。粘贴时,在模板与支承梁之间打入木楔,将模板顶起压在构件的底面上,使环氧树脂砂浆压入钢筋的间隙,与原结构的混凝土形成一体。⑤脱模检查。待环氧树脂砂浆固化后拆除模板。拆模后,应立即对粘贴质量进行检查,若发现缺陷,应及时进行修补。⑥防护处理。粘贴钢筋后同粘贴钢板后采用的防护处理方法一样。通常是先清除钢筋表面的锈斑和污染,涂一层环氧树脂薄浆罩面,然后涂两层防锈漆在上面进行保护。也可在钢筋表面喷射一层混凝土作为保护层,以免粘贴的钢筋产生锈蚀。

(3) 粘贴玻璃钢加固法。

玻璃钢是以玻璃纤维为增强材料,合成树脂为基体复合而成的一种工程材料。它具有轻质高强、比强度高、黏结性强、性能可调、耐腐蚀、抗渗性好、施工方便、尺寸稳定、表面光滑、与混凝土的线膨胀系数相近等一系列特性。虽然玻璃钢也存在着弹性模量较低和层间剪切强度较低等特点,但大量试验及实际应用表明:玻璃钢与混凝土、钢筋混凝土或钢丝网水泥等结构复合后,均能大幅度地提高其结构强度,受力时各相材料能够形成新的统一体而协同工作,既可充分利用表层玻璃钢的高强特性,又可充分利用原混凝土结构的刚度和现有强度。所以,采用玻璃钢作为混凝土结构的表面补强材料是合理的。

作为桥梁补强材料,最常采用的是聚酯玻璃钢和环氧玻璃钢。按国家标准对取样制作的玻璃钢标准试件进行测试,可知玻璃钢主要性能见表5.1。

表 5.1 玻璃钢主要性能

类别	极限强度/MPa		弹性模量/MPa	
	弯曲	拉伸	弯曲	拉伸
聚酯玻璃钢	295~400	275~321		13~25
环氧玻璃钢	292~449	210~305	10~16	10~15

通常情况下是在构件表面用环氧树脂粘贴无碱无捻方格玻璃布形成玻璃钢,作为桥梁结构的加固补强层。但是由于玻璃钢的弹性模量较低,因而在粘贴玻璃钢时,常在中间粘贴高强钢丝加劲。

玻璃钢的弹性模量较低(约为 1.5×10^5 MPa),受力时变形大,补强层与混凝土不能很好地共同受力,故使用时应该注意到其特点,合理使用,否则将影响其抗拉强度的发挥,使补强效果受到限制。

其加固要点如下。①搭设支架，安装成型模具。②混凝土表面处理。混凝土表面处理与粘贴钢板加固法、粘贴钢筋加固法一样。③钢丝制备。首先对高强钢丝进行除锈处理，把钢丝绑成排，然后用丙酮将钢丝清洗干净，并涂上一层环氧树脂砂浆。④成型。在支架上面的模板上铺一层塑料薄膜，在塑料薄膜的上面先刮上一层环氧树脂砂浆，铺第一层玻璃布，将其刮平并挤出中间的气泡，再刮上第二层环氧树脂砂浆，铺第二层玻璃布。铺至厚度的一半时，便把钢筋排栅铺放到上面，并用环氧树脂砂浆填平钢筋排栅间的空隙，刮平后，再继续铺其他几层玻璃布。⑤起模板。将玻璃钢紧密地粘贴到桥梁构件的表面，使环氧树脂砂浆从缝隙中溢出来。⑥脱模检查。环氧树脂砂浆固化后，再卸除模板，并逐处检查玻璃钢的粘贴质量，如发现没有粘贴好或存在缺陷，应及时修补。⑦防护处理。现在国内外的习惯做法是用工具除掉玻璃钢表面的污染，涂上一层环氧树脂薄浆罩面，再在上面涂两层防锈漆保护起来。以后经常检查保护层的情况，如发现有脱落的地方，就及时进行修补，重新刷上防锈漆。也可以在玻璃钢表面现浇一层一定厚度的混凝土，一方面作为桥梁结构的加固补强层，另一方面保护粘贴的玻璃钢免受腐蚀和锈蚀。

建议采用喷射混凝土作为玻璃钢的保护层。喷射混凝土具有施工及时、与原结构黏结强度高，不需要模板，可以根据加固设计的需要灵活设置保护层的厚度等特点。喷射混凝土具有良好的密封性，能较好地保护玻璃钢和高强钢丝免受腐蚀和锈蚀。

（4）粘贴碳纤维布加固法。

粘贴碳纤维布加固法是一种新型的结构加固技术，它是利用树脂类黏结材料将碳纤维布粘贴于混凝土表面，利用碳纤维材料良好的抗拉强度达到增强构件承载力及刚度的目的。碳纤维材料用于混凝土结构加固的研究始于美、日等发达国家，我国起步较晚，国家工业建筑诊断与改造工程技术研究中心引进开发了此技术。

①粘贴碳纤维布加固法的特点。

粘贴碳纤维布加固法适用于各种结构类型（如筒体、壳体）、各种结构部位（如梁、板、桥墩），要求基层混凝土的强度等级不低于C15。

该技术有以下几个特点：a.高强高效，适用面广，质量易保证；b.施工便捷，工效高，没有湿作业，不需要现场固定设施，施工占用场地少；c.耐腐蚀性及耐久性极佳；d.加固后，基本不增加原结构自重或改变原构件尺寸。

②粘贴碳纤维布加固法的技术要点。

施工前,准备好施工机具,主要有混凝土角磨机、吹风机、剪刀、灌浆设备等,具体数量可视施工工期及施工面积确定。

在组织劳动力时,视施工工期及施工面积确定班组数,每班10组,每组12人,其中管理人员4人(工长、技术员、质量员、安全员各1人),专业工人8人。每日完成7~10 m^2。

粘贴碳纤维布加固法的工艺流程:卸荷→基底处理→涂底胶→找平→粘贴→保护。各流程的操作要求如下。

a. 卸荷。加固前应对所加固的构件尽可能卸荷。

b. 基底处理。混凝土表层出现剥落、空鼓、腐蚀等劣化现象的部位应予以凿除,较大的劣质层在凿除后应用环氧砂浆进行修复。裂缝部位应先进行封闭处理。用混凝土角磨机、砂纸等除去混凝土表面的浮浆、油污等杂质,构件基面的混凝土要打磨平整,尤其是表面的凸起部位要磨平,转角粘贴处要进行倒角处理并打磨成圆弧状(半径$R \geqslant 10$ mm)。用吹风机将混凝土表面清理干净,并保持干燥。

c. 涂底胶。按2∶1的比例将主剂与固化剂先后置于容器中,用弹簧秤计量,用电动搅拌器搅拌均匀,根据现场实际气温决定用量并严格控制使用时间,一般情况下1 h内用完。用滚筒刷将底胶均匀涂刷于混凝土表面,待胶固化后(固化时间视现场气温而定,以指触干燥为准)再进行下一道工序的施工。一般固化时间为2~3 d。

d. 找平。混凝土表面凹陷部位应用胶填平,模板接头等出现高度差的部位应用胶填补,尽量减小高度差。转角处也应用胶修补成光滑的圆弧,半径不小于10 mm。

e. 粘贴。按设计要求的尺寸及层数裁剪碳纤维布,除非特殊要求,碳纤维布长度一般应在3 m之内。调配、搅拌粘贴材料用胶,将其均匀涂抹于待粘贴的部位,在搭接、拐角等部位要多涂刷一些。在确定所粘贴部位无误后,剥去碳纤维布上的离型纸,用特制镊子反复沿纤维方向按压,去除气泡,并使胶充分浸透碳纤维布。多层粘贴应重复上述步骤。待碳纤维布表面指触干燥后,方可进行下一层的粘贴。在最后一层碳纤维布的表面均匀涂胶。碳纤维布沿纤维方向的搭接长度不得小于100 mm,碳纤维布端部用横向碳纤维布或钢板固定。

f. 保护。碳纤维布表面可采取抹灰或喷防火涂料的方式进行保护。

结构加固用碳纤维材料主要性能指标见表5.2。

表 5.2　结构加固用碳纤维材料主要性能指标

抗拉强度 /MPa	弹性模量 /MPa	伸长率 /(%)	密度 /(g/cm³)	耐腐蚀性	浸透性	均匀度
3000 左右	大于等于 $2.1×10^5$	1.5	1.8	优	良好	良好

③安全和质量要求。

粘贴碳纤维布时需要做好安全工作,其安全规定如下:裁剪及使用碳纤维布时应尽量远离电源,尤其是高压电线及输电线路;碳纤维布的配套用胶要远离火源,避免阳光直接照射;现场施工人员应穿工作服,同时还应佩戴口罩和手套,施工人员严禁在现场吸烟;配制及使用胶的场所必须保持良好的通风;与施工配套的脚手架要有足够的安全性;高空作业须使用安全带。

粘贴碳纤维布时还要做好质量控制工作。严格控制施工现场的温度和湿度,施工温度应为 5～35 ℃,相对湿度不大于 70%。碳纤维布粘贴面积在 100 m² 以上的工程,为检验其加固效果,应与甲方协商进行荷载试验,其结构变形等各项指标均应满足国家规范规定的设计及使用要求。大面积粘贴前需做样板,待有关方面验证后,再大面积施工。为确保碳纤维布与混凝土间的黏结质量,基底处理必须严格按下列要求执行:先检查要加固的部位是否有空鼓现象,再进行表面检查,最后对不符合要求的部位采取相应的措施。

工程验收时必须有碳纤维布及其配套胶生产厂家所提供的材料检验证明。每一道工序结束后均应按工艺要求进行检查,并做好相关的验收记录,如出现质量问题,应立即返工。施工结束后的现场验收以评定碳纤维布与混凝土之间的黏结质量为主,用小锤等工具轻轻敲击碳纤维布表面,以回音判断黏结效果。如出现空鼓等粘贴不密实的现象,应采用针管注胶的方法进行补救,黏结面积若小于 90%,则判定黏结无效,需要重新施工。

(5) 粘贴芳纶纤维布加固法。

芳纶纤维的主要性能如下:拉伸强度高,弹性模量大;密度低,吸能性和抗震性优良;耐磨、耐冲击、抗疲劳、尺寸稳定;耐化学腐蚀性良好;介电性能优良、耐热性好、膨胀率低、导热性差、不燃、不熔、切割抵抗性好。

芳纶纤维布是芳纶纤维单向或双向排列形成的一种片材,质轻、柔软、耐久性好、耐腐蚀,具有补强材料所应有的特性,特别适合于韧性补强和冲击补强。其拉伸强度约是钢板的 5 倍,比重约是钢板的 1/5,柔软性等同于合成纤维。芳纶纤维布具有良好耐候性、耐水性、耐热性、耐寒性,在日本已成功地应用于桥梁加固工程和工业与民用建筑的改扩建工程中。粘贴芳纶纤维布加固法施工安全，操作简单，与粘贴碳纤维布加固法类似，此处不再赘述。

2. 粘贴加固技术施工案例

（1）工程概况。

G309 线湟水河桥位于临夏回族自治州永靖县。该桥始建于 1968 年 9 月，于 1969 年投入运营。

该桥为上承式钢筋混凝土空腹式等截面悬链线双曲拱桥，其主要技术指标：桥梁全长 214.24 m，跨径组合 4×45 m；桥面宽度为净 5.5 m+2×0.45 m；桥面横坡坡度 $i=1.5\%$（双向）；设计荷载为汽-13 级，拖-60 级。

（2）桥梁主要病害及其机理分析。

对湟水河桥进行现场勘查可知，桥梁的主要病害集中在以下几个方面：拱肋顶部明显下沉，拱轴线变形，造成桥面呈现波浪形；由于拱顶下沉，侧墙严重开裂；腹拱处微弯，腹板破碎剥落；人行道栏杆破损。

通过调查研究可知，湟水河桥病害成因如下。①结构方面：双曲拱桥整体性不好，不利于横向内力和变形的传递，横向联系薄弱，桥面防水功能差，致使拱底渗水。②施工方面：由于施工条件所限，采用将拱肋分三段预制安装的无支架施工方法，在拱肋预制时由于预拱度预留不准确，拱肋安装后拱轴线有偏离设计拱轴线的现象。③运营方面：该桥设计荷载较低，不能满足当前的交通需求，长期超载运营使得主拱变形严重；主拱拱顶下沉使得部分拱波被压碎，侧墙开裂，腹拱错位，桥梁线形呈波浪形。

（3）桥梁加固方案设计。

针对湟水河桥存在的病害，现对湟水河桥的加固方案总结如下。

①主肋加固。

采用钢套箍+钢箱肋加固法对主肋的强度和刚度进行加固。在主肋肋底沿纵向粘贴 H 型钢构件，H 型钢构件由两块宽 225 mm 的钢板和一块宽 300 mm 的钢板焊接而成，安装完 H 型钢构件后用宽 300 mm 的钢板封口使底部形成封闭的钢箱结构，钢板均采用 Q235A 型钢板，钢板厚度为 6 mm。用膨胀螺栓沿桥纵向锚固粘贴在肋底的钢板，用双头螺栓锚固腹板两侧钢板，在原横系梁处增设宽为 200 mm 的钢板，将该钢板和钢箱焊接为整体，在新增横系梁的下方也采用同样的锚固钢板，连同钢箱焊接为整体。

②横系梁增加及加固。

在原横系梁周围植筋,形成钢筋网,浇筑高为 260 mm、宽为 200 mm 的 C30 混凝土横系梁来补强,并在混凝土横系梁下缘粘贴一块 20 cm 宽的钢板,与加强拱肋的钢箱焊接,形成整体。此外,在每隔两道原横系梁的位置增设一道新横系梁,每跨增设 12 道,全桥共增设 48 道。

③桥面铺装层更换。

原桥面铺装层由于超载、年久失修等,出现了网裂、破碎、拥包、坑槽等破坏,现重新更换铺装层,包括 7 cm 厚沥青混凝土铺装层、2 mm 厚防水涂料、1.5% 双向横坡。在清除原铺装层时,应清理干净;在现浇新铺装层前,必要时应将混凝土层表面适度凿毛。

④侧墙裂缝修补及水泥浆涂刷。

采用注胶法修补桥面铺装层、人行道板、梁体的裂缝。裂缝修补胶除应满足规范中的规定外,还应具有黏度小,渗透性、可灌性好,胶液固化后收缩性小,固化时间可调节,固化后不遗留有害化学物质等特点。在施工条件允许的情况下,对于宽度小于 0.15 mm 的裂缝,可采用自然渗透法直接修补。当裂缝宽度大于 0.15 mm 时,可用低压裂缝注入器将高分子环氧树脂修补材料缓慢、持续地压入裂缝中。

为了满足桥梁的耐久性和美观性要求,在桥梁侧墙、立柱及边拱肋外缘涂刷 200 mm 厚的水泥砂浆。

⑤桥面伸缩缝更换。

由于腹拱变位等原因,原伸缩缝已完全破坏,为了满足正常使用和行车舒适度要求,新桥面伸缩缝更换为较先进的 TST 碎石弹性伸缩缝。

⑥拱波修补。

拱肋变形致使部分拱波间接缝增大,部分拱波被挤密压碎,对于增大的缝隙及压碎的拱波要采用环氧树脂混凝土修补。

⑦腹拱扶正。

错位的腹拱要扶正,并用植筋的办法进行锚固,使其位置保持稳定。

⑧人行道栏杆更换。

将原人行道全部拆除,在原人行道下方的钢筋混凝土层上植 3 排钢筋(外侧纵梁下植 2 排,内侧纵梁下植 1 排),植筋纵向间距为 0.2 m,植筋后在原人行道位置浇筑两片 C30 混凝土纵梁,混凝土纵梁外侧与侧墙外侧面对齐,人行道浇筑时要预留好栏杆安装孔位,每侧人行道宽 0.75 m。

人行道栏杆要全部更换,现采用外形美观、安全结实的钢-混凝土立柱及钢管扶手组合栏杆,全桥共有栏杆222根,每两个立柱之间设三道钢管扶手,待安装完成后,全桥所有栏杆立柱上涂刷红白相间的反光涂料,所有扶手均采用蓝色反光涂料涂刷。

(4) 桥梁加固工艺要点。

①主肋加固工艺要点。

a. 混凝土表面处理。根据设计图纸的要求并结合现场测量定位,在需要粘贴钢板加固的混凝土表面放出钢板位置大样,凿除需要粘贴钢板区混凝土表面6~8 mm厚的砂浆,使混凝土粗骨料外露,并形成平整的粗糙面,表面不平处应用尖凿轻凿整平,再用钢丝轮清除表面浮浆,剔除表层疏松物,最后用无油压缩空气吹除表面粉尘或用清水冲洗干净,待完全干燥后用脱脂棉沾丙酮擦拭表面。箱梁内室混凝土可能凹凸不平,施工时应采取措施进行处理,使其满足粘贴钢板要求的平整度。

b. 钻孔植埋螺栓:依照设计图纸的要求,放出需要钻孔的位置,钻孔间距一般为20~40 cm,用钢筋混凝土保护层测试仪查明混凝土钢筋布置,然后钻孔。应避免钻孔时触及钢筋。植埋全螺纹螺杆,其距粘贴钢板边缘的距离应控制在5~10 cm。孔径和孔深应严格按设计要求施工,植栓孔应清理干净。灌入螺栓的黏合剂应符合相关要求,施工工艺必须符合技术要求。等黏合剂固化7 d后,抗拉力达到设计要求。

c. 待粘贴钢板打孔与表面处理:依据现场混凝土上的实际放样进行粘贴钢板下料,并依据现场植埋的螺杆,先对待粘贴的钢板进行配套打孔,然后对钢板的粘贴面用磨光砂轮机或钢丝刷进行除锈和磨毛处理,打磨粗糙度越大越好,打磨纹路应与钢板受力方向垂直,最后用脱脂棉沾丙酮将钢板表面擦拭干净。

d. 配制结构胶和粘贴钢板(直接涂胶粘贴):先用丙酮清洗处理后的待粘贴钢板区域混凝土表面和钢板待粘贴面,将粘贴钢板结构胶按要求的比例准确称量,搅拌均匀,在事先已确认的可操作时间内,再用抹刀将该结构胶涂抹在已处理好的混凝土表面及待粘贴钢板表面,胶体应中间厚边缘薄,胶层厚度应控制在2~4 mm,最后将钢板粘贴于预定位置。

钢板厚度大于5 mm时,应用压力注入胶液,用化学锚栓固定钢板,加设钢垫片,使钢板与原构件表面之间留有2 mm的缝隙,以备注入胶液。用封边胶将钢板周围封闭,留出排气孔,在钢板低端粘贴注浆嘴并通气试漏后,以不小于0.2 MPa的压力压入黏结剂,当排气孔出现浆液后停止加压,并用封边胶封堵,再以较低压力维持 10 min 以上。

e. 加压固定钢板:当埋植螺杆并将钢板贴合上后,加垫片,紧固螺母,交替拧紧各加压螺杆,以使胶液从钢板边缝刚挤出为度,达到密实粘贴程度。黏结剂按规定的固化时间养护至固化后,进行检查验收。

f. 钢板表面防腐处理:锌加涂料涂装前,待涂钢板表面必须彻底清除油脂,必要时应用专用清洁剂清洗。对氧化皮致密的钢板,需要经过机械喷砂处理,使其表面清洁度达到 Sa2.5 级、粗糙度 $50\sim70~\mu m$ 的控制标准,喷砂后要用清洁的压缩空气将涂装结构上的灰尘除尽;锌加涂层的厚度为 $60~\mu m$。

g. 若粘贴钢板后的养护温度不低于 15 ℃,则固化 24 h 后即可卸掉加压夹具和支撑。

粘贴钢板加固法的施工要求比较严格:严格控制施工温度,以 $15\sim28$ ℃ 为宜,温度偏低时,应采用一定的加温措施;严格控制黏结材料的配合比,必要时辅以稀释剂、增塑剂、固化剂等外加剂;需粘贴钢板处的混凝土表面应清凿平顺,以露出混凝土粗骨料为宜。

用于粘贴的钢板可用钢丝刷或喷砂彻底除锈,并使表面有一定的粗糙度。粘贴时应保证环氧砂浆饱满。一般在混凝土表面及钢板表面分别涂刷一层均匀的环氧砂浆薄层,合计层厚约 2 mm,然后加压使之密贴并固定。粘贴前应在混凝土上钻孔并安装锚固螺栓,要求埋设牢固,具有可靠的抗拔力,以保证粘贴钢板时有效地加压,同时还可帮助钢板克服剪切变形,有利于粘贴的耐久性,应对钢板外表面进行防锈处理,并对被加固部位构件的外观进行处理。黏结剂应密封保存、远离火源并避免阳光直接照射。施工人员应穿工作服,戴防护口罩和手套,施工现场应保持良好的通风。

②横系梁加固工艺要点。

a. 确定植筋位置:按设计要求确定植筋位置,并在混凝土表面标示出来。钻孔前可用钢筋探测仪探测桥梁构件植筋部位钢筋的位置,若植筋孔处存在钢筋,则应适当调整钻孔位置。

b. 钻孔:使用专门的钻孔设备在原混凝土上按设计位置钻孔,孔径比钢筋直径大 $4\sim6$ mm。

c. 清孔:钻孔完毕后用高压气吹出灰尘,用高压水冲洗并用钢丝刷清理,随后用高压气吹出清洗的水并用湿布擦去灰尘。

d. 注胶:孔洞干燥后,用手动注射枪注入植筋胶。胶从孔洞底部开始慢慢往上注,使孔内空气排出,注胶量为孔洞容量的 2/3,并应保证在植入钢筋后有少许胶溢出。

e. 植筋:用钢丝刷清除钢筋表面的铁锈,并用砂纸打磨出金属光泽,然后将钢筋慢慢旋入孔内,直至端头顶入孔底部,并保证植入钢筋与孔壁间隙基本均匀,校正钢筋的位置和垂直度。

f. 静止固化。钢筋植入后需要至少静止固化 24 h,期间不得触动或振动已植钢筋。

③侧墙裂缝修补工艺要点。

a. 裂缝检查和确认:仔细查看裂缝的情况,确定其长度和宽度,在裂缝附近沿裂缝画出标记线,并标明裂缝宽度和长度。

b. 裂缝表面的混凝土处理:用钢丝刷或砂轮机将裂缝走向 5 cm 宽的范围加以打磨,清除水泥浮浆、松散物、油污等,露出清洁、坚实的混凝土表面。

c. 注浆嘴间距:裂缝的宽度和长度决定注浆嘴的间距,裂缝宽度在 0.15 mm 以下时,注浆嘴间距为 20~30 cm;裂缝宽度在 0.15 mm 以上时,注浆嘴间距为 30~35 cm。

d. 裂缝表面封闭:在裂缝附近 2~3 cm 的范围内用密封胶封闭,厚度应该为 2 mm 左右。混凝土剥落或裂缝过大处要尽量向内填充。

e. 注入注射胶:将注射胶按照供应商产品说明书的比例进行称量,混合并进行充分搅拌。注浆压力根据浆液流动性来选择,一般为 0.2~0.4 MPa。

f. 固化养护:当排气孔冒出浆液时,应停止注浆,并用环氧胶泥封孔。以较低的压力维持 10 min 左右,方可停止注浆。如果条件容许,应静养 24~72 h,进行固化养护。

g. 混凝土表面磨修:当静养完成后,就可拆除固定注浆嘴基座,并用砂轮机等将密封胶除去,再加以磨平。

5.2.3 体外预应力加固技术

1. 预应力加固法基本概念

预应力加固是指运用预应力原理,在增设构件(以下简称"加固件")或原有构件(如主梁梁体)中,施加了一定初始应力(即预应力)的一种加固方法。

对于钢筋混凝土或预应力混凝土梁板,对受拉区施以预加压力,可以抵消部分自重应力,起到卸载作用,从而能较大幅度地提高梁的承载力。

用预应力方法加固桥梁结构时,应考虑的主要问题有:施加预应力的方法;

预应力损失估计和减少预应力损失的措施;预应力加固设计计算等。

(1) 施加预应力的方法。

用预应力法加固钢筋混凝土或预应力混凝土梁板,其加固件一般采用钢杆、粗钢筋或钢丝索等钢材,施加预应力的方法有纵向张拉法、横向张拉法和张拉钢丝束等。纵向张拉法在施加的预应力较小时,可采用螺栓、丝杆、花篮螺丝等简易拉紧器进行张拉;在施加的预应力较大时,可采用手拉葫芦、千斤顶或电热法进行张拉。横向张拉法的基本原理是在钢拉杆中部施加较小的横向外力,从而可在钢拉杆内获得较大的纵向内力。由于横向张拉外力一般并不很大,采用螺栓、丝杆、花篮螺丝等简易工具进行张拉即可。钢丝束通常通过锚具用千斤顶进行张拉,如果张拉要求不高,采用撬棍等工具绞紧钢丝束亦可产生预拉应力。

(2) 预应力损失估计和减少预应力损失的措施。

预应力损失是影响到预应力加固的适用范围和加固后工作状态的重要问题。预应力损失由加固件本身和承受加固件作用的结构两方面的变形而产生。产生预应力损失的原因如下:基础徐变和地基沉降;被加固构件收缩和其他变形;加固件本身徐变;加固件节点和传力构造变形;温度应变。

在预应力加固件使用过程中,基础沉降、温度应变、新浇混凝土徐变等将导致较大的预应力损失,这时,为减少预应力损失以保证加固效果,必须在加固过程中,预留构造措施,以便在使用过程中及时调整加固件的工作应力数值。

(3) 预应力加固设计计算。

预应力加固设计计算,应先绘制加固前后结构受力图形,分析内力的变化。加固件的工作应力数值应满足原有结构加固的需要。加固件中施加的预应力数值应为工作应力和预应力损失数值之和。预应力损失值在具备一定经验和资料时可通过计算确定,在经验和资料尚不充分时宜在加固前用试验测定。

2. 预应力拉杆加固钢筋混凝土梁板

钢筋混凝土梁板是受弯或以受弯为主的横向受力构件,一般采用预应力拉杆进行加固。常用的拉杆体系有三种:水平预应力补强拉杆、下撑式预应力补强拉杆及组合式预应力补强拉杆。

(1) 水平预应力补强拉杆加固法。

钢筋混凝土或预应力混凝土的 T 形梁桥或工字梁桥,可采用在梁断面的受拉区(即梁底)加设预应力水平拉杆的简易方法进行加固,如图 5.3 所示。

从图 5.3 中可以看到,当拉杆安装并通过钢栓实施横向拉力后,钢拉杆内将

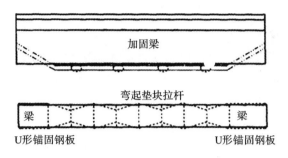

图 5.3　水平预应力补强拉杆加固法

产生较大的纵向拉力,于是,梁受拉区就受到拉杆顶压应力的作用,梁中受拉应力也就相应减少。

从加固原理上看,这种加固法可提高梁构件正截面抗弯承载力,但不能提高支座附近斜截面抗剪承载力。

(2) 下撑式预应力补强拉杆加固法。

将水平拉杆在接近支座处向上弯起,锚固于梁板支座的上部,弯起点处增设传力构造,再施加预应力。这种加固方法即下撑式预应力补强拉杆加固法。

在桥下净空许可的条件下,钢筋混凝土梁式桥可采用如图 5.4 所示的下撑式预应力补强拉杆加固法加固。

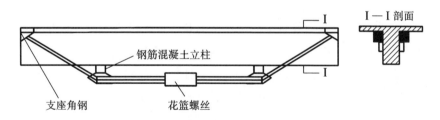

图 5.4　下撑式预应力补强拉杆加固法

这种预应力补强拉杆用钢材做成,拉杆弯起点设立柱,立柱用钢筋混凝土或混凝土做成。立柱一般设在 1/4 跨径的地方,以使预应力加固的斜拉杆与水平线的夹角为 30°~45°。

预应力加固件的斜拉杆装在被加固的梁腹板左右两侧支座上方。在钢筋混凝土梁上凿出一个安装垫座的位置,割去一部分梁的箍筋,将用角钢或槽钢做成的支承垫座安放在凿好的洞内,并与斜拉杆垂直。斜拉杆的一端插入支承垫座内用螺帽扣紧,另一端在立柱下面用一对节点板和水平拉杆结合。装好之后,用花篮螺丝把加劲的水平拉杆拧紧。为减少对桥下净空的影响,预应力补强拉杆也可布置在主梁腹部的两侧(中性轴以下)。

由于下撑式预应力补强拉杆布置较为合理,拉杆施加预应力后,通过拉杆弯起点的支托构件传力,与梁结构产生作用力,起到卸载的作用。这种加固方法的优点是可对受弯构件垂直截面上的抗弯强度和斜截面上的抗剪强度同时起到补强作用。此法加固效果显著,可将原结构的承载力增大一倍。

(3) 组合式预应力补强拉杆加固法。

既布置水平预应力补强拉杆,又布置下撑式预应力补强拉杆,这种加固方式称为组合式预应力补强拉杆加固法,如图5.5所示。

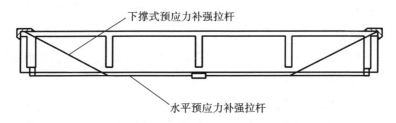

图5.5 组合式预应力补强拉杆加固法

组合式预应力补强拉杆加固法,既能提高抗弯、抗剪强度,又可在必要时将通常安设的两根拉杆增加到四根(另外增加两根水平拉杆),从而可更大幅度地提高承载力。

上述三种预应力补强拉杆加固法可根据具体情况进行选择。从补强的内力种类来看,当梁板跨中抗弯强度不足,而斜截面上抗剪强度足够时,三种拉杆均可选择;当梁板支座附近斜截面抗剪强度不足时,则可采用下撑式预应力补强拉杆和组合式预应力补强拉杆;若要求补强加固后的承载力有较大提高,宜采用组合式预应力补强拉杆。此外,三种拉杆的选择均需要考虑施工的方便性与可行性。

3. 体外预应力加固法施工案例

(1) 桥梁概况。

某V形墩连续刚构桥位于浙江省某市,横跨内河,是当地的交通干道,于1999年4月开工,2000年10月建成通车,是浙江省重点工程。桥面宽度32 m,全桥长339 m。

上部结构为V形墩连续刚构形式,跨径分布为$50+75+50=175$ (m),梁顶位于半径为4375.875 m的竖曲线上。

① 主梁。

主梁横截面由两个分离的单箱单室斜腹板预应力混凝土箱梁组成，V形墩上的箱梁梁高 2.8 m，长 18 m，向两边对称伸臂 15.5 m，梁高直线变化至 1.8 m；中跨 26 m 及边跨 25.45 m，梁高 1.8 m。

单箱箱梁顶宽 15.99 m，两翼悬臂长 3.80 m，全桥在箱梁中心线处顶板厚 25 cm，腹板厚 45 cm，底板在 V 形墩顶的箱梁处厚 40 cm，跨中底板厚 24 cm。每个单箱共设置横隔板 6 道，其中 V 形墩顶各一道，厚 80 cm，设置了 90 cm×110 cm 进人孔，两个边墩墩顶各一道，厚 70 cm。

② 桥墩。

V 形墩斜腿为实心墙板预应力混凝土结构，长 10.5 m。V 形墩斜腿轴线与桥墩中心线夹角为 40°，横桥向斜腿从上至下由 7 m 变为 5.4 m，上端与箱梁底板同宽，厚度从上至下由 0.8 m 渐变至 1.5 m。两个箱梁斜腿分离，并分别支承在各自的墩座上，墩座顺桥向 4.298 m，横桥向上端宽约 5.42 m，下端宽 5 m，墩座为普通钢筋混凝土结构。箱梁、V 形墩斜腿及墩座均采用 C50 混凝土。

③ 箱梁预应力钢绞线及粗钢筋。

预应力混凝土连续箱梁采用三向预应力形式。

箱梁纵向预应力钢束均为 12-7ϕ5 钢绞线，钢绞线的标准强度为 1860 MPa。锚下控制张拉力为 2343 kN，钢束按其位置分为三种类型：顶板束、底板束和腹板束。

箱梁顶板横向预应力均为 5-7ϕ5 钢绞线，钢绞线的标准强度为 1860 MPa。锚下控制张拉力为 1000 kN，在远离桥中心线侧一端张拉。中隔墙横向预应力采用 7-7ϕ5 钢绞线，钢绞线的标准强度为 1860 MPa，锚下控制张拉力为 1367 kN，采用内径 70 mm 波纹管制孔，两端张拉。

竖向预应力钢筋均为 25 mm 冷拉Ⅳ级高强度精轧粗钢筋，其标准强度为 750 MPa，锚下控制张拉力为 331 kN，采用内径 45 mm 波纹管制孔，单端张拉。

④ 斜腿轴向预应力钢束。

斜腿轴向预应力钢束采用 9-7ϕ5 钢绞线，钢绞线的标准强度为 1860 MPa，锚下控制张拉力为 1757 kN。钢绞线采用内径 80 mm 的波纹管制孔，采用 OVM15-9 和 OVM15P-9 锚具，一端自锚于承台中，一端在箱梁内底板与横隔墙板交接处的梗肋斜面上张拉。

⑤ 非预应力钢筋的使用与布置。

预应力连续箱梁纵向按全预应力设计，箱梁截面横向采用部分预应力设计，其非预应力钢筋除少量的构造钢筋外,横向钢筋与腹板箍筋都为受力钢筋,全桥非预应力钢筋均采用Ⅱ级钢筋。

(2) 设计概况。

某连续刚构桥箱梁通过增设预应力钢束、钢结构锚固系统、钢结构转向系统,以达到增强结构承载力、提高结构应力储备水平的目的。

单幅箱梁增设 4 束通长体外预应力钢束。钢束在箱梁变截面位置和 V 形墩墩顶位置设转向点,每根钢束设转向点 8 处。钢束采用填充型环氧涂层钢绞线,规格为 12-ϕ15.2,抗拉强度标准值为 1860 MPa。

箱梁变截面位置钢束转向通过钢结构转向支架实现。钢结构转向支架为三角形桁架(华伦桁架),桁架长 6.4 m,跨中位置高 0.6 m(弦杆中心间距),端部位置高 0.9 m。桁架弦杆及腹杆均为 HW125×125 宽翼缘 H 型钢,杆件间通过节点板(t=10 mm)及 M16 高强螺栓连接。每片桁架设转向点 2 处,相邻桁架(间距 2 m)通过 L63×8 角钢拼接成整体。钢结构转向支架通过钢结构基座板及 M16 化学锚栓与混凝土箱梁连接,连接点位于箱梁加劲腋位置。钢结构基座板与混凝土箱梁之间的空隙灌注胶液,以加强二者之间的连接。

体外预应力钢束通过钢结构锚固块锚固于梁端。锚固块分 A、B 两种类型。A 型锚固块用于体外预应力钢束锚固端,位于梁端底板位置,通过 44 根 M27 化学锚栓与箱梁底板及梁端横隔板连接。A 型锚固块长 2.35 m,宽 0.74 m,高 0.648 m。B 型锚固块用于体外预应力钢束张拉端,位于梁端顶板与腹板交叉位置,通过 64 根 M27 化学锚栓与箱梁底板及梁端横隔板连接。B 型锚固块长 3.08 m,宽 0.64 m,高 0.6 m。

根据构造要求,为减小体外预应力钢束自由段长度,边跨间隔 7.4 m 设置 1 道减震支架,中跨间隔 8 m 设置 1 道减震支架。

(3) 改造概况。

①改造断面布置。

本次桥面交通改造由原双向四车道改为双向六车道,增加机动车道数量,一定程度上合理降低机动车道及人行道的实际宽度。

本次改造后横断面布置方式为:0.25 m(人行道栏杆)+2.0 m(人行道)+2.5 m(非机动车道)+0.25 m(钢结构防撞护栏)+0.25 m+3.5 m+2×3.25 m+0.25 m(机动车道及路缘带)+1.0 m(中央分隔带)+0.25 m+2×3.25 m+3.5 m+0.25 m(机动车道及路缘带)+0.25 m(钢结构防撞护栏)+2.5 m(非机动车道)+2.0 m(人行道)+0.25 m(人行道栏杆),共计 32 m。

②桥梁在交通提升后,加固前结构验算结果。

a. 承载力极限状况验算。

中跨跨中最大正弯矩为 88350 kN·m,抗弯承载力为 86207 kN·m。边跨变高段受力最不利位置最大负弯矩为 26077 kN·m,抗弯承载力为 24068 kN·m。除中跨跨中及边跨变高段抗弯承载力略微不足外,其余位置抗弯承载力均满足要求。

支腿位置剪力最大,最大剪力达 11044 kN,抗剪承载力为 10348 kN。箱梁抗剪承载力略微不足。

b. 正常使用极限状况验算。

除加高段局部抗裂不符合规范要求外,其余部位抗裂性能均符合要求。短期荷载组合作用下,截面变高段顶板最大拉应力为 2.80 MPa,大于允许拉应力 1.85 MPa。

除斜腿两侧梁段抗裂性能不符合规范要求外,其余部位抗裂性能均符合规范要求。短期荷载组合作用下,截面变高段顶板最大拉应力为 2.80 MPa,大于允许拉应力 1.325 MPa。

③桥梁在交通提升后,加固后结构验算结果。

a. 承载力极限状况验算。

加固后,中跨跨中最大正弯矩 88753 kN·m,抗弯承载力为 103520 kN·m。边跨截面变高段受力最不利位置最大负弯矩为 26077 kN·m,抗弯承载力为 36340 kN·m。加固后箱梁抗弯承载力满足要求。

支腿位置剪力最大,最大剪力达 10436 kN,抗剪承载力为 10832 kN。箱梁抗剪承载力满足要求。

b. 正常使用极限状况验算。

短期荷载组合作用下,截面变高段顶板最大拉应力为 1.40 MPa,小于允许拉应力 1.85 MPa。正截面抗裂性能满足要求。

在短期荷载组合作用下,支腿两侧部分区域斜截面抗裂性能不符合现行规范要求,其他区域斜截面抗裂性能符合要求。

根据交通提升后的计算分析结果,本项目增设体外束和在腹板处粘贴钢板可有效提高箱梁承载力。根据现场实际情况,本项目先铺装沥青再进行体外束张拉。

④体外束布置。

体外束采用填充型环氧涂层钢绞线,公称抗拉强度为 1860 MPa,公称直径为 15.2 mm,喷涂标准外径为 16.4 mm。单幅箱梁增设 4 束体外预应力钢束,分别为 TW1、TW2、TW3、TW4。单束体外束由 12 根 $\phi 15.24$ 钢绞线组成。单根体外束长度为 170.8 m。

每个体外束两端各设置 1 个锚固块,单幅箱梁共设置 8 个,共 2 种,A 型锚固块为 TW3、TW4 锚固,B 型锚固块为 TW1、TW2 锚固。锚固块主要由底板、腹板、加劲板组焊而成。底板通过植筋和粘贴钢板固定于箱梁顶板和底板位置。

单幅箱梁共设置 4 套转向支架,转向支架结构形式为桁架结构,主要杆件由工字钢和角钢组成,通过节点板螺栓连接而成。转向支架上安装转向器,体外束穿过转向器改变方向。

全桥共设置减震支架 6 套,主要杆件为槽钢,通过钢板焊接组成,基座板通过粘贴固定在箱梁上。体外束减震限位装置通过焊接固定在减震支架上。

(4) 施工方法及工艺。

①施工准备。

a. 箱梁顶板开设施工孔。某连续刚构桥箱梁在南端 0 号墩附近底板位置开设有进人孔,因体外束钢结构较多,材料倒运困难,经设计单位同意在箱梁顶板原有后锚固点位置开设进人孔,左右幅箱梁各开设一个,方便材料倒运。

跨中位置,在箱梁内找到原有后锚固点,在桥面确认位置后,采用风镐人工凿除,将混凝土凿除后,钢筋从中间位置切断并向上弯折,待施工完毕后,将弯折钢筋原样恢复后焊接并配筋加强后采用吊模封闭施工孔。

b. 锚固块、转向支架、减震支架定位放样。箱梁全长 175 m,在 V 形墩顶设置有横隔板,分别位于 41.898 m、58.118 m、116.782 m、133.002 m 位置处。A 型锚固块在单幅箱梁中共有 4 个,纵向位于箱梁起始端和末尾端 2.55 m 位置,横向分别位于中心线两侧 1.11 m 位置,与梁体横隔墙和底板通过植螺杆锚固;B 型锚固块在单幅箱梁中共有 4 个,纵向位于箱梁起始端和末尾端 6.15 m 位置,横向分别位于中心线两侧 3.28 m 位置,通过植螺杆锚固于箱梁顶板上。减震支架在单幅箱梁中共有 6 个,沿桥长方向分布,分别位于 18.15 m、49.95 m、82.45 m、83.45 m、115.95 m、148.6 m 处,通过植螺杆将整个支架与箱梁顶板、底板连接。单幅箱梁中共设置 4 套转向支架,实现体外束平弯和竖弯。转向支架沿桥长方向分布,分别位于 29.45 m、70.45 m、104.45 m、145.45 m 处。

锚固块、转向支架、减震支架布置:纵向沿桥长方向采用 50 m 皮尺测量放样,横向采用 5 m 卷尺从中心线向两侧量测。采用水平仪从小里程向大里程方向每隔 50 m,放样出箱梁中心线并将其投放至箱梁顶板和横隔墙上。在锚固块、转向支架、减震支架横向中心线与箱梁纵向中心线交叉位置,沿箱梁宽度方向从中心线向两侧放样出锚固板中心位置,再扩大放出锚固板尺寸线。

c.箱室尺寸复核。待放样完成后,将锚固块、转向支架、减震支架位置箱梁箱室内实际尺寸与图纸进行比较,核实锚固块、转向支架、减震支架实际尺寸和安装位置是否与箱梁原有锚固块冲突,箱梁腹板与底板、腹板与顶板拐角位置既有高度是否满足锚固块、转向支架、减震支架安装高度的要求。

②钢结构加工。

锚固块、转向支架、减震支架等钢结构构件为热轧宽翼缘工字钢、角钢、钢板等组成。所有构件均应在工厂加工成型,并应满足相关技术规定,在制造过程中应注意以下几点。

在对钢材进行切割的时候,切割长度需要满足设计要求,并且切割面上不能出现裂纹、夹渣、分层等一些明显外观不足的情况。与此同时,在进行切割的时候,相应的尺寸偏差及边缘处理都需要达到有关规范的规定。

以实际情况来看,最终的钢筋钻孔和植入位置可能存在一定程度上的偏差,需要在现场套眼钻孔以便于安装,在工厂加工时应加以注意。板件及构件上的螺栓孔眼按照设计图纸开孔,孔位、孔径偏差应符合规范要求。

锚块受力较大,现场焊接时主要受力构件均采用坡口焊缝,焊缝质量等级为一级,加劲板和转向桁架焊缝质量等级为二级。在进行焊接的时候,各种性能都不能比各种材料对应的标准低。

③钢结构安装。

a.锚固块、转向支架基座板安装。基座板通过钻孔植筋固定在箱梁上,钻孔植筋前采用钢筋探测仪探测出箱梁中钢绞线的位置并作出标记。钻孔植筋时避开箱梁钢绞线,完成后,采用磁力钻在基座板上套眼,在基座板与箱梁混凝土面之间灌注胶液,待胶液固化后拧紧螺母。

当安装锚固块的锚垫板的时候一定要与体外束保持垂直,并且实际定位应该十分精准,不能出现较大的误差,同时,锚垫板孔道中心及转向器中心位置与设计值之间的误差不能超过 3 mm。

在安装完成锚固块及转向支架基座板之后,就可以焊接转向支架节点板,在进行实际焊接以前,还应该保证转向支架位置正确,而且焊接过程当中应该保证焊缝饱满,能够达到设计规范的相关要求。

b.锚固块、转向支架、减震支架基座板灌胶。基座板固定完成后,还需要在混凝土与底座钢板接触面灌胶填满。粘贴钢板表面处理与桥墩混凝土粘贴钢板处理要求一致。灌胶前需将钢板周边与孔隙密封,预留直径 10~12 mm 灌胶孔,间距 300~400 mm。胶黏剂配制完成后,应在 30 min 内及时灌注,以免因时间过长而导致胶体流动性降低,造成灌浆施工困难,质量难以保证。灌注时一定要低压低速灌胶,边灌边用小锤轻敲钢板。灌注后,用小锤沿粘贴面轻轻敲击钢板,如无孔洞声,表示已粘贴密实,否则应钻两个以上小孔注胶(一个为排气孔)进行修补。

c. 转向支架、减震支架安装。设计时应该关注转向支架承受体外预应力所形成的相应垂直力。减震支架是体外索减震装置的支撑架。转向支架和减震支架都是利用箱梁的顶肋和底肋设置底座的。转向支架、减震支架安装步骤:基座部位混凝土表面处理,预制顶底板梗肋基座及支架钢构件(基座钢板现场开孔)→采用植筋及灌注胶液的方法安装顶底板梗肋基座→安装转向支架及减震支架→进行二次防腐处理。

d. 注意事项。通常情况下,锚固支座处混凝土局部受力比较大,为了最大限度地降低预埋钢筋对混凝土原结构所产生的破坏,在进行实际钻孔时,不能够随便扩大孔洞直径。在进行实际灌胶之前,需要把孔里的灰尘等及时清除干净。

④转向器安装。

转向器属于实现体外加固非常重要的一种零件,它所具有的内在特征及荷载传递模式也属于对预应力效果产生重要影响的关键因素。

由于受到摩擦力及横向力之间的挤压,预应力钢筋和转向器之间的接触面不断增加。一旦转向器没有进行合理、有效的摆放,那么很大程度上会使得预应力钢局部出现硬化的情况,这样就会使得摩擦损耗进一步增大。在进行转向设计的时候,转角处预应力钢筋的具体位置一定要非常精准,防止出现其他应力。与此同时,当预应力钢筋处在使用寿命规定期限中的时候,它所使用的转向器不能够出现任何损坏。尤其值得注意的就是,转向器只能在加工厂里加工,而不能在现场进行实际加工。除此之外,在进行现场安装的时候,应根据已有图纸严格操作。而且在运输及焊接过程中,还应该重点注意采取一些有效的措施来避免出现焊接变形。在进行穿线之前还需要进行相应的拉线,可通过这种方式来明确安装是否合理。

本项目的转向器由外钢管、内分丝管(12 根)、定位隔板、填充料组成,转向器由专业厂家进行生产制造。

内分丝管可采用 HDPE(high density polyethylene,高密度聚乙烯)管,外径 25 mm,安装分丝管前应在内部预涂润滑剂。

填充料可采用高强环氧砂浆或其他高强度填充料,灌注前应试配,确保轴心抗压强度标准值不小于 30 MPa,同时具有一定的流动性,在填充施工时,应保证转向器内部密实,严禁内部出现孔洞缺陷。

⑤横隔板钻孔。

体外束均为通长束,在横隔板位置穿孔通过。全桥共设置 4 道横隔板,均位于墩顶位置。横隔板开孔直径为 220 mm,横向位于桥中线两侧 1.1 m 和 2.3 m 位置,竖向位于底板上方 1.9 m 位置。

墩顶横隔板处转向器安装时需要先钻孔,所有钻孔位置应避开既有箱梁的预应力钢筋(特别是预应力粗钢筋),但若原预应力钢筋位置误差过大,有可能钻孔会碰到,钻孔施工应特别小心。

钻孔施工完成后,设置壁厚为 7 mm 的 ϕ219 钢管,钢管与横隔板钻孔位置混凝土之间灌注胶液。

对于同一根体外预应力束,墩两侧横隔板钻孔中心线应在同一高度、同一条直线上,施工时应采取措施保证两侧孔中心偏差不大于 4 mm。

横隔板采用水钻钻孔,由于横隔板较厚,为保证孔的垂直度,水钻应固定牢固,钻进一节,凿除混凝土,再接长钻杆钻进。

⑥体外束安装。

体外束采用 12～15.24 mm 环氧涂层钢绞线,钢绞线在索场加工成型后整盘运至施工现场。

a. 钢绞线及锚具。在体外束进行进场验收的时候,一方面需要对它的包装、规格等内容进行严格、详细的检查,另一方面还需要抽样检查钢绞线的力学性能、直径等是否符合要求。一般要求体外束的真实强度超过国家标准的相关规定。与此同时,体外束试验还需要根据现行国家标准中的规定来进行。体外束运输及现场施工时,应做好保护工作,防止尖锐物体损坏环氧涂层。体外束钢绞线锚具应按设计要求采用,本加固工程所用锚具为低回缩量锚具,锚具回缩量不大于 1.0 mm。

b. 锚具安装及预应力筋制作。体外束采用单端张拉。B 型锚固块为张拉端,A 型锚固块为锚固端;张拉端工作长度为 110 cm,固定端工作长度为 40 cm;钢绞线最小外露长度(张拉端锚垫板外侧面距钢绞线端部长度)为 40 cm。钢绞线整盘放置于南端桥下梁底进人孔附近,采用卧式索盘存放。钢绞线采用人工穿束,应统一穿过转向器同一位置的孔眼,每根钢绞线穿完后采用砂轮机切断。将钢绞线编束并捆扎好,保证每一根预应力钢束都非常平顺,不能够出现扭绞交叉的情况。

钢绞线安装施工时,应有保护表面环氧涂层的措施。可以采用箱梁内垫土工布或者橡胶垫的方式,防止钢绞线与混凝土直接摩擦,损伤环氧涂层。安装前,应将锚固件和夹具擦拭干净。安装期间,锚具应与管道对齐。每根预应力钢绞线应光滑,无扭曲和交叉。在 A 型锚固块位置依次安装锚固端锚垫板、锚具、夹片等,待体外束张拉结束后再安装防护罩。钢绞线穿入锚具对应位置后安装夹片,每个夹片应安装密实,钢绞线张拉时观察每个夹片是否松动,边张拉边拧紧夹具。锚固端、转向器、减震器安装完成后,核实钢绞线角度,统一进行验收,验收合格后开始张拉。

⑦体外束张拉。

体外束张拉采用手持式千斤顶进行,张拉前在经国家授权的法定计量技术机构进行千斤顶与压力表配套标定。千斤顶和压力表应按标定配套使用。在张拉端(A 型锚固块处)依次安装锚垫板、工具锚、夹片、顶铁、千斤顶、工作锚、夹片等。

体外束张拉前,由项目技术负责人向现场技术员及张拉作业人员交底,交底内容应包括张拉顺序、张拉程序、作业要点和安全防护等。

体外束张拉时按照同箱室同时对称张拉,遵循对称、成对张拉原则。先张拉 TW1 和 TW2,再张拉 TW3 和 TW4,逐根张拉。体外束张拉控制应力为 $\sigma = 0.6 f_{ptk} = 1116$ MPa(f_{ptk} 为预应力钢筋极限抗拉强度标准值,1800 MPa)。总张拉吨位由供货厂家提供的锚圈口损失系数进行推算,总张拉吨位为 $A\sigma + F$(A 为预应力钢绞线截面面积;F 为圈口损失力)。体外束钢绞线分四级张拉,即第一级按顺序全部张拉至 $25\% \sigma_{con}$(σ_{con} 为张拉控制应力值),第二级全部张拉至 $50\% \sigma_{con}$,第三级全部张拉至 $75\% \sigma_{con}$,第四级全部张拉至 $100\% \sigma_{con}$,每级张拉时应稳压 2 min,待伸长值校核无误后再进行下级张拉。

体外束张拉时采用张拉应力控制,采用伸长值校核,实际伸长值和理论伸长值偏差应控制在 ±6% 以内。

体外束张拉完毕后,安装锚具全密封保护罩,在防护罩内灌注油脂。

5.2.4 改变结构体系加固技术

1. 改变结构体系加固概念

改变结构体系加固实际就是通过改变桥梁结构体系来减少梁内应力,例如:

在简支梁下增设支架或桥墩;把简支梁与简支梁加以连接,从而由简支梁变为连续梁;在梁下增设钢桁架等加劲梁或叠合梁;改小桥为涵洞等。

改变结构体系的方法很多,但往往需要在桥下操作,或设置永久设施,因而影响桥下净空。因此,该加固技术要在不影响通航及桥梁排洪能力的情况下使用。该加固技术由于加固效果较好,是解决桥梁临时通行超重车辆常见的加固措施。重车通过后,临时支墩可以随时拆除,对通航、排洪影响不大。

2. 简支梁变为连续梁加固法

在简支梁下增设临时支墩,或把相邻的简支梁加以连接,可改变原有结构的受力体系,将结构由简支梁变为连续梁。

将多跨简支梁的梁端连接起来,变为多跨连续梁,以改善结构的受力状况,提高桥梁的承载力,其基本做法如下:①掀开桥面铺装层,将梁顶保护层凿除,使主筋外露,并将箍筋切断拉直;②沿梁顶增设纵向受力主筋,钢筋直径和根数依梁端连接处所受负弯矩大小而配置;③浇筑梁顶加高混凝土和梁端接头混凝土;④拆除原有支座,用一组带有加劲垫板的新支座代替原有的两个支座;⑤重新做好桥面铺装层。

用临时支架加固时,改变了原简支梁桥的受力体系,支点处将产生负弯矩,故必须进行受力验算。此法由于缩短了桥梁跨径,使桥梁承载力得到提高。

例如,山东省潍县潍河大桥为 26 孔跨径 20 m 钢筋混凝土 T 形梁桥,设计标准为汽-13、拖-60。T 形梁出现严重裂缝,不能满足通过 400 t 大型平板车通行要求,决定进行加固。加固前检查发现,T 形梁出现严重裂缝,但下部构造完好,具有足够的承受重载通行的能力。经多方案研究比较后,决定对中部 24 孔的各片 T 形梁梁肋加设钢筋混凝土斜撑作承托。托梁长 10.8 m,断面为 25 cm×40 cm。而边孔则在跨中加设两个钢筋混凝土立柱:将简支梁体系转换为 3 孔连续梁体系。斜撑的位置由该 T 形梁截面所容许承担的弯矩和剪力来确定,在恒载和活载组合的情况下,控制新加支点处不出现负弯矩。T 形梁按三跨弹性支承连续梁验算。采用如图 5.6 所示的在梁下设置钢筋混凝土斜撑的方法进行加固,提高了桥梁承载力,使 400 t 大型平板车顺利通过该桥梁。

3. 加劲梁或叠合梁加固法

采用加劲梁或叠合梁以增强主梁的承载力,也是常用的改变桥梁结构体系的加固方法。加劲梁或叠合梁的形式如图 5.7 所示。

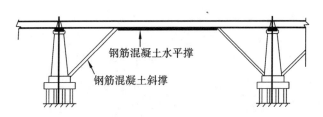

图 5.6　梁下设置钢筋混凝土斜撑加固

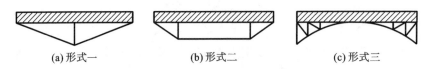

图 5.7　加劲梁或叠合梁的形式

采用加劲梁和叠合梁加固时,应根据加固时结构体系转换的实际受力状态,分清主次,进行合理的抽象和简化,得出计算图示,进行补强计算。因实际结构比较复杂,结构各部分之间存在着多种多样的联系,而决定联系性质的主要因素是结构各部分的刚度比值。故新旧结构体系可依据刚度分解为基本部分和附属部分,以分开计算内力,如分为主梁与次梁、主跨与副跨,并注意略去结构的次要变形,从而得到较简明的力学图式。

5.2.5　顶推加固技术

顶推工艺是调整拱轴线及压力线的有效方法。当桥台水平位移过大,致使拱顶下沉,在拱顶截面下缘和拱脚截面上缘出现裂缝,拱轴线严重偏离设计轴线时,可考虑采用此法。施工时将拱桥的一端作为顶推端,设立顶推横梁,横梁与拱肋紧紧相连,破坏拱脚与支座的连接,使支座自由,安放千斤顶。向跨中方向顶推横梁,从而使整个拱轴移动。当顶推位移相当于原桥已产生的位移时,停止顶推。在拱脚离开拱座的空隙内浇筑高强快硬混凝土,待混凝土达到设计强度后,放松千斤顶,顶推工作完成。若原桥整体性完好,顶推法可恢复其承载力。这一方法经济实用,可在不损害原桥外貌、不缩小通航净空的情况下,完成桥梁的加固。

1. 计算要点

顶推加固前必须进行施工设计,设计计算内容如下。(1)顶推横系梁设计:使千斤顶推力可完全传给主拱圈,保证拱脚部分主拱圈受力均匀。(2)进行千斤顶的布置和数量的计算。(3)顶推量的确定原则:根据实测拱脚位移量推算;根据拱顶实测下沉值和拱顶推力影响线推算;顶推至桥上沿或路缘石出现负弯矩裂缝为止。

2. 施工要点

在顶推前先将拱脚锚固钢筋切断,同时将拱上建筑与桥台分开,使顶推时拱上建筑能随同拱圈自由变形。

顶推可在桥的一端进行,也可先在桥的一端顶推至1/2跨径处,计算顶推水平距离后,再移至另一端顶推。顶推的基本方法是在桥台的拱脚处安装传力结构(钢夹具或刚性横梁),通过千斤顶施加推力,将拱圈自拱脚向跨中方向顶推,以实现调整桥台位移和拱轴线、恢复承载力的目的。顶推后,在拱脚端的空隙处浇筑高强快硬混凝土。顶推也可在桥台区挖槽,顶入受力管,使顶管与原桥台共同受力,以调整桥台水平位移和拱轴线。

顶推应按照一定程序,分级缓慢进行,直至达到计算要求的顶推水平距离,或者拱上桥面出现横向裂缝,不能再顶推时为止。

3. 拱桥的顶推

顶推实施时,要重点解决好拱脚锚固钢筋问题、拱脚负弯矩问题、传力结构问题及拱上建筑的处理问题等。

(1)顶推的主要程序。

搜集要顶推桥梁的有关设计、施工、竣工等文件,以及运营期间检查、加固等记录资料。在熟悉资料的基础上到桥梁现场进行核实。慎重考察判断桥台的稳定性。根据拱桥实际尺寸、恒载及作用状态,进行顶推设计计算,确定顶推方案。编制顶推施工文件、预算文件等,选择顶推材料、设备等,布设观测点。必要时筑桥台围堰、搭脚手架、仪表架等。设计制作千斤顶传力结构(如刚性横梁)。凿除拱脚四周的混凝土,使其周边脱离桥台。加固、顶撑拱脚部位的腹孔,处理桥面伸缩缝,以利顶推时桥面自由移动;切断拱脚锚固钢筋。

待刚性横梁混凝土达到设计强度后,安装千斤顶、高压油路系统。根据实际需要可单边顶推或双边顶推(两个拱脚都处理)。正式顶推前要试顶。顶推过程要逐级、缓慢进行。拱脚弯矩释放为第一级,之后每顶进1 cm为一级。每级顶推后要稳定15 min,全面检查桥梁结构和顶推系统,一切正常后再继续下一级,直至符合要求。

各级顶进时,均应测量拱截面(顶推端)两侧的位移量(竖向位移、水平位移),拱肋主要截面下缘高程或相应截面的桥面路缘石高程,桥纵轴线变化,桥台变位(沉降、位移、转角),主拱圈顶部桥面栏杆、立柱、路缘石、桥面混凝土的变形,以及伸缩缝的变化等。

顶推完成后,形成的端部空缝要立即冲刷干净,填塞高强快硬砂浆或小石子混凝土,捣实养护。如在冬季施工,当温度低于5 ℃时,应加温养护。

当高强快硬砂浆或小石子混凝土强度达到要求后,拆除顶推设备。最后修补结构裂缝、局部补强、接长拱座、清理现场。

(2)顶推的注意事项。

应事先通过试验确定填塞空缝用的高强快凝水泥砂浆或小石子混凝土的强度和配合比,以及其强度增长规律。

顶推前必须确认桥台变位已经稳定,否则要先行加固桥台。顶推前办理好断道、断航有关手续。顶推时组织好保卫人员,划分出作业区,确保施工现场、行人和围观者的安全。

顶推时要合理组织人员、明确分工、统一信号,并应先进行试顶演习。通过试顶、预演,确认顶推机具和设备工作状态是否安全可靠、管路有无漏油、顶推是否同步、现场指挥系统是否迅速可靠。如发现问题,应回油处理,切忌在高压下检修油路,以确保人身安全。

做好两桥台上方三铰腹拱孔的加固、支护,凿除伸缩缝(对于单边顶推,该伸缩缝是指非顶推端的桥台上方桥面伸缩缝),顶推作业时要确保拱上建筑的安全。

千斤顶的轴线方向应与安装部位的拱轴线方向一致;千斤顶的顶部和底端钢垫板要平整、密贴;千斤顶要尽量靠近主拱圈的内、外缘;千斤顶合力作用点尽量与拱桥设计要求的合力位置相符。千斤顶的油路系统形成并联的闭合管路,保证同步作用;高压油路和千斤顶在安装前要分部件检测、试压,合格后才能使用。

监测用的仪器要可靠。每级顶推后要及时整理观测资料,特别是主拱圈挠度及应变。只有确认情况正常,才能进行下一级顶推。要指定专人负责监视工作,及时向顶推工作点反馈信息。监测顶推端对岸的桥面伸缩缝空隙的变化情况,保证顶推过程中该处始终留有空隙,防止掉进杂物堵塞空隙而影响顶推作业。

顶推结束后,对顶推端拱脚处的空隙要认真冲洗干净,防止掉入杂物。填塞空隙后,注意捣实、养护。应派专人监视油路系统,保持千斤顶油压稳定,直至填料强度达到要求。

(3) 顶推的终止条件。

只要出现以下任何一条,均应停止顶推。①顶推水平距离或桥面高程达到设计要求。②拱顶路缘石顶面出现轻微裂纹。③桥台有明显位移或位移不稳定时。

顶推加固技术在施工过程中具有一定的风险,且投资较大,故目前在桥梁加固中采用这种方法的并不多。

5.2.6 旋喷注浆加固技术

旋喷注浆加固技术是一项正在发展中的地基加固技术,应用时间并不长。旋喷注浆加固技术用途广泛,加固地基的质量可靠而且效果好,已逐渐成为我国常用的地基处理方法。该法除了在铁路、矿山、水电、市政工程、工业与民用建筑和国防等部门的地基加固工程中发挥了卓有成效的作用,近年来,在公路工程,特别是桥梁基础加固工程中,也得到了一定的应用,获得了显著的经济技术效果。

旋喷注浆加固是利用地质钻机,将旋喷注浆管置于预计的地基加固深度,借助注浆管的旋转和提升运动,用一定的压力从喷嘴中喷射液流,冲击土体,把土和浆液搅拌成混合体,随后凝聚固结,形成一种新的有一定强度的人工地基,如图5.8所示。

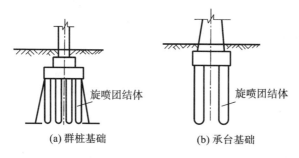

图 5.8　旋喷注浆加固

1. 设计要点

旋喷注浆加固桥梁墩台基础时,地基是在承受着构筑物已有全部重量的情况下进行加固施工的。因此,若被加固的桥梁构筑物没有受到新的荷载作用,旋喷固结体最初是几乎不受力的。只是随着时间的推移,在原有地层的恒压力的作用下,土体产生徐变或滑移,使原土体承受的部分压力转移到刚性较大的旋喷固结体上,但转移的压力并不大。因此,只有构筑物新增加的荷载才为旋喷固结体所承受。用旋喷注浆法加固后的地基,具有下列特点:固结体与原土层共同受力;固结体的变形模量较原土层大很多倍;固结体和土体的受力在时间上不同步,一般是土体已达到或接近其极限强度以后,固结体才进入工作状态。综合起来,旋喷注浆加固的设计要点有以下三个方面。

(1) 加固前对原有墩台基础的承载力进行估算。墩台基础加固,大体上可分为两种情况。一种是构筑物正在建造或运用过程中,基础发生较大的均匀或不均匀下沉,已危及桥梁结构的正常使用。另一种是目前使用状态良好,但考虑到桥梁要通过更大载重的车辆,地基承载力不能满足进一步发展的需要。两种情况对原有地基的极限承载力的估算方法是有所不同的。对于已发生病害的墩台基础,在加固前,除搜集有关工程设计所必需的各项资料外,还应对工程的病害历史和现状进行调查分析。根据病害发生、发展的程度,推算出现有地基的承载力。对于目前没有病害,仅为提高荷载等级而加固的墩台基础,地基承载力可采用两种方法确定:①依据地质钻探或土工试验所给出的土体极限强度进行计算;②依据规范提出的"经过多次压实、未受破坏的旧地基"允许承载力可予提高(提高系数为 $1.25\sim1.5$)的方法确定。

(2) 对危及正常使用的墩台基础进行设计计算。

(3) 对未发生病害而为提高荷载等级的墩台基础进行设计计算。

2. 施工要点

(1) 施工流程。

旋喷注浆施工流程可概括为钻机就位、钻孔、插管、旋喷作业、冲浇五道工序。

(2) 方法选择。

旋喷注浆可选用以下方法。①单管法:单独喷射水泥浆液,桩径可达 $0.8\ m$。②双管法:同轴喷射水泥浆液和压缩空气,桩径可达 $1\ m$。③三重管法:同轴喷射高压水和压缩空气,并注入水泥浆液,桩径可达 $1.5\ m$。

上述三种旋喷注浆方法的主要机具及施工参数见表 5.3。

表 5.3　三种旋喷注浆方法的主要机具和施工参数

项目		单管法	双管法	三重管法
喷嘴孔径/mm		2～3	2～3	2～3
喷嘴个数/个		2	1～2	1～2
旋转速度/(r/min)		20	10	5～15
提升速度/(mm/min)		200～250	100	50～150
高压泵	压力/MPa	20～40	20～40	20～40
	流量/(L/min)	60～120	60～120	60～120
空压机	压力/MPa	—	0.7	0.7
	流量/(L/min)	—	1～3	1～3
泥浆泵	压力/MPa	—	—	3～5
	流量/(L/min)	—	—	100～150

(3) 操作要点。

①施工前应根据现场环境和地下埋设物的位置等情况,复核旋喷注浆的设计孔位。

②单管法及双管法的高压水泥浆液流和三重管法高压水流的压力宜大于 20 MPa,三重管法使用的低压水泥浆液流压力宜大于 1 MPa,气流压力宜取 0.7 MPa,提升速度可取 50～150 mm/min。

③旋喷注浆法的主要材料为水泥,对无特殊要求的工程,宜采用 32.5 级或 42.5 级普通硅酸盐水泥。根据需要可加入适量的速凝、悬浮或防冻等外加剂为掺合料。所用外加剂和掺合料的数量,应通过试验确定。

④水泥浆液的水灰比应按工程要求确定,可取 1.0～1.5,常取 1.0。水泥使用前需要做质量鉴定。搅拌水泥浆所用的水,应符合有关规定。

⑤钻机与高压注浆泵的距离不宜过远。钻孔的位置与设计位置的偏差不得大于 50 mm。实际孔位、孔深和每个钻孔内的地下障碍物、洞穴,如与工程地质报告不符均应详细记录。

⑥当注浆管贯入土中,喷嘴达到设计高程时,即可喷射注浆。在喷射注浆参数达到规定值后,随即旋喷、提升注浆管,由下而上喷射注浆。注浆管分段提升的搭接长度不得小于 100 mm。对需要扩大加固范围或提高强度的工程,可采用复喷措施。

⑦在旋喷注浆过程中如实记录旋喷注浆的各项参数和异常现象,出现压力

骤然下降、上升或大量冒浆等异常情况时，应查明产生异常情况的原因并及时采取措施。当高压喷射注浆完毕后，应迅速拔出注浆管。

⑧为防止浆液凝固收缩影响桩顶高程，必要时可在原孔位采用冒浆回灌或第二次注浆等措施。

⑨当处理既有构筑物地基时，应采取速凝浆液或大间距隔孔旋喷和冒浆回灌等措施，以防旋喷过程中地基产生附加变形和地基与基础间出现脱空现象，影响被加固工程及邻近建筑。同时，应对构筑物进行沉降观测。

3. 质量检验

旋喷注浆加固的质量检验可采用开挖检查、钻孔取芯、标准贯入试验、荷载试验或压水试验等方法进行。

检验点布置部位包括荷载大的部位；中心线上；施工中出现异常情况的部位；地质情况复杂部位。检验点数量为施工注浆孔数的 2%～5%，对不足 20 孔的工程，至少应检验 2 个点。质量检验应在旋喷注浆结束 4 周后进行，不合格的应进行部分补喷。检验内容包括桩体平均直径；桩体垂直度；桩身中心允许偏差（设计桩径的 1/3）；均匀性。

4. 旋喷注浆加固的特点

旋喷注浆加固的主要特点如下。

(1) 适用范围广。旋喷注浆加固既可用于工程新建之前，又可用于工程修建之中，还可用于工程加固。

(2) 施工简便。旋喷施工时，只需在土层中钻一个孔径为 50 mm 或 108 mm 的小孔，便可在土中喷射成直径为 0.4～2.0 m 的固结体。

(3) 固结体形状可控制。为满足工程需要，在旋喷注浆过程中，可调整旋转速度和提升速度，增减喷射压力或更换喷嘴孔径改变流量，使固结体成为设计所需要的形状。

(4) 固结体强度可调整。采用不同的浆液种类和配方，可获得所需的固结体强度。

(5) 有较好的耐久性。因加固结构和适用范围不同，不同方法对软弱地基的加固效果虽不能一概而论，但从使用的浆液性质来看，旋喷注浆加固能得到稳定加固效果并有较好的耐久性。

(6) 材料来源广、价格较低廉。喷射的浆液以水泥为主，以化学材料为辅。

除在要求速凝、超早强时使用化学材料外,一般的地基工程中均使用料源较广、价格低廉的32.5级或42.5级普通硅酸盐水泥。此外,还可在水泥中加入一定数量的粉煤灰,既利用了废料,又降低了注浆材料的成本。

(7) 设备简单、管理方便。旋喷注浆的全套设备均为我国定型产品或专门设计制造的设备,结构紧凑、体积小、机动性强、占地少,能在狭窄和低矮的现场施工,管理简便。在旋喷注浆过程中,对喷射压力、吸浆量和冒浆情况进行测量,可间接地了解旋喷注浆的效果和存在的问题,调整旋喷注浆参数或改变工艺,保证固结质量。

5.3 桥梁上部结构加固技术

桥梁类型较多,本节仅以拱桥为例,对其上部结构加固技术进行讲解。

5.3.1 砖石拱桥加固技术

(1) 原拱圈下衬拱圈加固法。当拱桥跨径不大,且桥下净空容许,或根据水文资料,桥下泄水面积允许缩小时,可在原有拱圈下用类似隧道衬砌的方式增设拱圈,即紧贴原拱圈下侧植入锚筋,悬挂钢筋网,喷射混凝土或模筑混凝土,形成新拱圈。对于砖石拱桥,可局部取砖(石)成槽,以提高新老拱圈的共同工作性能。

(2) 原拱圈上增设钢筋混凝土拱圈加固。挖开原拱顶填土层直到拱背,清理干净,修补完善,凿毛,加筑新拱圈。加厚拱圈时,应考虑墩台受力是否安全。多孔砖石拱桥全部加设新拱圈时,拱上填料拆除必须同时对称进行。

(3) 双银锭形腰铁加固。用双银锭形腰铁钳入、卡牢相邻拱石的加强拉结法在我国古代桥梁建造中使用较早。该方法可锁牢砖石拱桥整体拱圈,使相邻拱砖(石)得到加强。

(4) 钢板箍或钢拉杆加固。可在砖石拱桥拱圈的跨中和1/4处加设三道(或多道,视具体情况而定)钢板箍(钢板厚可取6~8 mm)或钢拉杆,用螺栓在拱底及拱侧钻孔锚固,并注意将锚固点设在拱圈厚度的1/3处。锚固孔用膨胀水泥砂浆填塞密实。

5.3.2 双曲拱桥加固技术

双曲拱桥具有结构轻巧、省料、便于施工安装等优点,应用范围广。双曲拱桥具有显著的中国文化特色。然而,由于建造时设计、施工经验不足及其他原因,很多拱桥使用一段时间后,出现了不同程度的损坏,亟待维修加固。有些地区将大多数双曲拱桥拆除,这是非常可惜的。其实,只要掌握了双曲拱桥的病害发生原因,加固并不难。经过桥梁工作者的长期努力,双曲拱桥的加固技术已日趋成熟。现将双曲拱桥常见病害及加固方法一并介绍如下。

1. 常见病害

双曲拱桥主要存在以下几个方面的病害。

(1) 横向联系薄弱。

薄弱的横向联系主要涉及两个方面。①拱肋与拱波(拱板)的连接方式不恰当或薄弱,如拱肋中预埋伸出的钢筋数量不足、拱波基本是简支于拱肋上等。②横隔板、横系梁结构处理不当或横向刚度过小,这又包括三种情况:a. 横系梁或横隔板在构造上不完整,即全桥横向不贯通且不在一条直线上,这与过去设计中过分强调"化整为零"有关,而施工不当包括横系梁(横隔板)横向多呈折线形、钢筋不连续、横向连接处混凝土不密实等;b. 横系梁(横隔板)尺寸偏小,纵向刚度不足,整体上起不到横向传递荷载的作用;c. 拱板中的横向钢筋或分布钢筋太少。横向刚度小会带来一系列问题,主要是车辆荷载横向传递受阻、各拱肋不能共同受力,这会引起拱顶纵向断裂、拱波与拱肋脱离、横系梁(横隔板)在接头断裂、各拱肋下挠不均等病害。

(2) 主拱圈截面尺寸偏小。

过去的双曲拱桥设计过分强调节省材料,主拱圈截面尺寸偏小、配筋偏少、混凝土的强度等级较低。由拱肋、拱波、拱板共同构成的组合截面尺寸并不小,主要是拱肋尺寸偏小。这是因为拱肋除要承受自身重量外,还要承受架设拱波、拱板时所产生的应力,只有拱板浇筑完成并达到一定强度后,方能共同承受拱上恒载及活载。

由于拱肋先期应力累积太大,故截面尺寸较小的拱肋及很少的配筋使得拱圈正截面强度严重不足,这通常表现在拱圈(拱肋)挠度过大,轴线偏离设计轴线过多;或者拱肋压应力过大,拱肋中纵向钢筋直径偏小,箍筋间距偏大,造成纵向钢筋失稳外鼓,特别是在锈蚀后,病害更为严重。

(3) 其他病害。

现有的双曲拱桥相对砖石拱桥、箱形拱桥而言,拱顶刚度较小,即全桥竖向刚度不均匀。

拱顶填料多为砂砾石、碎石、矿渣等透水性较好的材料，这些材料难以压实，加上前述竖向刚度不均匀，使旧桥面破碎严重并严重渗水，而修补时增加的材料又使恒载增加，加重桥梁病害。

一般的拱桥设计是不考虑拱上建筑对主拱圈的影响的，即结构上应保证边腹孔具有较小的抗推刚度和适量的自由变形。但有些双曲拱桥在修建过程中未设伸缩缝、变形缝或边腹孔的铰，或因设置不当而失去应有的功能，这些均有可能使拱上结构对主拱圈产生不利影响。当双曲拱桥的墩台置于软土地基上时，若基础结构形式或基础处理不当，墩台将发生过量的不均匀沉降和水平位移，导致主拱圈产生过大的变形，甚至开裂。

值得注意的是，基础处理不当引发的病害一般在桥梁建成后的 3~5 年即可完全出现。之前，墩台变位引起的病害是双曲拱桥的一种重要病害，但经多年探索，这一病害不再是双曲拱桥的主要病害。

2. 加固方法

双曲拱桥上部构造的加固主要是加强拱肋、加强横系梁及调整上部结构填料等。

事实上，梁桥中的加固法在多数情况下对拱桥加固仍然是适用的，关键是看结构的受力情况。拱桥的粘贴加固法和梁桥是相同的，增大截面法在拱桥加固中的应用较广，增设辅助构件加固拱桥也是常见的方法。增设拱肋可以改变桥面宽度，也可以不改变桥面宽度。在桥面两侧增设拱肋的方法被称为拱托法。现简要介绍这几种方法，具体如下。

（1）粘贴钢板加固法。

该方法一般是在拱圈局部产生裂缝或承载力不足时采用。先将拱肋表面清理干净，再用环氧砂浆粘贴钢板。将钢板粘贴于拱肋截面下，可用整板钢板在拱圈弧形范围内间隔粘贴，钢板厚度宜为 4~10 mm，过厚时施工比较困难。

为改善粘贴效果，除利用胶黏剂之外，还可按一定间距钻孔并埋入螺栓，然后将钢板预钻孔对准预埋件位置并以螺母紧固。拱肋钻孔比较困难，埋设位置不易准确定位，因此，钢板钻孔要留有余量，用椭圆形孔或扩大孔径可减少对位时的麻烦。在合适的条件下，也可粘贴碳纤维布加固。

（2）粘贴钢筋加固法。

该方法与前述粘贴钢板加固法基本相同，但所采用的是钢筋加固件。从实际情况看，此法与粘贴钢板加固法相比，具有与结构物黏附性能好、加固成型容易、补强效果更为显著等特点。

(3) 扩大拱肋截面加固法。

该方法通过增加配筋和外包混凝土来加大拱肋,从而达到扩大拱肋截面尺寸,增加拱肋断面的含筋率(或变无筋拱肋为有筋拱肋),提高拱肋抗弯刚度的目的,其作用明确,效果显著,应用也较广泛。外包混凝土加固拱肋可采用普通混凝土,也可采用轻质混凝土。若要使新旧混凝土结合面黏结更可靠,也可采用微膨胀混凝土、微膨胀轻质混凝土等。

(4) 增设拱肋加固法。

该方法可用于大跨径、桥台水平位移大的有肋或无肋双曲拱桥的加固。在较大跨径的拱桥下新建一座跨径较小、矢度较大的拱肋,使拱肋的上弦与原拱桥连接在一起,新老桥台连接在一起。施工时要求将拱肋上弦钢筋和原拱肋或无肋拱波用箍筋连在一起,现场浇筑混凝土。

(5) 增加横系梁加固法。

该方法用于横向联系较弱或需新增横系梁以加强拱肋抗扭刚度和横向整体性的情况,可与扩大拱肋截面加固法一起运用,以取得更好的加固效果。

(6) 改变结构体系加固法。

清除拱上建筑及实腹段范围内的填料,降低拱顶断面高度,浇筑钢筋混凝土桥面板,并用混凝土填料加强原有拱上建筑与桥面板的联系,从而加强拱上建筑刚度,使整个体系向柔拱刚梁转化,使主拱圈在活载作用下主要承担轴力,而弯矩由加固后的拱上建筑承担。对于拱式腹孔,可拆除拱上建筑,改拱式腹孔为梁式拱上建筑,以减轻自重,并使主拱圈主要承受全部活载及活载引起的轴向力。

(7) 体外预应力加固法。

拱顶下缘开裂,施加预应力的位置必须在弹性中心以下才能对拱顶截面产生负弯矩。对于拱脚截面上缘的裂缝,因为预应力锚固有一定困难,则采用增加拱脚背钢筋、增厚拱脚截面混凝土,使其中性轴上移的措施。在结构措施上,为使新旧混凝土能结合良好、共同受力,除在旧混凝土表面凿毛外,还在原主拱圈拱背、拱脚至四分点区段进行补强。预应力拉索采用 $\phi j15.24$ 钢绞线,为了保证其耐久性,可采用防腐钢绞线,单索布置,单索张拉。

(8) 拱托加固法。

该方法即在原主拱外侧增加两条截面面积很大的拱肋,并通过强大的横向联系与旧拱圈共同作用,新拱肋对旧拱肋如同一个拱托。

此外，还有一种被称为箱拱的加固法，即以钢筋混凝土薄板将拱肋两两相连，使双曲拱变成一个封闭的箱拱。

5.3.3 桁架拱桥加固技术

钢筋混凝土和预应力钢筋混凝土桁架拱桥是我国20世纪60年代发展出的一种拱式结构，因其具有受力合理、装配化程度高（工序少、工期短）、自重较小、抗震性好等优点，在全国范围内很快得到了推广。然而，由于当时设计、施工的经验不足及其他原因，很多拱桥建成后就存在一定的问题。

1. 桁架拱桥常见病害

桁架拱桥常见病害主要有如下几种。

（1）桥台位移使拱桥上弦杆悬空。部分桁架拱桥由于修建时考虑不周，跨径太小，桥梁建成后不能满足水流断面的需要，在长期水流冲刷作用下，桥台基础外露，重则桥台被冲垮，交通被迫中断；轻则桥台产生沉陷外移，拱桥上弦杆处于悬空或接近悬空的状态。

（2）施工缝处出现裂缝，拱片连接处混凝土断裂或钢板接头脱开。因桁架拱片一般非一次成型，而是分次浇筑成型的，即先浇筑下弦杆，包括相应的横系梁，再浇筑竖杆、斜杆及剪刀撑，最后浇筑上弦杆及横系梁，故有施工缝存在。施工缝处往往是强度较弱的部位，在外荷载作用下，施工缝可能干裂甚至碎裂。当跨径较大，桁架拱片要分段预制时，就必须增设接头（现浇混凝土接头和钢板接头）。若施工质量欠佳，在荷载反复作用下，接头处易损坏甚至脱开。

（3）构件裂缝。构件受拉时会出现裂缝，裂缝宽度在容许范围内时并不影响拱桥的使用。当桥梁所承受的荷载大大超过其原设计荷载等级时，构件受到过大拉力的作用不可避免地会产生较大裂缝，势必影响拱桥的使用。

（4）拱上建筑破坏。拱上建筑破坏包括桁架拱桥桥面的微弯板或空心板脱空、断裂，甚至出现孔洞等。此类病害产生的原因往往是施工不当，微弯板或空心板架设时未采用坐浆法安砌，或因板太短，与主拱片连接不好，以及板本身强度不足等。

2. 加固力学要点

钢筋混凝土桁架拱桥端部下弦杆承受最大应力，当有破损时应及时进行维修加固。各腹杆与上下弦铰接处出现的裂缝可用砂浆封固。下弦杆根部出现横向裂纹,则要立即加强横向连接,杜绝摆动,同时用环氧砂浆封闭裂纹(缝)。

钢筋混凝土桁架拱桥无论是有铰还是无铰,受拉杆件和受压杆件的节点处钢筋都很密集,受力复杂,常在节点处产生裂纹、裂缝。裂缝宽度在允许范围内时可用环氧树脂黏结剂、改性乳胶漆封闭;如裂缝较宽,则可在节点附近设置一定形状和尺寸的型钢,在节点两侧增设预应力筋(如为受压杆件,可设置型钢),预拉锚固于型钢上,再用环氧砂浆封闭。

跨中设有铰或挂孔的桁架拱桥,上弦承受最大张力,铰或挂点出现下垂时,如有可能可在预留孔中穿入预应力筋,或在桥面铺设预应力钢丝束(钢筋)与铰或挂点连接,施张后锚固于墩台的后下方。施张时在下垂点配合使用千斤顶及其他吊装设施辅助提升张拉。新增的预应力筋应用混凝土覆盖。

上承式桁架预应力混凝土拱桥,节点处钢筋密集,受力复杂,成型后产生的裂纹一般用黏结砂浆涂抹或粘贴钢材,若支杆、接缝处出现较为严重的损伤,则在其两旁采用预应力筋进行加固。

3. 桁架拱桥加固方法

在需要提高桁架拱桥主要受力构件(如下弦杆、实腹杆等)的承载力时,截面加强的方式主要有三种:①凿除原杆件钢筋混凝土保护层,加筑钢筋混凝土补强断面,新旧断面依靠钢筋和混凝土紧密连接;②粘贴钢板或钢筋进行补强;③预制好补强杆件,再用电焊焊接将其与原杆件相连,形成一个整体而共同受力。

如果桥台发生位移且对结构内力影响较大,可采用顶推加固技术。

当桥面由于板块断裂而出现孔洞时,可更换桥面板或用悬吊式模板进行局部修补。当需要加固桥面且基础承载力允许时,也可采取增铺桥面补强层等加固方法。

对于地基不稳定、产生水平位移的桥台,可采用在台后增设小跨径引桥和增设水平摩阻板的方法来加固,操作程序如下。①分段将台后路基填土挖除,增设1孔或2孔小跨径桥孔,增设水平摩阻板,并与原桥台连成一体,以抵抗桥台滑移,使桥台不再继续产生水平位移。②视水平位移大小,必要时可在桥台后布设反力梁,用千斤顶顶推桥台,消除或补偿桥台水平位移所产生的不利影响。③下部结构处理完成后,再修理拱上结构损坏部分,必要时重铺桥面铺装层。

5.4 桥梁下部结构加固技术

桥梁下部结构加固技术分为基础加固技术、墩台加固技术两个方面进行讲解。

5.4.1 基础加固技术

1. 扩大基础加固法

桥梁基础扩大底面积的加固,称为扩大基础加固法。此法适用于基础承载力不足,或基础埋置太浅,而基础又是砖石或混凝土刚性实体的情况。扩大基础底面积应由地基强度验算确定。当地基强度满足要求而缺陷仅表现为不均匀沉降变形过大时,可采用扩大基础底面积的方法进行加固。扩大基础加固法示意图如图5.9所示。

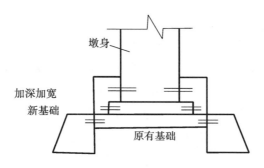

图 5.9 扩大基础加固法示意图

扩大基础加固法可按下列顺序进行。①在必须加宽的范围内先打板桩加固,如果基础底部土壤不好,应做必要的加固。②挖去堰内土壤,挖至必要的深度,以保证墩台的安全。在堰内把水抽干后,铺砌石块(浆砌),或做混凝土基础。③施工时可加设锚固钢筋或插以钢销,以使新旧基础牢固地结合成一个整体。

2. 增补桩基加固法

增补桩基加固法就是在桩式基础的周围,补加钻孔桩或打入钢筋混凝土预制桩,并扩大原承台,以此提高基础承载力,增加基础稳定性。

(1) 技术特点及适用条件。

在桩式基础的周围补加钻孔桩或打入钢筋混凝土预制桩并扩大原承台,并将承台与桩顶连接在一起,以此提高基础承载力,增加基础稳定性,这种方法称为增补桩基加固法(图 5.10)。这种加固方法的优点是不需要进行抽水筑坝等水下施工作业,且加固效果显著。其缺点是需搭设打桩架和开凿桥面,对桥头原有架空线路及陆上、水上交通均有一定影响。

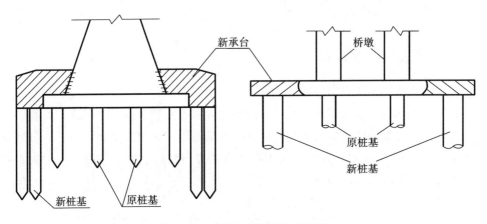

图 5.10 增补桩基加固法示意图

增补桩基加固法适用于以下情形:采用桩基础的桥梁改造拓宽时,可通过增加桩的数量,扩大承台面积,提高基础承载力;桥梁墩台基底下有软弱层,墩台发生沉陷,而桩的深度不足时;风蚀、水蚀或冲刷等原因使桩基外露或发生倾斜时。

对单排架桩式桥墩采用增补桩基法加固时,如原有桩距较大(在 4~5 倍桩径时),可在桩间插桩;如原有桩距较小且通航净跨允许缩小时,可在原排架两侧增补桩基,成为三排式的墩桩。

当桥台垂直承载力不足时,一般可在台前增加一排桩并浇筑盖梁,以分担上部结构传来的压力。打桩(或钻孔)时可利用原有桥面作脚手架,在桥面上开洞插桩。增浇的盖梁可单独受力,也可连接在一起,使旧盖梁、旧桩及新桩一起受力。

在对一些结构良好的老桥采用增补桩基加固法来加固下部结构时,往往受桥下净空影响,不能满足常规机械的进入需要,可利用老桥的上部结构自重,以手动大吨位千斤顶,将预制桩无振动、无噪声地嵌入土中。压入桩的承台与施工反梁合二为一,既作为静压施工中传递上部恒载的反梁,又为加固的桥墩提供一个新老桩基共同受力的承台。

增补桩基加固法的附加影响如下。①增加的桩基会引起河床过水断面面积的减少,从而引起水流速度加大,这样将会加剧对原有桩基的冲刷作用。②通航净跨由于增加桩基而缩小。③在桩间加桩时,较小的桩基中距,对桩基的承载力有一定影响。④基础的整体性由于新旧桩基及承台的连接将有所降低。

(2) 力学特点。

桥梁荷载通过桩基础传递给地基,垂直荷载一般将由桩底土层抵抗力和桩身与桩侧土产生的摩阻力来支承,水平荷载一般由桩和桩侧土的水平抗力来支承。由于地基土的分层及其物理力学性质不同,桩在土中的尺寸和设置方法不同,都会影响桩的受力状态。根据桩的受力分析,增补桩基加固法中常采用摩擦桩和柱桩两种桩基形式。

摩擦桩主要依靠桩侧土的摩阻力支承垂直荷载,桩底土层抵抗力也支承部分垂直荷载。摩擦桩在设计范围内总是桩周摩阻力首先充分发挥作用,而这时桩尖阻力仅占很小一部分。桩侧极限摩阻力的大小不仅与桩侧土层和成桩工艺有关,而且与桩的入土深度有关。当桩的入土深度超过一定值后,桩侧阻力不再随深度增加而增大,该深度即临界深度,大约为 25 m。

柱桩一般专指桩底直接支承在基岩上的桩,桩的沉降甚微,桩侧摩阻力可忽略不计,全部垂直荷载由桩底岩层抵抗力承受。

(3) 构造措施。

①桩的构造、布置和中距。

钻孔桩设计直径(即钻头直径)宜不小于 80 cm。

混凝土强度等级,对于钻孔桩不低于 C15,水下混凝土应不低于 C20;对于打入桩不低于 C25。

钢筋混凝土沉桩的桩身应按运输、沉入和使用各阶段内力要求通长配筋。桩的两端或接桩区箍筋或螺旋筋需加密。加桩与原桩可对称布置。

采用摩擦桩时,钻孔灌注桩中距不得小于成孔直径的 2.5 倍,打入桩在桩尖处的中距不得小于桩径(或边长)的 3 倍,且在承台底面处的中距均不得小于桩径(或边长)的 1.5 倍。采用柱桩时,桩基中距不宜小于桩径(或边长)的 2 倍。

边桩外侧与承台边缘的距离,对于直径(或边长)不大于 1 m 的桩,不得小于 50%的桩径(或边长)并不小于 25 cm;对于直径(或边长)大于 1 m 的桩,不得小于 30%的桩径(或边长)并不小于 50 cm。

②新旧混凝土承台的连接。

加桩时,可以扩大原来承台尺寸或在原有承台上再加一层新承台,把上部传来的荷载通过新承台传递到新桩。为使上部荷载由墩身很好地传递给新建承台,可在新建承台与既有承台接触范围内,将原承台凿成锯齿状剪力键,设置钎钉;也可采用植筋法连接新旧承台,即通过植入的钢筋承接和传导弯矩及剪力,并使新旧混凝土形成有机整体,以达到扩大原承台尺寸的目的。为加强新旧混凝土的结合,应把原承台有蜂窝或孔洞缺陷部分尽可能凿除,并对新承台下的桩顶部分进行凿毛处理,使之露出新鲜混凝土,让混凝土表面保持湿润、清洁。在完成以上工作后,立即在钢筋及其周围的混凝土上涂抹一层水泥浆液或其他胶黏剂,把浆液仔细地注入混凝土内并均匀地涂到钢筋上,同时,在涂抹的浆液尚未凝固时,立即浇筑新的混凝土。

(4) 施工工序。

①完成围堰施工及抽水,并清理承台或系梁。②逐根完成加桩施工。按照设计要求,在承台或系梁侧面钻孔并植入钢筋,并与新增承台或系梁钢筋绑扎。③立模、浇筑混凝土并养护至设计强度。

3. 人工地基改良加固法

当基础下的天然土质松软,不能承受很大荷载,或上层土质良好,但深层土质不良引起基础沉降时,可采用人工地基改良的方式加固基础,从而提高基础的承载力。地基改良加固一般通过旋喷注浆技术来实现。该技术已在第5.2.6节进行了详细讲解,此处不再赘述。

5.4.2 墩台加固技术

1. 箍套加固法

当桥墩、桥台等下部结构承载力不足、施工质量不好、水流冲刷磨损、风化剥落、排水不良,以及其他因素(如地震、火灾、船舶和漂浮物撞击等)造成损坏、变形、侧移及鼓肚等各种病害时,可以对有缺陷的桥墩、桥台采取外围浇筑一层钢筋混凝土箍套的方法进行加固补强。原则上,钢筋混凝土箍套厚度不宜小于10 cm,并注意通过植入钢筋、布设化学锚栓与原结构形成整体。

常用的钢筋混凝土箍套加固法流程如下。①在桥墩、桥台或桩基上按一定间距钻孔。②在桥墩、桥台上植筋或布设化学锚栓。③布设钢筋网。④布设模板,现浇混凝土,对桥墩、桥台形成套箍,或采用喷射混凝土法施工。

水中桩基采用钢筋混凝土箍套加固法时,需布置组合式套筒并逐节下沉后,再布设钢筋网、浇筑混凝土。

2. 粘贴碳纤维布、芳纶纤维布加固法

当粘贴碳纤维布、芳纶纤维布加固墩台时,可参见第5.2.2节的有关内容。

3. 修筑撑壁加固法

对因尺寸不足,难以承受台背压力而往桥孔方向产生倾斜或滑移的埋置式桥台,可采用修筑撑壁加固法加固。

4. 增设支撑加固法

对于单孔小跨径桥台,为防止桥台滑移,可在两桥台之间加建水平支撑,如用整跨浆砌片石撑板或用钢筋混凝土支撑梁进行加固。

5. 增建辅助挡土墙加固法

对于因水平土压力太大而引起的桥台倾斜,应设法减少桥台后壁的土体压力,可在台背新建挡土墙,以增强挡土能力。

6. 减轻荷载加固法

筑于软土地基上的桥台,常因填土较高而受到较大的侧向土压力作用,从而使桥台产生前移,甚至发生倾斜。此时,可采取更换台背填土、加厚桥台胸墙等措施来减小土压力。

7. 预应力拉杆加固法

当桥台尚未稳定、桥台与拱上侧墙等结构物已经变形时,可采用设置拉杆的方法进行调整加固。拉杆可采用预应力索或粗钢筋制作,亦可采用预应力混凝土构件。

其加固要点如下。①计算需要施加的水平力大小:根据稳定力矩和倾覆力矩绝对值相等才能保持基底应力均衡的原则,确定拟施加的水平力大小。②根据水平力的大小,设计施工立柱、拉杆及地锚梁。③在桥台后墙全宽范围内人工凿除砌体,浇筑混凝土地锚梁,并安装立柱、拉杆。④逐级张拉拉杆,并加强监测。

8. 接长帽梁加固法

一些情况下，需要对旧桥进行拓宽，随着上部结构的拓宽，下部结构桥墩、桥台也要随之加宽。当原结构布置有桥台帽梁时，常常采用接长帽梁的做法（图5.11），也可视情况增设新的下部结构。

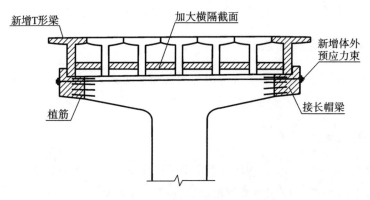

图 5.11 接长帽梁加固法

接长帽梁加固法要点如下。①移走或部分移除原上部结构。②对旧帽梁连接端部混凝土进行凿毛处理，并凿除原帽梁挡块，使新旧混凝土连接表面粗糙，使主要受力钢筋露出，进行植筋，在新旧混凝土连接表面形成剪力连接键，采用焊接和搭接的方式布设钢筋网。当接长范围较大时，需在帽梁前后侧面布设体外预应力筋，此时帽梁接长部分内需加密钢筋网，并设置螺旋钢筋网、钢板等预埋件。③支设模板浇筑接长部分混凝土，并完成其他辅助工序。

9. 加高桥墩加固法

当桥墩沉降过大、影响到桥下净空，对桥梁正常安全运营构成了严重威胁，或有些情况下，旧桥的设计高程、桥下净空不能满足新的使用条件时，可采用加高桥墩加固法。在现有的技术条件下，加高桥墩多采用不移除上部结构、直接顶升加高的施工方法。桥墩顶升加高是一项比较复杂的工法，既可以在顶升梁体后加高桥墩，也可以在剪断桥墩后顶升桥墩，再将桥墩浇筑为整体。具体选用哪种方法视需要顶升的量而定。但不管选用哪种方法，均需要在严格计算的基础上，进行系统、全面的设计，采用专业配套的顶升设备，采取周到、细致的施工与监测措施。

5.4.3 桥梁下部结构加固施工案例

1. 工程概况

新疆交通投资有限责任公司对管辖范围内的独柱墩桥梁进行排查,共有13983.74 m/124座,其中,大桥6189.18 m/35座,中桥7794.56 m/89座。经过对全线124座桥梁进行计算分析,其中32座桥梁横桥向抗倾覆稳定性不满足要求。另有8座桥梁同一联中有连续3个桥墩为独柱墩,根据公路独柱墩桥梁相关技术要求,均应进行改造提升。

2. 设计原则

该工程主要是对32座横桥向抗倾覆稳定性不满足要求的桥梁和8座同一联中有连续3个桥墩为独柱墩的桥梁进行改造提升。

综合考虑独柱墩桥梁抗倾覆验算结果及桥梁实际运营状况,设计方案在满足提高抗倾覆稳定性系数的前提下,保证技术可行、安全可靠,力求施工方便快捷,同时将抗倾覆加固改造施工对交通运营的影响降至最低。

在设计加固方案时,遵循以下原则:①新旧结构的约束及变形应协调,新增结构和连接部位的构造要求和耐久性应满足相关规范要求,并考虑沉降、温度、收缩等对原结构的影响;②新增结构不得侵占被交道路与桥梁建筑限界;③方案便于实施,降低对既有交通的干扰。

3. 增设钢盖梁

(1) 设计要点。

在桥墩顶设置钢盖梁,保留原支座,横桥向再增加两个支座。

按照设计图纸、相关规范及工期要求,准备人力、材料及设备,确保人员技术熟练、设备先进、材料充足且符合要求。

(2) 钢盖梁加工。

钢盖梁应尽可能在工厂完成所有标准化加工和焊接。所有钢板焊接均采用 I 级焊缝,满足《钢结构设计标准》(GB 50017—2017)要求,并进行防腐涂装处理。角焊缝有效厚度 H_e 按 $1.5t$ 计算,t 为较厚焊件的厚度,焊缝尺寸 $H_f = H_e/0.7$。同时,钢盖梁螺栓孔应参照现场独柱墩锚栓孔放样位置提前在工厂进行加工。待钢盖梁所有工序加工完毕后,进行钢盖梁表面涂装并运抵施工现场进行安装。

(3) 混凝土凿毛。

采用人工对钢盖梁安装范围内的混凝土表面进行凿毛,确保混凝土黏结面粗糙、坚硬、密实、无松动、粗骨料部分外露并形成 2~4 mm 的凹凸面,再用钢丝轮清除表面浮浆,剔除表面疏松物,最后用无油压缩空气吹除表面粉尘或用清水将表面粉尘冲洗干净,待完全干燥后用脱脂棉沾丙酮擦拭表面。

(4) 测量放线。

根据原设计图纸对锚栓位置进行精确定位并钻孔(采用钢筋探测仪检查锚栓部位的原结构钢筋位置,适当调整锚栓位置,以不损伤原结构主要受力钢筋为原则),同时应将锚栓孔现场放样位置提供给钢盖梁加工厂,以便在钢盖梁锚栓孔对应位置提前钻孔。

(5) 钻孔。

根据特殊倒锥形化学锚栓的种植要求,当孔径为 28 mm 时,钻孔直径允许偏差为 0.5 mm,有效埋深不小于 210 mm。可根据孔径、孔深和施工设备的功率选择合适的钻头。钻孔前把结构物表面的水、油等液体清理干净,以免污染孔洞。

(6) 常规清孔。

成孔后首先用压缩空气清除一遍孔内粉尘,同时清除结构物表面的粉尘,然后用专用电动毛刷刷掉孔壁上的浮尘;最后再用压缩空气清除一遍孔内粉尘。

(7) 孔壁干燥。

水、油等液体会破坏植筋结构胶的强度,因此必须对孔壁进行干燥处理。根据不同的情况,孔壁干燥可采用两种方法:①电热干燥,如果孔内入水造成孔壁潮湿则采用电热干燥;②化学干燥,如果孔壁被油污染,则采用能溶解油且挥发性强的化学试剂进行干燥。

(8) 安装钢盖梁。

钢盖梁运抵施工现场后,应在确保施工安全的前提下,将钢盖梁吊装至独柱墩安装位置,并将二者焊接为一个整体。

钢盖梁的安装及钢板粘贴应在干燥环境下进行。钢盖梁安装之前,应先完成锚栓的植入安装,并初步固定于既定位置,再用封边胶将钢盖梁抱箍钢板周围封闭,留出排气孔,在钢板低端粘贴注浆嘴并通气试漏后,以不小于 0.1 MPa 的压力压入胶黏剂,当排气孔出现浆液后停止加压,并用封边胶封堵,再以较低的压力维持 10 min 以上。最后再对植入锚栓螺母及"钢抱箍"对拉螺栓进行紧固。

(9) 钢板表面防腐处理。

经检验确认胶黏剂固化、密实效果可靠后,去除所有注浆嘴和排气管,并清除钢板表面污垢和锈斑。钢盖梁安装完成后,对外露钢板应作防腐涂装,多刷一道面漆,用来提高外露构件的防腐等级。

(10) 安装支座。

支座顶升螺栓下端与钢盖梁顶板焊接固定,调节顶升螺栓使支座上钢板顶面保持水平。支座上钢板与梁底间隙采用胶黏剂填充密实。调节顶升螺栓对支座进行预顶升,施加预顶升力,螺栓拧紧力矩 $T=900\times K(N\cdot m)$,K 为拧紧力矩系数,根据螺栓规格确定。预顶升工作完成后,立模浇筑高强灌浆料。

4. 植筋(植螺栓)

植筋用胶黏剂分管装式、机械注入式两种,其性能应符合规范的相关规定。施工时应注意材料和配胶方式的相互配套,不得在现场配制植筋用胶黏剂。

钻孔前,可用钢筋探测仪探测桥梁构件植筋部位钢筋位置,或凿去保护层暴露钢筋,若植筋孔位处存在钢筋,则应适当调整钻孔位置。钻孔施工遇到钢筋或预埋件时应立即停钻,并适当移动钻孔孔位;若移动值太大,应及时通知设计单位予以处理。

清洁孔壁、钢筋可采用下列方法:①将喷嘴伸入成孔底部并吹入洁净无油的压缩空气,向外拉出喷嘴,反复 3 次;②硬毛刷插入孔中,往复旋转清刷 3 次;③将喷嘴伸入钻孔底部吹气,向外拉出喷嘴,反复 3 次;④对要植入钢筋上的锈迹、油污进行除锈与清理;⑤植筋前用丙酮或工业用酒精擦拭孔壁、孔底和植入钢筋。

植筋用胶黏剂应采用专用灌注器或注射器进行灌注,灌注量一般为孔深的 2/3,并应保证在植入钢筋后有少许胶黏剂溢出。注入胶黏剂后,应立即单向旋转插入钢筋,直至达到设计深度,并保证植入钢筋与孔壁间的间隙基本均匀,校正钢筋的位置和垂直度。

胶黏剂完全固化前,不得触动或振动已植钢筋,以免影响其黏结性能。

锚孔内胶黏剂应饱满,不得有未固结现象。施工时,严禁采用将胶黏剂直接涂抹在钢筋上植入孔中的植筋方式。施工中钻出的废孔,应采用高于构件混凝土一个强度等级的水泥砂浆、聚合物水泥砂浆或锚固胶黏剂进行填实,必要时应插入钢筋。

5. 安装锚栓

（1）锚栓施工工艺。

清洁：对原结构进行清理，对锚栓进行清洁与外观检查。

定位：植筋前应先探明原结构钢筋、钢束位置，核对标记植筋部位，若与钢筋、钢束相冲突，可在原植筋位置旁稍做调整，若移动值较大或锚栓完全处于混凝土保护层内，应及时通知设计单位处理。

钻孔：按规定的钻孔直径钻孔，孔深略深于锚筋埋设深度，孔位应避让构造钢筋，孔道应顺直。按规范要求进行钻孔植筋。在钻取直孔的基础上，再使用专用配套的扩孔工具（扩孔钻头），在锚孔的底部预先扩孔。

清理钻孔：利用压缩空气和硬毛刷清孔，确保孔壁无尘干燥。

检查：测量锚孔孔深、孔径及扩孔直径，合格后方可安装锚栓。

注胶：首先将锚固胶直接放入胶枪，将搅拌头旋到胶的头部，扣动胶枪直到胶流出为止，前两次打的胶不用。注胶时，将搅拌头插入孔的底部开始注胶，逐渐向外移动，直至注满孔体积的2/3，注射下一个孔时，按下胶枪后面的舌头，以免胶继续流出，造成浪费。更换新的胶时，按下胶枪后面的舌头，拉出拉杆，将胶取出。

锚栓安装：锚栓放入锚孔之后，应测量锚栓的钢筒和螺杆相对于基面的外露长度，满足要求后，通过敲击锚栓套管的方式，使锚栓的扩张机构在底部扩孔中进行扩张，填满底部已扩张的空间；抹干净溢出的锚固胶。锚栓钢筒安装到位后，应复测钢筒与基面的距离，满足要求后再安装锚固件。

在植筋胶固化之前，应避免扰动锚栓，待其固化后再进行其他各项工作。为减少对原结构截面的削弱，锚栓安装不能在全部钻孔完成后再进行，应分批进行钻孔植筋，一批植筋胶固化完成后才能进行下一批钻孔。拉杆安装需结合施工时的温度适当调整上下锚板在顺桥向的位置，确保梁体在温度引起的收缩膨胀变形作用下，不产生附加内力。

（2）施工注意事项。

本次加固技术、工艺要求高，材料质量必须有严格保证。应由具有相应资质的单位进行加固，以保证施工质量。

施工放样前，施工方应对设计文件及业主提供的竣工资料进行详细阅读，并对现场结构物实际构造尺寸进行核实，若发现现场与图纸有出入，需要通知业主及设计单位。

要求对锚固工程的抗拔承载力进行现场检验,检验按《混凝土结构后锚固技术规程》(JGJ 145—2013)的规定进行。

钻孔时应采用震动小的钻孔机,同时保证尺寸精确,孔周清洁,不损坏表面,且严格按施工顺序进行施工。

施工结束后定期检查锚固装置,第一次检查不得晚于一年。

6. 浇筑混凝土施工

(1) 基本要求。

支座垫石采用 C40 小石子混凝土。盖梁、挡块、墩台身、桩基、桩顶系梁及承台采用 C30 混凝土。

水泥应采用品质稳定的硅酸盐水泥,碱含量不宜大于 0.6%,熟料中铝酸三钙含量应不大于 8.0%。水泥细度宜不超过 350 m^2/kg。其余技术要求尚应符合《通用硅酸盐水泥》(GB 175—2007)的规定。基桩及墩柱等水泥采用抗硫酸盐水泥。

细骨料应采用硬质、洁净的天然中粗河砂,也可使用经专门机组生产并经试验确认的机制砂,其细度模数宜为 2.6~3.2,含泥量应不大于 2.0%,泥块含量不大于 0.5%,其余技术要求应符合《公路工程集料试验规程》(JTG E42—2005)的规定。

粗骨料应采用坚硬、耐久的碎石,空隙率宜小于 40%,压碎指标宜小于 20%,粗骨料母岩的抗压强度与混凝土设计强度的比值应不小于 1.5,含泥量应不大于 1.0%,泥块含量应不大于 0.5%,针片状含量宜小于 10%;粒径宜为 5~20 mm,连续级配,最大粒径应不超过 25 mm,且应不大于钢筋最小净距的 3/4。其余技术要求应符合《公路工程集料试验规程》(JTG E42—2005)的规定。

选用的骨料应在施工前进行碱活性试验,应优先采用非活性骨料,不应使用碱-碳酸盐反应活性骨料和膨胀率大于 0.2% 的碱-硅酸反应活性骨料。当所采用骨料的碱-硅酸反应膨胀率为 0.1%~0.2% 时,混凝土中的总碱含量宜不大于 3.0 kg/m^3(特大桥、大桥和重要桥梁宜不大于 1.8 kg/m^3),且应经碱-骨料反应抑制措施有效性试验验证合格。

混凝土拌和及养护用水应符合《混凝土用水标准》(JGJ 63—2006)的规定。混凝土拌和物(含封锚混凝土)中各种原材料引入的氯离子总量不得超过胶凝材料总量的 0.06%。

混凝土矿物掺合料应采用性能稳定的粉煤灰,粉煤灰氯离子含量不宜大于

0.02%,其余性能应符合《用于水泥和混凝土中的粉煤灰》(GB/T 1596—2017)中Ⅰ级粉煤灰的规定。

外加剂应采用品质稳定且与胶凝材料具有良好相容性的产品。减水剂宜采用高效聚羧酸高性能减水剂,性能指标应符合《混凝土外加剂》(GB 8076—2008)的规定,减水剂掺量及与水泥的适用性应由试验确定。引气剂和膨胀剂应分别符合《混凝土外加剂》(GB 8076—2008)和《混凝土膨胀剂》(GB/T 23439—2017)的要求。

(2)施工要点。

混凝土浇筑应尽量做到整联一次性浇筑完成。当一次性浇筑混凝土体积太大且搅拌、运输等有困难时,可考虑分段和分层施工。采用一次性浇筑时,后一道工序浇筑的混凝土必须在前一道工序浇筑的混凝土初凝前完成浇筑并确保振捣密实。分段施工时,施工缝应避免选择在弯矩最大或剪力最大处;分层浇筑时,必须在两次内浇筑完成,为避免两次浇筑混凝土因收缩差引起开裂,两次浇筑的混凝土龄期差应控制在7 d内,有条件时应尽量缩短两次浇筑的混凝土龄期差。接缝必须按《公路桥涵施工技术规范》(JTG/T 3650—2020)的要求进行凿毛处理,并且必须用高压水枪冲洗干净后方可进行后续施工。

混凝土拌和物入模前含气量应控制在3.0%～4.5%,模板及钢筋温度宜在5～35 ℃,混凝土拌和物入模温度宜在5～30 ℃。施工中应加强观察,防止漏浆、欠振和漏振现象发生。要避免振动器碰撞预埋件、模板,对普通钢筋密集处的混凝土,应认真、细致振捣,确保混凝土密实,防止出现蜂窝状。

浇筑混凝土过程中,应随机取样制作标准养护和施工用混凝土强度、弹性模量试件,应从构件不同部位分别进行取样。施工试件应随梁体或在同样条件下振动成型、养护,28 d标准试件按标准养护办理。

所有混凝土浇筑后均需进行保湿养护。拆模时混凝土芯部与表层、表层与环境温度差均不宜大于15 ℃,气温急剧变化时不宜拆模。现场浇筑的混凝土在收浆后均需覆盖和洒水养护,覆盖时不得损伤或污染混凝土表面,混凝土面有模板覆盖时,应在养护期间使模板保持湿润,常温下需保湿养护14 d以上。冬季气温低于5 ℃时不得浇水,养护时间适当增长,并采取保温措施。

7. 反循环钻孔灌注桩施工

(1)桩位测量放样。

根据建设方提供的高程和坐标原点,按设计图纸由公司专职测量人员进行轴线及桩位测量放样。施工放线的精度为：轴线允许偏差±10 mm，桩位允许偏差±20 mm；每个桩位测量绝对标高，其允许偏差为±30 mm；用坐标法放样桩基中心线、桩基中心点等，并打入标桩，设置十字形控制桩，以便于校核；桩上应标明桩号。施工技术员对照桩位平面图对每个桩位纵横间距进行复查，确保每根桩的桩位与设计图纸相符。

(2) 场地平整与就位。

钻机就位时倾斜度不得大于1%，钻机平台处必需碾压密实。将钻机移动到要施工的孔位，调整桅杆角度，操作卷扬机，将钻头中心与钻孔中心对准，并放入孔内，调整钻机垂直度参数，使钻杆垂直，同时稍微提升钻具，确保钻头自由浮于孔内。

(3) 护筒埋设。

护筒用3~6 mm的钢板制作，其直径比桩径大30 cm。为增加刚度、防止变形，在护筒上、下端口和中部外侧各焊一道加劲肋，并在上部焊上槽钢"耳朵"。护筒顶端高出地面30 cm以上，埋设深度为1.5~2.0 m。

护筒埋设采用挖埋法，即用专用钻斗挖除所要埋护筒的土层后，将护筒放入其中。埋设准确、稳固，护筒的四周回填黏土并夯实。钻机导杆中心线、回旋盘中心线、护筒中心线保持在同一直线。护筒中心与设计桩位中心的偏差不得大于50 mm，钢护筒垂直度偏差不允许大于1%，保证钻机沿着桩位垂直方向顺利工作。

护筒就位后在护筒口焊一个十字形钢筋架，在十字形钢筋架中心挂一线锤，自然下放，看是否与桩中心重合一致，以此来校核护筒的准确安设位置，护筒就位后，其外侧开挖缝分层回填捣密。

(4) 泥浆的制备及循环净化。

采用泥浆搅拌机制浆或钻孔自造浆。若采用泥浆搅拌机制浆，则在试验区附近设置制浆池、储浆池及沉淀池，并用循环槽连接。若采用钻孔自造浆，则在钻孔过程中经常向孔内投入黏土即可。

在钻孔桩施工过程中，应随时清理沉淀池中的沉渣及浇筑混凝土时溢出的废弃泥浆，并用汽车将其弃运至指定地点，禁止就地弃渣，污染周围环境。

(5) 钻进。

钻机就位后，复测校正，钻头对准钻孔中心，同时使钻机底座水平。开钻时低挡位慢速钻进，以保证桩位准确，在砂土层中应慢速钻进，通过调节钻压、转速、泥浆指标等参数来控制钻进成孔速度，防止孔斜、缩径、塌孔等现象的产生。

开钻时慢速钻进,待钻头全部进入地层后,加速钻进。钻进过程中,采用纵横十字线控制桩位,钻机工每班、测量组隔天校正桩位、垂直度,确保桩位、垂直度满足规范要求。钻进过程中,操作人员随时观察钻杆是否垂直,并通过深度计数器控制钻孔深度。开始钻进时采用低速钻进,主卷扬机钢丝绳承担不低于钻杆、钻具重量之和的 20% 的力,以保证孔位不产生偏差。开孔时钻机轻压慢转,随着深度增加适当增加压力和速度,在土质松散层时采用比较浓的泥浆护壁,且放慢钻进速度和转速,轻钻慢进以免塌孔。待导向部位或钻头全部进入地层后,方可加速钻进。

钻孔完成后,用检孔器检孔,检孔器高度为 6 m,直径为 1.5 m。钻孔到设计深度后,采用检孔器对钻孔深度、直径及孔的倾斜度进行检测,成孔孔径不小于设计直径。用水准仪定护筒标高,用测绳及钢尺量测孔深。孔的倾斜度通过钻头在孔口及孔底的偏移量来计算。当钻孔深度达到设计要求,用外径等于桩的设计直径、高度为孔径的 4 倍的钢筋笼检孔器吊入钻孔内对孔的深度、直径及倾斜度进行检测,对全长进行检查,并报请上级单位复查。

钻孔中注意以下事项。①防止塌孔。塌孔的表面特征是孔内水位突然下降,孔口冒细密的水泡,出渣量显著增加而不见进尺,钻机负荷显著增加等。塌孔原因有泥浆比重不够或孔壁未形成护壁泥皮,孔壁渗漏;孔内水头高度不足,护筒埋置太浅。塌孔的预防及处理原则是保证钻孔时泥浆质量的各项指标满足规范要求;保证钻孔时有足够的水头高度;在不同土层中选用不同的进尺;起落钻头时对准钻孔中心插入。②防止钻孔偏斜和缩孔。钻孔偏斜和缩孔的原因有钻孔中遇有较大的孤石或探头石,扩孔较大处钻头摆动偏向一方;在有倾斜度的软硬地层交界处、岩石倾斜处或者粒径大小悬殊的砂夹卵石层中钻进,钻头受力不均;钻机底座未安置水平或产生不均匀沉陷;在软地层中钻进过快,水头压力差小。钻孔偏斜和缩孔的预防、处理方法是在安装钻机时使底座水平,起重滑轮、钻头中心和孔位中心三者在一条竖直线上,并经常检查校正;在有倾斜的软硬地层钻进时,减压低速钻进;钻杆、接头逐个检查,发现问题及时调整;遇有钻孔偏斜和缩孔时,用检孔器探明钻孔偏斜和缩孔的位置,在相应位置反复扫孔;情况严重时回填黏性土重钻。③防止钻头掉入孔中。钻进时强提强扭、钻头接头不良或疲劳破坏易使钻头掉入孔中,另外由于操作不当,也易使孔上铁件等杂物掉入孔内。钻头的打捞视具体情况而定。

(6) 成孔检查。

成孔达到设计标高后,对孔深、孔径、孔壁、垂直度等进行检查,不合格时采取措施进行处理。

孔深可直接用测绳测量或通过测量钻杆、套管长度获得。

孔径检查可通过测量钻头直径,用与设计桩径相同的钻头自孔口至孔底下入钻孔中,若钻头通过钻孔不卡钻,则表明孔径合格;还可以根据桩径制作笼式井径器入孔检测,但直径不得大于钻孔的设计孔径,长度等于孔径的4~6倍。

垂直度检查可通过测套管或钻杆的方式进行。

(7) 清孔。

将沉淀物清出孔位。要求孔内排出或抽出的泥浆手摸无2~3 mm颗粒,泥浆比重不大于1.25,含砂率小于8%,黏度不得大于28 s;对于摩擦桩,浇筑水下混凝土前,孔底沉渣厚度不大于10 cm。

(8) 钢筋笼制作及安装。

钢筋笼在现场分节制作,主筋与加强筋的交叉位置采用点焊焊接,螺旋筋与主筋采用隔点点焊加固,制作好的钢筋笼,即进行逐节验收,合格后挂牌存放;分段制作的钢筋笼接长时,上下主筋位置对正,保证钢筋笼的上下节的主筋在同一轴线上,钢筋接长采用单面搭接焊,焊缝长度不小于$10d$(d为钢筋直径),封闭箍和加强环采用单侧搭接焊,主筋焊接时接头应错开,在同一截面内的钢筋接头数不得多于主筋总数的50%,螺旋箍筋应大部分与主筋点焊,增加钢筋笼的强度,钢筋笼接长焊接应满足《钢筋焊接及验收规程》(JGJ 18—2012)的相关要求。

本项目受桥下空间限制,钢筋笼需分段安装,钢筋笼接长在孔口进行,将需要接长的钢筋笼第一节用吊车吊起安装在桩孔内固定,将第二节钢筋笼用吊车吊起,上下节钢筋笼主筋对正错头焊接,单面焊搭接长度不小于$10d$,焊缝高度不小于$0.3d$,焊缝宽度不小于$0.6d$,上下节应保持顺直,同截面接头面积不得超过配筋面积的50%,接头相互错开不小于$35d$。钢筋焊接完好后,应缓慢下放入孔内,严禁砸笼。

(9) 下导管。

导管采用丝扣连接的导管,其内径为250~280 mm,底管长度为4 m,中间每节长度一般为2~3 m。在导管使用前,必须对导管进行外观检查、对接检查。

检查导管有无变形、坑凹、弯曲,以及有无破损或裂缝等,并应检查其内壁是否有混凝土黏附固结。

导管接头丝扣应保持良好。连接后应平直,同心度要好。导管经以上检验合格后方可投入使用,严禁使用不合格导管。导管长度应根据孔深进行配备,满足干孔及水下混凝土浇筑的需要,即清孔时能下至孔底;如有水下浇筑,导管底端距孔底 0.5 m 左右,混凝土应能顺利从导管内灌至孔底。

导管在孔口连接处应牢固,设置密封圈,吊放时,应使位置居中,轴线顺直,稳定沉放,避免卡挂钢筋笼和撞击孔壁。

(10) 二次清孔工艺。

钢筋笼下放到位固定后,立即安放导管。导管采用钢管制成,接头为快速螺纹接头。导管使用前做水密承压及接头抗拉试验,试压压力不低于孔底压力的 1.5 倍,然后用汽车吊逐段吊装、下放,导管下端距孔底的距离为 300~500 mm。

混凝土导管安放完后,若孔底沉渣厚度不满足设计要求,利用导管进行二次清孔,使沉渣厚度、孔内泥浆等指标满足设计要求。清孔时及时向护筒内补充优质泥浆,确保护筒内水头高度符合要求,并取样检测,经监理工程师现场检验合格后,立即拆除吸泥弯头,开始浇筑水下混凝土。

(11) 灌注水下混凝土。

本工程采用泥浆下直升导管法灌注水下混凝土。

开浇采用隔水胶球法。在导管开浇前,应预备好足够数量的混凝土,导管内放置略小于导管内径的隔水胶球作为隔离体,隔离泥浆与混凝土。不符合质量要求的混凝土严禁浇入导管内,防止入管的混凝土将空气压入导管内,另外,孔口应设置盖板,避免混凝土散落孔内。

一旦开浇,应连续进行,不得中断。灌注过程中,导管埋入混凝土的深度不得小于 2.0 m,亦不宜大于 6 m,以便起拔并严禁将导管拔出混凝土面。每隔 15 min 测量一次桩孔内混凝土面深度(灌注后期和浅孔缩短间隔时间),并及时填绘混凝土灌注指示图及混凝土灌注量随深度的理论变化曲线和实际变化曲线,指导导管的拆卸工作。当灌注量与混凝土顶面位置不相符时,应及时分析原因,找出问题所在,及时处理。

灌注过程中,密切注意孔口情况,若发现钢筋笼上浮,应稍作停歇,同时,在钢筋笼上面加压重物,在不超过规定的中断时间内继续灌注。灌注时,混凝土置换出的泥浆通过泥浆排污水沟排到其他正在施工的桩孔中或沉淀池,以防止泥浆溢出污染环境。混凝土连续灌注,灌注的桩顶标高比设计桩顶标高高出 0.8~1.0 m,以保证混凝土强度,多余部分在承台混凝土施工前凿除,桩头无松散层。

处于地面或桩顶以下的井口整体式钢护筒,在灌注混凝土后立即拔出。

灌注过程中注意以下几点。①严格控制混凝土的质量。除控制混凝土的配合比外,还要防止混凝土中混入异物造成导管堵塞。一旦堵塞,及时组织工人进行检查和疏通,以确保灌注的连续性。若耽搁的时间较长,利用汽车吊上下抖动导管,防止导管活动困难影响灌注。当漏斗或导管内的混凝土下落困难时,可采用相同的方法处理,或适当减少导管的埋深。②灌注过程中,当导管内混凝土不满,上段有空气时,后续混凝土缓慢灌入,防止在导管内形成高压气囊。③随时用测锤测量混凝土面的高度,以提供拆除导管的依据。由于混凝土面不平整,应进行多点测量。提升导管时保持导管轴线竖直和位置居中,逐步提升。拆、装导管要快,导管接头要清洗,漏斗和导管要上紧。④混凝土面到达钢筋笼时可能产生钢筋笼上浮的现象,为避免上浮,施工必须紧凑,检查必须仔细,同时根据当天的外部条件(如风、雨、高温、低温等)做出相应的安排。一旦出现上浮,可用钢管垂直地卡压住钢筋笼,将钢管点焊在孔口上,也可用短钢盘焊在孔口护筒上,但须注意位置应垂直,不使管架变形。混凝土面接近钢筋笼时,保持圈套埋深,放慢灌注速度,混凝土面进入钢筋笼 2~3 m 后,适当提升导管,减小埋深(但不小于 1 m),以保证钢筋笼在导管底口以下的埋深,从而加强混凝土对钢筋笼的握裹力。⑤灌注接近结束,取样检查混凝土的质量确定最终的灌注高度,桩顶应超出设计标高 0.8~1.0 m,以保证桩头部位混凝土的质量。⑥接近结束时导管内的混凝土柱高度减小,外侧的泥浆密度加大、沉淀增加,常发生混凝土上升困难的现象,这时可掏除沉淀物或增加漏斗高度来解决该问题。拔最后一节导管时要慢,防止泥浆挤入产生泥心。

8. 加粗墩柱施工

(1) 墩柱表面混凝土凿除。

墩柱混凝土要求采用空压机风镐凿除,设计凿除厚度 4 cm。墩顶 10 cm 范围内混凝土不凿除,且不得出现任何损伤。因此凿除新增盖梁(2 m 高)范围内的墩柱混凝土,在靠近墩顶 10 cm 时要求手持錾子或角磨机打磨,只处理墩柱混凝土表面浮浆混凝土,露出新鲜混凝土面即可。根据设计按凿除厚度 4 cm 计算,凿完表面混凝土的墩柱周长为 3.83 m,凿除后墩柱周长按不小于 3.8 m 进行控制。除墩顶 10 cm 以下墩柱允许凿除外,其余桥梁位置禁止凿除破坏。

禁止就一个点进行猛力凿除,必须有效控制凿除的混凝土厚度,防止对墩柱混凝土形成损伤性裂纹。所凿除的混凝土废渣要求做环保处理,建议用于整平地方道路或便道。

开挖墩柱四周地面砂砾填料,露出墩柱混凝土基础,对混凝土基础上方墩柱混凝土进行凿除,清理坑内废渣,以便植筋立模浇筑墩柱混凝土。开挖时不得损伤混凝土基础。

(2) 墩柱植筋和墩柱外包混凝土绑扎钢筋。

钻孔 1 号植筋为 $\phi22$ 竖向钢筋(盖梁内也设置,距墩顶 14 cm),植入墩柱基础,设计钻孔 28 mm,建议根据植筋情况进行钻孔尺寸优化。在位于新增混凝土的中间位置钻孔,钻孔深度为 40 cm,间距为 19 cm,环形布置,共 24 孔。

钻孔 2 号植筋为 $\phi12$ 横向钢筋,水平方向植入桩基,设计钻孔 16 mm。沿墩柱呈环形布置,竖向间距为 45 cm,水平方向间距 38 cm,钻孔深度为 20 cm,每层 12 孔。

墩顶下 10 cm+2 m 高盖梁范围内无 2 号植筋,即墩顶 2.1 m 以下不植筋。

墩柱箍筋为 $\phi10$ 圆钢(盖梁内不设置,只设在盖梁以下),长 4.98 m,竖向间距 15 cm,数量根据盖梁以下墩柱高度进行设置(两端头距离混凝土 15 cm)。

墩顶设 3 根 $\phi22$ 箍筋,长 4.98 m,间距 12 cm,第一根距墩顶 27 cm。

因要对墩柱底部进行植筋,因此开挖基础时要保证人员能进坑作业,开挖的砂砾不得堆放在坑边 1 m 范围内,必要时做好支撑防护,防止塌孔。

(3) 墩柱混凝土浇筑。

混凝土自商品混凝土站装车后,及时运至浇筑地点,必要时项目管理人员做好接车和引导工作。商品混凝土在运输过程中的要求如下。①保持混凝土的均匀性、不离析、不漏浆,在准备出料前进行一次快速搅拌,将混合料搅匀。②运至浇筑地点应具有设计配合比所规定的坍落度。③应在混凝土初凝前浇入模板并捣实完毕。④过程中要保证混凝土浇筑连续进行。

混凝土浇筑就是将混凝土放入已安装好的模板内并振捣密实,以形成符合要求的结构或构件的施工过程,包括布料、振捣、抹平等工序。

混凝土应分层浇筑,分层捣实,但两层混凝土浇捣时间间隔不得超过水泥的初凝时间,本项目按 2 h 控制。浇筑应连续进行,在竖向结构中如浇灌高度超过 3 m 时,应采用溜槽或串筒下料。在浇筑竖向结构混凝土前,应先在浇筑处底部填入 5～10 cm 厚与混凝土内砂浆相同的水泥浆或水泥砂浆,即要做接浆处理。本项目采用泵车或地泵进行混凝土泵送,因此需将管道内的砂浆用于墩柱底部。浇筑过程中应经常观察模板及其支架、钢筋的情况,当发现有变形或位移时,应立即快速处理。因 1 号墩高 6.4 m,因此浇筑过程中不宜过急,防止胀模。

混凝土要分段分层浇筑,每层厚度不超过 50 cm,各段各层间互相衔接,每段长 2～3 m,使逐段逐层呈阶梯形推进,并注意先使混凝土充满模板边角,然后浇筑中间部分。混凝土应连续浇筑,以保证结构良好的整体性。混凝土自高处倾落时,其自倾落高度不宜超过 2 m,如果高度超过 2 m,应设料斗、漏斗、串筒、斜槽、溜管，以防止混凝土产生分层离析。罐车放料由施工队安排有经验的专人负责，不得随意更换，放料操作中要控制速度，不得连续快速放料，服从现场布料人员的指挥，布料人员要估计地泵或泵车内的余料，提前发布停料指令。

在浇筑过程中，必须使用振捣工具振捣混凝土，尽快将拌和物中的空气振出，将混凝土拌和料中的空气赶出来，因为空气含量太大的混凝土强度会降低。本项目采用振动棒对混凝土进行振捣。

对混凝土进行自然养护，是指在平均温度高于 5 ℃的条件下于一定时间内使混凝土保持湿润状态。自然养护可采用洒水养护或喷洒塑料薄膜养护液养护方式。

洒水养护是用吸水保温能力较强的材料（如棉被、草帘、芦席、麻袋、锯末等）将混凝土覆盖，经常洒水使其保持湿润。若采用硅酸盐水泥，则养护时间不少于 7 d。洒水次数以保持混凝土具有足够的湿润状态为宜。养护初期和气温较高时应增加洒水次数。

参 考 文 献

[1] 中华人民共和国住房和城乡建设部.城市桥梁养护技术标准:CJJ 99—2017[S].北京:中国建筑工业出版社,2018.

[2] 别宗霖.高速公路桥梁承载力不足的检测方法及加固措施[J].工程建设与设计,2022(7):98-100.

[3] 蔡华俊,唐涛.公路桥梁养护及加固维修技术[J].居舍,2018(33):70.

[4] 陈彪.桥梁结构粘钢(钢箱)加固技术应用研究及极限承载力分析[D].兰州:兰州交通大学,2013.

[5] 陈森.道路桥梁的常见病害与养护方法[J].工程技术研究,2022(13):151-153.

[6] 代印松.桥梁承载能力综合评定方法应用研究[D].天津:河北工业大学,2018.

[7] 邓国瑞.桥梁养护、检测、加固一体化技术分析[J].工程建设与设计,2021(14):161-163,186.

[8] 董旭明,赵云川.加大截面法在桥梁加固中的应用[J].交通世界,2023(8):128-131.

[9] 耿雪辉.高速公路桥梁定期检测研究——以流溪河特大桥为例[J].大众标准化,2022(19):171-173.

[10] 郭亮.基于影响线有限元模型修正的桥梁承载能力评定方法研究[D].南宁:广西大学,2016.

[11] 黄官平,储晓文.常规公路桥梁典型病害分析与养护对策[M].杭州:浙江大学出版社,2017.

[12] 黄煜镔.道路与桥梁工程试验检测技术[M].重庆:重庆大学出版社,2021.

[13] 中华人民共和国交通运输部.公路桥梁承载能力检测评定规程:JTG/T J21—2011[S].北京:人民交通出版社,2011.

[14] 中华人民共和国交通运输部.公路桥梁技术状况评定标准:JTG/T H21—2011[S].北京:人民交通出版社,2011.

[15] 李亮.基于荷载试验对某既有城市桥梁的承载能力评定[J].工程与建设,

2022(5):1404-1407.

[16] 李滟浩.现行规范和标准关于公路拱桥技术状况评定方法的对比研究[D].重庆:重庆交通大学,2014.

[17] 刘凤伟.公路桥梁养护及维修加固施工技术研究[J].工程建设与设计,2022(12):216-218.

[18] 刘光.高速公路桥梁养护与维修加固施工技术研究[J].工程建设与设计,2023(6):216-218.

[19] 罗荣凤,刘德辉.桥隧施工及养护[M].北京:中国铁道出版社,2021.

[20] 孟丛丛,柳海龙.公路养护技术与管理[M].北京:北京理工大学出版社,2015.

[21] 中华人民共和国住房和城乡建设部.回弹法检测混凝土抗压强度技术规程:JGJ/T 23—2011[S].北京:中国建筑工业出版社,2011.

[22] 苏贤洁.桥梁养护与维修[M].成都:西南交通大学出版社,2010.

[23] 王涛.基于MATLAB环境下桥梁承载能力快速评价系统研发与应用[D].苏州:苏州科技大学,2022.

[24] 温茂彩,胡建新,龙芳玲.桥梁工程施工与加固改造技术[M].武汉:华中科技大学出版社,2021.

[25] 向中富.中国桥梁70年[M].重庆:重庆大学出版社,2019.

[26] 谢开仲,陈光强.桥梁加固与改造[M].成都:电子科技大学出版社,2017.

[27] 杨冬冬.多重管法旋喷注浆用射流喷嘴的结构设计与试验研究[D].长春:吉林大学,2017.

[28] 应江虹,苏龙.公路桥梁技术状况检测与评定[M].北京:北京理工大学出版社,2021.

[29] 于晨祖.公路桥梁养护维修与加固[J].科技视界,2021(17):48-49.

[30] 于辉,申建.桥涵维护与加固技术[M].郑州:黄河水利出版社,2012.

[31] 张思远.体外预应力加固连续刚构桥技术及工程应用研究[D].淮南:安徽理工大学,2022.

[32] 张新娟.公路桥梁养护和加固维修技术探析[J].公路交通科技(应用技术版),2019(5):152-154.

[33] 郑鑫.基于现有规范的钢管混凝土拱桥技术状况评定改进研究[D].重庆:重庆交通大学,2022.

[34] 中华人民共和国住房和城乡建设部.混凝土结构设计规范:GB 50010—

2010[S].2015年版.北京:中国建筑工业出版社,2011.

[35] 中华人民共和国交通运输部.公路桥涵养护规范:JTG 5120—2021[S].北京:人民交通出版社,2021.

[36] 中华人民共和国交通运输部.公路桥梁加固设计规范:JTG/T J22—2008[S].北京:人民交通出版社,2008.

[37] 重庆市城市建设投资(集团)有限公司,重庆市城投路桥管理有限公司.城市桥梁管理与养护手册[M].哈尔滨:黑龙江科学技术出版社,2019.

[38] 周方.公路桥梁的技术状况评价及预测研究[D].大连:大连理工大学,2015.

[39] 周星.武汉三环线五座桥梁养护管理研究[D].武汉:武汉工程大学,2014.

[40] 朱小辉,颜炳玲.桥梁检测与维修[M].上海:上海交通大学出版社,2018.

后　　记

公路桥梁是交通工程的重要组成部分,其在使用和运营过程中会受到自然环境、交通荷载等多种因素的影响,出现一定的损伤,包括结构性损伤和非结构性损伤,而这会影响公路桥梁的正常使用。

随着我国交通事业的快速发展,以及公路桥梁运营时间和运营压力的增加,当前我国个别地区的公路桥梁不可避免地受到了损坏,这对当地交通运输和经济发展造成了一定的影响,甚至引发了交通事故,直接对人民群众的生命和财产安全造成威胁。这说明公路桥梁运营过程中的检测、养护、维修和加固工作,对其质量维护和使用安全有着重要的意义。

公路桥梁是我国基础交通的核心组成部分。公路桥梁的质量对行人和车辆的通行安全有着决定性影响,因此,在其运行过程中,相关人员应高度重视其检测、养护、维修和加固工作,采取针对性的技术措施,以保证其使用性能,延长其使用寿命,从而为区域的交通发展奠定良好的基础,为人们的出行提供安全的环境和可靠的保障,为加快建设交通强国提供坚实的支撑。